O RENASCIMENTO DA
DEUSA

O RENASCIMENTO DA DEUSA

CAROL P. CHRIST

TRADUÇÃO
Beatriz D'Oliveira

goya

O RENASCIMENTO DA DEUSA

TÍTULO ORIGINAL:
Rebirth of the Goddess

CAPA:
Tereza Bettinardi

COPIDESQUE:
Thaís Carvas

IMAGEM DE CAPA:
A *primavera* (1482), Botticelli

REVISÃO:
Angélica Andrade
Fernanda Fedrizzi

DADOS INTERNACIONAIS DE CATALOGAÇÃO NA PUBLICAÇÃO (CIP) DE ACORDO COM ISBD

C554r Christ, Carol P.
O renascimento da Deusa / Carol P. Christ ; traduzido por Beatriz D'Oliveira. – São Paulo : Editora Goya, 2024.
280 p. ; 16cm x 23cm.

Tradução de: Rebirth of the Goddess
Inclui índice.
ISBN: 978-85-7657-650-1

1. Religião. 2. Feminismo. 3. Espiritualidade. I. D'Oliveira, Beatriz. II. Título.

2024-773
CDD 200
CDU 2

ELABORADO POR VAGNER RODOLFO DA SILVA - CRB-8/9410

ÍNDICES PARA CATÁLOGO SISTEMÁTICO:
1. Religião 200
2. Religião 2

COPYRIGHT © CAROL P. CHRIST, 1998
COPYRIGHT © EDITORA ALEPH, 2024

IMAGENS EM DOMÍNIO PÚBLICO REPRODUZIDAS DE ACORDO COM OS TERMOS DA GNU FREE DOCUMENTATION LICENSE, VERSION 1.2

TODOS OS DIREITOS RESERVADOS.
PROIBIDA A REPRODUÇÃO, NO TODO OU EM PARTE, ATRAVÉS DE QUAISQUER MEIOS, SEM A DEVIDA AUTORIZAÇÃO.

goya
é um selo da Editora Aleph Ltda.

Rua Bento Freitas, 306, cj. 71
01220-000 – São Paulo – SP – Brasil
Tel.: 11 3743-3202

WWW.EDITORAGOYA.COM.BR

@editoragoya

*Em memória de Jane Ellen Harrison, Gertrude Rachel Levy
e Marija Gimbutas, antecessoras, mentoras.*

SUMÁRIO

9 **APRESENTAÇÃO**

11 **PRÓLOGO**
Antes do início

13 **PREFÁCIO**
O renascimento da Deusa

19 **CAPÍTULO 1**
À procura Dela

53 **CAPÍTULO 2**
A tealogia começa na experiência

77 **CAPÍTULO 3**
A história da Deusa

101 **CAPÍTULO 4**
Resistência à história da Deusa

123 **CAPÍTULO 5**
O significado da Deusa

153 **CAPÍTULO 6**
A teia da vida

179 **CAPÍTULO 7**
A humanidade na teia da vida

209 **CAPÍTULO 8**
Ethos e ética

233 **EPÍLOGO**
O que se perdeu?

237 **NOTAS**

265 **AGRADECIMENTOS**

267 **PERMISSÕES**

269 **ÍNDICE REMISSIVO**

277 **SOBRE A AUTORA**

APRESENTAÇÃO

Como pesquisadora e professora, há mais de uma década me dedico à dimensão do mito, dos mistérios e das narrativas religiosas comparadas — especialmente em relação ao feminino e às discussões de gênero. Fiquei completamente encantada pela religião da Deusa e convencida da força de seus valores. No entanto, percebo que muitas produções sobre o tema evitaram abordar questões mais delicadas e complexas acerca de seu ressurgimento e da interação com outras narrativas sagradas de diferentes culturas ao redor do mundo. *O renascimento da Deusa* é uma exceção.

Assim como a autora deste livro, acredito que nosso mundo precisa de mais empatia, amor, pluralidade, comunitarismo e pertencimento. É parte de nossa missão histórica integrar o maior número possível de perspectivas dentro do espectro do sagrado e deste universo compartilhado por todos.

Como professora, sempre assumi um papel questionador e procurei evidenciar a multiplicidade de posicionamentos como um elemento fundamental ao debate. Busquei incutir uma consciência que abraça a verdadeira essência do renascimento Dela: não como inversão da hierarquia patriarcal, mas como sua dissolução. A Deusa não parece querer assumir o poder no sistema simbólico estabelecido pelo patriarcado e pelo capitalismo. Ela não almeja tornar-se a nova governante desse modo de vida: ela precisa desmantelar suas estruturas.

A civilização da Deusa ressurge na consciência humana justamente num momento em que precisamos reunir nossas esperanças para o futuro da humanidade neste planeta, para outras espécies e para a saúde de Gaia como um todo. Para que a humanidade sobreviva à virada do século, o futuro precisa remeter ao ancestral e devemos estudar, pesquisar, recordar e viver de forma que se assemelhe ao daquelas que um dia foram as comunidades matriarcais e matrifocais que abundavam na Terra.

Nesta obra primorosa encontrei uma crítica perspicaz aliada a um afeto amoroso e uma agudeza mental extraordinária. Carol P. Christ desafia teólogos e historiadores da religião não a descartarem completamente seus sistemas simbólicos e espirituais, mas a reformularem ideologias fundamentais que sustentam suas concepções sobre a divindade, a religião e o sagrado. Ela busca redefinir o *ethos* ocidental e seus *mythos*, guiando-nos por uma jornada enriquecedora de reinterpretação dos valores que fundamentam nossas bases psíquicas. Carol P. Christ nos instiga a vivenciar a religião da Deusa sem rejeitar outras narrativas criadas pela humanidade, mas mantendo uma postura crítica diante de seus elementos opressivos.

Assim, partindo da experiência e do pensamento corporificado em vez do pensamento objetivo, a autora propõe uma *tealogia* que valoriza a multiplicidade humana e a conexão com a terra. E é isso que nos leva a encarar nossa diversidade sem romper com nossa identidade comum, honrando a unidade que nos conecta, sem necessidade de homogeneizar as formas de vida, narrativas sagradas e sistemas simbólicos. Somos múltiplos, diversos, sofisticados e, ao mesmo tempo, parte de um todo maior.

Este livro é um exercício de pensamento corporificado. Deve ser lido de modo leve e direto, ou com uma caneta na mão, anotando as inúmeras referências. O convite não é para concordar totalmente com ela, e sim para exercitar o pensamento crítico e celebrar a multiplicidade

A *tealogia* proposta abrange não apenas nossa experiência pessoal, mas também uma dimensão comunal profunda. Trata-se de um resgate e de um chamado à criação de uma cultura vigilante, não violenta, centrada na terra e na experiência do comum entre nós. Desejo que este texto auxilie o leitor a se conectar com a Deusa, suas forças e tudo o que Ela representa, e que o encoraje a se tornar mais integrado neste mundo que, mesmo sendo violento e caótico, talvez ainda possa ser transformado.

Julia Myara, doutora em História da Filosofia

PRÓLOGO

ANTES DO INÍCIO

Eurínome – Uma história de criação
por Chris Lavdas

Muito, muito tempo atrás, lá, lá no futuro,
Naquele ponto, antes do início, depois do fim,
Onde tempo e espaço não existem,
Onde todas as cores e formas se perdem no breu do vazio,
Havia um grande e pesado silêncio,
Uma eterna imobilidade profunda,
E nada e tudo eram a mesma coisa.

E então Eurínome, Gaia, Deusa de mil nomes,
Mãe de todos,
Suspirou.

E o som de sua respiração ecoou agradável em seus ouvidos.
Como uma previsão
E, entretanto, como uma lembrança,
Ela ouviu a brisa do verão farfalhando pela grama alta e verde,
E furacões de inverno uivando por vales profundos,
E as ondas do mar,
E o chamado das vozes de toda a criação.

E assim Eurínome, Gaia, Deusa de mil nomes,
Mãe de todos,
Franziu os lábios e assoviou para o vento.

Então lentamente, com suavidade e uma sensualidade perfeita,
Ela se levantou da cama atemporal de seu descanso infinito
E tomou o vento,
Com suas mãos em concha,
Nos cabelos cascateantes,
Nas saias esvoaçantes,
E nos locais íntimos e cálidos de seu corpo,
E dançou.

Ela dançou com delicadeza, ela dançou com frenesi,
Ela dançou em staccato e em movimento líquido,
Ela dançou com precisão pura e abandono orgiástico,
Ela dançou gloriosamente,
Ela dançou com o vento em um abraço apertado,
Ela dançou o amor e a alegria da criação.
Ela dançou e dançou.

E do arco de seu pé brotaram os círculos do tempo,
E da curva de sua coluna, as espirais de vida,
Dia e noite,
Preto e branco,
Absorção, reflexão,
Nascimento, morte, ressureição.
E conforme o êxtase crescia, à medida que o ritmo aumentava,
O vento soprou selvagem e a barriga dela inchou.
E dos rios de seu suor fluíram os oceanos,
E a cada movimento de seu peito, elevavam-se montanhas.
E quando ela jogou os cabelos para trás e abriu as mãos,
A vida fervilhou ao seu redor e reinou a harmonia.
A criação agora dançava em seu ritmo perfeito,
E ela sorriu.

PREFÁCIO

O RENASCIMENTO DA DEUSA

Um dos acontecimentos mais inesperados do fim do século 20 é o renascimento da religião da Deusa nas culturas ocidentais. Embora tenham nos ensinado que os Deuses e as Deusas morreram com o triunfo do cristianismo, o ressurgimento da Deusa era inevitável. Quando imperadores cristãos tornaram ilegal o culto da Deusa,

> a religião da Deusa se tornou clandestina. Algumas das velhas tradições, principalmente as relacionadas aos rituais de nascimento, de morte e de fertilidade da terra, persistiram até hoje em certas regiões, sem grandes alterações, e em outras, foram assimiladas.[1]

Na América, Europa, Austrália e Nova Zelândia, centenas de milhares de mulheres e um número crescente de homens criados em religiões bíblicas estão redescobrindo a linguagem, os símbolos e os rituais da Deusa.[2] Para mim e para muitos outros, encontrar a Deusa é como ter um vislumbre da vida que no fundo sempre soubemos existir dentro de nós: sendo parte da natureza e encontrando nosso destino de participar plenamente dos ciclos de nascimento, morte e renovação que caracterizam a vida nesta Terra.[3] Encontramos na Deusa uma imagem irrefutável de poder feminino, uma visão da conexão profunda entre todos os seres na teia da vida, e um chamado a criar paz na Terra. O retorno da Deusa nos inspira a ter esperança de curar as profundas fissuras entre mulheres e homens, entre "o homem" e a natureza, e entre "Deus" e o mundo, que há muito tempo moldam nossa visão ocidental da realidade.[4]

    O renascimento da Deusa levanta muitas questões. Quem é a Deusa e o que Ela significa? Seria Ela a versão feminina de Deus? A face feminina do Deus das tradições bíblicas? Ou será Ela tudo que Ele não é? Será a Deusa mais uma deidade *por aí*? Ou a Deusa está *dentro de nós*? Será Ela a Mãe Terra ou a Mãe Natureza? Ela é amável e gentil? Ou cega e brutal? Qual é a relação Dela com Deusas conhecidas, como Atena e Afrodite? Será que Ela nasceu da cabeça de Zeus, armada e pronta para a batalha? Ela se expõe de forma ousada, depois sorri e se encolhe, tímida, feito Marilyn Monroe? A imagem da Deusa pode legitimar a cabeça das mulheres tanto quanto nossos corpos? Ela é branca? Ela é negra? Amarela? Marrom? Será Ela a criação de fantasias femininas? Ou de medos masculinos? Ela anuncia um retorno a superstições primitivas? Ela é sanguinária e orgiástica? Um ídolo pagão? Será que Ela simboliza lealdades tribais ao sangue e à terra? Será a imagem da Deusa tão opressiva para os homens quanto a imagem de Deus tem sido para as mulheres? A Deusa romantiza as mulheres e a natureza, deixando a cultura e a política para os homens? É Ela a Deusa ou as Deusas? Uma ou muitas? E os Deuses? Ela é capaz de acabar com o sofrimento? Responder às nossas questões sobre a morte? Será Ela apenas mais um "ópio do povo"? Uma imagem que agrada às mulheres, mas nos aliena do mundo em que vivemos? Existe ética na religião da Deusa?

    Todas essas perguntas e muitas outras serão respondidas neste livro. Porém, como veremos, poucas das questões levantadas sobre a Deusa podem ser respondidas com um simples "sim" ou "não", pois elas vêm do nosso entendimento tradicional da Deusa e de Deus. À medida que explorarmos o significado da Deusa, devemos mudar as perguntas que fazemos, bem como a forma como as respondemos. Isso significa repensar muitas das suposições mais enraizadas e não reconhecidas da nossa cultura. Meu argumento é de que nem a história nem o significado contemporâneo da Deusa podem ser compreendidos a menos que desenvolvamos modos holísticos de pensar, deixando de lado as distinções categóricas entre "Deus", "homem" e "o mundo" e transformando o dualismo clássico de espírito e natureza, mente e corpo, racional e irracional, masculino e feminino, que estruturaram a visão de mundo conhecida como pensamento ocidental.

Este livro é uma *tea-logia*[5] — de *thea*, "Deusa", e *logos*, "significado" —, uma reflexão sobre o significado da Deusa. Para aqueles que se perguntam sobre o significado da Deusa que tocou suas vidas, *O renascimento da Deusa* oferece um entendimento nítido das implicações radicais da Deusa para a transformação da cultura, além de uma maneira de explicar sua visão de mundo para outras pessoas. Para aqueles que conhecem pouco da Deusa, além de seu nome — mulheres e homens, ateístas e agnósticos, cristãos e judeus, acadêmicos e estudantes de diversas áreas que estiverem curiosos —, este livro oferece uma nova e desafiadora interpretação da história e da cultura humana; uma compreensão diferente, e talvez mais satisfatória, do mundo e do nosso lugar nele; e quem sabe até uma esperança maior para o futuro da vida na Terra. Por fim, *O renascimento da Deusa* desafia teólogos e historiadores da religião a reformularem teorias fundamentais a respeito da natureza da divindade e da origem da religião.

Ao desenvolver uma tea-logia sistemática da Deusa, é importante ser o mais franca, coerente e consistente possível. Ser franca significa que, depois de pensar muito, por muito tempo, vou expressar os significados que descobri na linguagem mais simples que puder. Muito das linguagens filosófica e teológica é desnecessariamente complicado e inacessível. Ser coerente significa que os insights devem se encadear e criar um paradigma ou uma estrutura interpretativa que nos ajude a compreender o mundo e a nossa vida. Ser consistente significa que as ideias desenvolvidas na reflexão de um assunto são aproveitadas na discussão de outros, de modo que a tea-logia como um todo possa ser nitidamente governada por uma lógica interna e um número de insights básicos.

Na visão desenvolvida neste livro, a Deusa é o poder do amor inteligente corporificado que é a base do ser. A Terra é o corpo da Deusa. Todos os seres são interdependentes na teia da vida. A natureza é inteligente, viva e consciente. Como parte da natureza, seres humanos são conectados, corporificados e interdependentes. A base da ética é o sentimento de profunda conexão com todas as pessoas e todos os seres na teia da vida. Os símbolos e rituais da religião da Deusa chamam nossa atenção para esses valores e nos ajudam a construir comunidades nas quais é possível criar um mundo mais justo, pacífico e harmonioso.

Como muitos dos leitores deste livro não estarão familiarizados com a Deusa, o primeiro capítulo narra, além da minha própria jornada, várias outras jornadas até Ela, e apresenta muitos dos mais conhecidos símbolos, imagens e rituais do movimento. Leitores estudiosos de teologia perceberão que, a partir daí, o livro segue uma estrutura tradicional. O capítulo 2 reflete a respeito de como sabemos o que alegamos saber sobre a Deusa (epistemologia) e considera as fontes e as normas para escrever tea-logia (metodologia). O capítulo 3 fornece argumentos para a interpretação da *história* da Deusa que inspirou o movimento contemporâneo, e o capítulo 4 examina as premissas que moldam a escrita da história (historiografia). Os capítulos 5 a 8 discutem temas que na teologia clássica são chamados de "Deus", "O Universo", "Homem" e "Ética".

Embora esteja cada vez mais evidente que uma nova religião da Deusa está sendo criada,[6] algumas pessoas resistem à palavra *religião*, relacionando-a a um Deus que fica fora do eu e a um sistema autoritário de dogma, lei ou ritual. No entanto, a palavra *religião* vem do indo-europeu *leig*, "vincular", e *re*, "virar" ou "retornar".[7] Uma vez que os símbolos e rituais da Deusa trazem à consciência (relembram) nosso senso de profunda conexão (ou vínculo) com todas as pessoas e todos os seres na teia da vida, considero a palavra religião apropriada.

Como a teologia que conhecemos muitas vezes nos ditou o que pensar, silenciou questionamentos e rejeitou a experiência, a tea-logia da Deusa será vista com suspeita por alguns. Essa opinião foi declarada quase um século atrás por Jane Harrison, uma classicista estudiosa das Deusas Gregas mais antigas.

> Pois a teologia [...] não é um ponto de partida, mas uma culminação, uma conquista finalizada, uma realização quase mecânica, com pouquíssimos traços de *origines*, e ainda por cima uma realização essencialmente literária em vez de religiosa, cética e moribunda em sua própria perfeição.[8]

O modo como Harrison apresenta a teologia como uma maneira de se distanciar da experiência religiosa descreve perfeitamente muito da teologia com que tive contato durante a pós-graduação. Em vários momentos, eu sentia que a teologia como "reflexão racional" estava morta e enterrada. No entanto, na melhor das hipóteses, a teologia tenta dar sentido às perguntas que fazemos no decorrer da nossa existência. Quem somos? Por que estamos aqui? Qual é o sentido da vida? Qual é o sentido da morte? Por que sofremos? Por que devemos viver? O que devemos fazer?[9]

Como nossa experiência com a Deusa faz brotar perguntas e como acho importante refletir sobre elas, ousei escrever uma tea-logia. Por muito tempo hesitei, sem querer distanciar a mim e aos outros da beleza e da emoção profunda das figuras e rituais da Deusa. Comecei a escrever diversas vezes, terminei um rascunho, deixei-o de lado — todo o tempo me perguntando se era possível colocar no papel uma tea-logia que abrisse portas, em vez de fechá-las. Os cinco anos em que uma versão preliminar deste livro permaneceu intocada foram anos em que fui obrigada a refazer perguntas básicas, enfrentar os poderes da vida e da morte, questionar-me se havia um lugar para mim no universo. Já perto do fim desse período, escrevi sobre minha jornada espiritual em *Odyssey with the Goddess*.[10] Naquele livro em forma de narração, porque me pareceu mais próximo ao formato da experiência.

Foi só depois de emergir do meu próprio submundo com um conhecimento mais profundo que pude recomeçar a tentar escrever o tipo de tea-logia que desejava ler quando estudante. Uma tea-logia aperfeiçoada pela dificuldade, uma tea-logia em que a vida que inspirou sua concepção não estivesse oculta. Uma tea-logia em que a voz da experiência e a voz da reflexão se unissem. Este livro propõe e cria o modelo do *pensamento corporificado* como uma alternativa ao pensamento objetivo. Minha meta é que os leitores não apenas saibam o que penso, mas também quem sou e por que penso o que penso. Isso tornará mais fácil entender a relevância (ou falta de relevância) das minhas ideias para suas próprias vidas.

A tea-logia nunca poderá fornecer respostas definitivas para todas as perguntas. Também não espero que os leitores deste livro concordem com tudo que digo. O que escrevo surgiu enquanto eu refletia a respeito de minhas experiências. Espero que outros se inspirem a pensar sobre os significados que brotaram de *suas* experiências.

CAPÍTULO 1

À PROCURA DELA

Embora nunca tenha ouvido a palavra *Deusa* quando criança, eu sentia o poder dela nos estranhos gritos dos pavões que faziam ninho no telhado da casa da minha avó enquanto eu e meu irmão dormíamos no quarto amarelo; nas ondas que quebravam sobre mim enquanto brincávamos na praia de Huntington; nos carvalhos e arbustos margeando a encosta enquanto eu fazia trilha pela Serra de San Gabriel; nos olhos vítreos dos veados de cauda preta que se viravam para me encarar no Calaveras State Park; na chuva torrencial que ensopava minhas galochas enquanto voltava da escola para casa.

Estava mais interessada em religião do que os meus pais, e com frequência os convencia a me levar à igreja para cantar hinos quando eles preferiam dormir até mais tarde nas manhãs de domingo. O Deus que encontrei na igreja era, como meu pai e meus avós, sábio e poderoso, o grande juiz em cujos olhos esperava encontrar benevolência. Na faculdade, me identificava com o Israel da Bíblia, a quem Deus definiu como "de dura cerviz", que deveria ser punido com severidade, mas que acabaria sendo perdoado. Acho que decidi fazer a graduação em Teologia na esperança de compreender a Deus o suficiente para que Ele pudesse me aceitar.

Quando comecei a estudar a Bíblia hebraica na faculdade, fui atraída pelas imagens que os profetas fizeram das árvores do campo batendo palmas no dia da redenção, das montanhas e das colinas ecoando em louvor. Não entendia quando meus professores diziam que aquilo era um exemplo de falácia patética, que eles definiam como atribuir sentimentos a objetos inanimados. Eu achava que as palavras dos profetas falavam da profunda comunhão que partilhamos com a natureza. Compreendia o que o teólogo judeu Martin Buber queria dizer ao falar de ter uma relação "Eu-Tu" com uma árvore, um pedaço de minério, um cavalo, porque eu também sentia uma conexão especial com pedras, plantas e animais. Fiquei muito decepcionada quando meus professores disseram que nunca entenderam esse aspecto de Buber.

Vários anos estudando teologia me convenceram de que havia algo errado com a imagem tradicional de Deus. Meus questionamentos começaram com o que os teólogos diziam sobre as mulheres. Mulher era corpo, homem era alma; mulher era carne, homem era espírito. Devido à sua menor capacidade racional, a mulher foi persuadida pela serpente; por não conseguir controlar suas paixões, a mulher foi seduzida. Eu era uma mulher e, por mais que tentasse, não conseguia me enxergar nessas descrições. Sabia que tinha uma cabeça tão boa quanto a de qualquer outra pessoa e não via meu corpo como uma fonte de tentação. Aos poucos, fui compreendendo que a imagem de Deus como Pai, Filho e Espírito era a raiz do problema. Independentemente do que eu fizesse, nunca estaria "à imagem dele". Embora eu esperasse encontrar em Deus um pai que amasse e aceitasse meu eu feminino, parecia que "ele", como meu pai e a maioria dos meus professores, gostava mais dos meninos. Concluí que, a menos que pudéssemos chamar Deus de Mãe tanto quanto de Pai, de Filha tanto quanto de Filho, mulheres e meninas jamais seriam valorizadas.

À medida que eu me alienava cada vez mais do Deus Pai, peguei-me incapaz de ir à igreja, cantar hinos ou rezar. Sem outras imagens para substituir aquelas que eu já não conseguia mais aceitar, sentia-me vazia. Certa vez, tarde da noite, a raiva que vinha se acumulando dentro de mim transbordou. Gritei para Deus: "Quero que saiba o quanto já sofri por você ter se permitido ser nomeado, na imagem dos homens, como Deus dos pais, como o homem da guerra, como o rei do universo". Solucei de angústia e rejeição, até minhas lágrimas secarem. No silêncio que se seguiu, uma voz disse: "Em Deus há uma mulher como você. Ela compartilha do seu sofrimento".[1]

Um ano depois, quando ouvi o nome da Deusa em um workshop organizado por uma mulher chamada Starhawk, a experiência da minha vida inteira foi legitimada. Starhawk descreveu a Deusa como

> Mãe Terra, que dá sustento a todas as coisas que crescem, que é o corpo, nossos ossos e células. Ela é o ar — os ventos que sopram nas árvores e sobre as ondas, o fôlego. Ela é o fogo da lareira, a fogueira flamejante e o vulcão fumegante; o poder de transformação e mudança. E ela é água — o mar, a fonte original da vida, os rios, riachos, lagos e poços; o sangue que corre pelos fluxos de nossas veias. Ela é égua, vaca, gata, coruja, garça, flor, árvore, maçã, semente, leão, semeadura, pedra, mulher. Ela está no mundo ao nosso redor, nos ciclos e estações da natureza, na mente, no corpo e no espírito, e nas emoções dentro de cada um de nós.[2]

Imagens da Deusa retratam o poder feminino como criativo e vital. Essas imagens nos dizem que participamos dos mistérios da natureza, dos ciclos de nascimento, morte e renovação. Era a ela que eu intuía quando reagia à descrição que os profetas faziam da natureza e à relação Eu-Tu de Buber com uma árvore. Era ela que eu buscava quando expressei minha raiva a Deus. Ela era uma desconhecida para mim. Eu a conhecia desde sempre.

A fome por uma imagem feminina de Deus foi despertada em mim pelo renascimento dos movimentos de mulheres. A conscientização forneceu um modelo de espaço feminino onde podíamos "ouvir o que a outra tem a dizer e compartilhar as próprias histórias",[3] permitir que a Deusa ressurgisse entre nós. Descobrimos livros escritos décadas antes que raramente eram solicitados nas bibliotecas: M. Esther Harding, Jane Ellen Harrison, G. Rachel Levy, Helen Diner. Lemos a respeito da Deusa em periódicos e newsletters, em livros recém-publicados: Jean Mountaingrove, Ruth Mountaingrove, Z. Budapest, Hallie Mountain Wing, Merlin Stone, Elizabeth Gould Davis, Marija Gimbutas, Charlene Spretnak, Starhawk.[4] Criamos grupos de estudo e círculos ritualísticos. "A Deusa está viva. A magia está à solta", louvávamos alegremente.[5]

A jornada desde aquele despertar inicial até a escrita deste livro não foi sempre fácil. Embora a descoberta da Deusa tenha reafirmado meu eu feminino e meu senso de conexão com a natureza, também me afastou das comunidades religiosas herdadas, da minha cultura, da minha família, de alguns dos meus amigos e de muitos dos meus colegas mais próximos. O caminho de uma filha dissidente às vezes é solitário.[6]

Minha experiência com o poder da Deusa foi confirmada pelas amigas com quem formei um grupo de espiritualidade feminina, o Rising Moon (Lua Crescente), que manteve encontros regulares por mais de uma década, por muitos dos meus alunos e pelas pessoas que ouviam minhas palestras ou que liam minhas obras. Fui convencida de que havia escolhido o caminho certo por uma série de experiências místicas em locais onde a Deusa era adorada na Grécia antiga.[7] Ainda assim, quanto mais escutava minhas intuições mais íntimas, menos confortável me sentia em ensinar e escrever no cenário acadêmico usando o tom objetivo exigido. Minhas aulas muitas vezes provocavam transformações intensas em meus alunos, mas não havia como dar nota para isso. Sentia-me inclinada a escrever sobre a relação entre minhas experiências e reflexões, mas isso não era aceitável para a maioria dos outros acadêmicos. Por fim, os conflitos se tornaram tão grandes que abri mão de um cargo de professora titular e me mudei para a ilha grega onde tinha passado alguns verões nadando no mar e dando aulas em um programa experimental.

Encontrei o que procurava na Grécia, mas não de imediato. Primeiro precisei passar pelo que hoje considero uma noite sombria da alma, um período de iniciação no qual me senti muito sozinha, duvidei da presença da Deusa em minha vida, perdi a capacidade de escrever e cheguei muito perto de perder a vontade de viver. Esse tempo ficou para trás, mas, enquanto passava por ele, não via saída da forte desolação que sentia.

O falecimento da minha mãe[8] me levou às portas da morte de modo bem literal. Eu sabia que queria estar junto da minha mãe quando chegasse a hora de sua partida. Meus amigos me disseram que eu a ajudaria a fazer a passagem. Eu sentia apenas que precisava estar com ela. Durante sua doença, compreendi que meu amor por ela era mais profundo do que qualquer coisa que eu jamais sentira. Quando abri meu coração para ela em uma carta, minha mãe me chamou para uma visita. Logo que cheguei, ela se entregou ao processo de morrer. A morte veio rápida e fácil, talvez porque minha mãe tivesse parado de resistir. Enquanto ela dava seus últimos suspiros, senti o quarto ser preenchido com o que posso descrever apenas como uma enorme força de amor. Fora-me oferecida uma revelação. Até aquele momento, eu sempre sentira como se não tivesse sido amada o bastante. Comecei então a entender a grande matrix de amor que sempre me rodeou e deu sustento à minha vida. Desde aquele dia, passei a vivenciar o amor como o presente da terra abundante. Ele é realmente a força de todo ser, o poder que chamo de Deusa.

Muitos caminhos até a Deusa

Embora a história de como cheguei à Deusa seja única, como são todas as histórias, ela retrata uma jornada compartilhada por muitas mulheres e por um número cada vez maior de homens.[9] As pessoas com quem a Deusa se comunica vêm de todos os cantos. Algumas são jovens, algumas são velhas; algumas são brancas, outras são negras ou amarelas; algumas são cristãs, outras são judias, e algumas foram criadas sem religião. A Deusa fez com que sua presença fosse sentida por muitos em sonhos e visões, e para outros através de leituras e meditação. A experiência é muito valorizada como fonte de conhecimento na espiritualidade da Deusa. A maioria a encontrou porque a buscou dentro de si, embora alguns agora conheçam a Deusa por meio de seus pais ou outros parentes. As histórias a seguir dão uma ideia das diversas vidas que a Deusa tocou e dos muitos meios pelos quais sua presença se fez sentir.

Christine Downing foi guiada à Deusa através de um sonho que marcou uma grande mudança em sua vida. No começo do sonho, Downing dirigia sozinha pelo deserto, um pneu furava e ela começava a andar pela escuridão. Um velho bondoso[10] lhe oferecia ajuda, mas, surpreendendo a si mesma, Downing respondeu: "Desta vez, preciso ir em busca Dela". Por fim, Downing se viu à beira de um precipício de areia e escalou até uma pequena caverna.

> Eu me preparo para dormir ali, como se adormecer fizesse parte do caminho até Ela.
>
> Quando pego no sono, sonho que encontro na caverna um buraco estreito que dá em uma passagem subterrânea. Abro caminho por aquele canal, mergulhando até outra caverna bem abaixo da superfície da Terra. Sento-me no chão duro e acidentado, sabendo que estou na presença Dela. Ainda assim,

embora Ela seja palpável ali, não consigo discernir Sua forma. Espero e espero, desejando poder enxergá-La uma vez que meus olhos se acostumem à escuridão, mas isso não acontece.[11]

A busca de Downing pela Deusa levou-a a outros sonhos, a reflexões sobre sua vida, muitas leituras e à escrita de seu primeiro livro, já perto dos 50 anos.

Luisah Teish descobriu a Deusa em um momento de profundo desespero. Ela descreve um período em sua vida em que as contradições de ser uma mulher negra a levaram a considerar o suicídio: "Eu queria ajudar a minha comunidade, contemplar o sentido da existência e produzir algo belo. Mas literalmente tudo na sociedade me dizia que eu era uma bruxa preta inútil".[12] Desejando morrer, Teish deixou o próprio corpo. Sua irmã tentou, sem sucesso, despertá-la do que parecia um sono profundo. E então, "sem aviso, uma voz — parecida com a minha, porém mais bonita — ecoou do peito daquela carcaça e disse: 'Volta para o seu corpo, garota, você tem trabalho a fazer'".[13] Mais tarde, um jogo de búzios feito por um sacerdote vodu ajudou Teish a entender que a voz que falou com ela foi Oxum, a Deusa do amor, da arte e da sensualidade em religiões de matriz africana. "Resumindo, ele disse que minha Deusa estava falando *comigo* e *através de mim*, e que eu deveria 'dar ouvidos à minha cabeça' e fazer o que Ela mandasse."[14] Teish entendeu que "Ela era o *eu* que eu escondia do mundo".[15] A Deusa a desafiou a mudar de vida, mudar de amigos e se tornar uma mestra espiritual.[16]

Nelle Morton já era uma mulher madura quando sentiu o poder da Deusa pela primeira vez. Por anos, foi participante ativa do movimento de mulheres da Igreja Presbiteriana e fez parte da Comissão para Mulheres do Conselho Nacional de Igrejas, e foi atraída a participar de um culto de adoração não denominacional criado por e para mulheres. Lá, ela ouviu uma mulher falar as seguintes palavras: "Agora ELA é a nova criação". Naquele momento, Morton foi transformada.

> Foi como se um poder íntimo, infinito e transcendental me envolvesse, como se enormes asas cobrissem as mulheres ali sentadas e nos tornassem uma unidade [...] Foi a primeira vez que vivenciei a divindade feminina [...] Também foi a primeira vez que percebi o quanto tinha internalizado a

masculinidade do Deus patriarcal e que, ao fazer isso, havia renegado minha própria identidade feminina.[17]

Somente após vivenciar a Deusa foi que Morton reconheceu que a imagem que tinha de Deus era masculina e quão profundamente isso a ferira.

Lynn Gottlieb era uma jovem judia estudando para se tornar rabina quando encontrou a Deusa durante uma reunião de teólogas feministas. Naquela noite, várias mulheres falaram a respeito da descoberta das Deusas. A princípio, Gottlieb se assustou e se retraiu em pensamento, lembrando-se das palavras de um professor que afirmara que o paganismo era a antítese do judaísmo. No entanto, a presença tranquila de uma das mulheres discursando permitiu que Gottlieb prestasse atenção. Quando a mulher terminou de falar, Gottlieb sentiu uma voz dentro de si dizendo: "Meu corpo é a montanha, as águas de meu nascimento são os mares se abrindo. Diga essas palavras e você não será consumida".[18] No fim da noite, Gottlieb compreendeu que "sim, eu preciso da Deusa. Preciso que ela faça o parto do espírito que canta dentro de mim com a voz de uma mulher".[19] Algum tempo depois, ela se formou como rabina e encontrou seu lugar no extremo radical da reforma judaica, formulando e criando um judaísmo renovado que celebra as experiências femininas vendo o poder divino na figura "d'Aquela que habita em nós".

Jess Hayden é uma jovem australiana que cresceu com a Deusa. Quando era adolescente, sua mãe e várias outras mulheres organizavam performances ritualísticas para os feriados sazonais. Hayden e as demais crianças usavam fantasias e faziam o papel de ninfas, elfos e fadas enquanto aprendiam sobre a Deusa. Hayden tem uma noção forte e intuitiva da presença da Deusa nos ciclos naturais e em seu corpo. Ela diz que a Deusa "despertou um conhecimento ancestral dentro de mim".[20] Mesmo assim, Hayden muitas vezes se sente frustrada porque ainda não encontrou a linguagem para expressar seus sentimentos e ideias para os amigos criados em tradições diferentes.[21]

Para outra jovem, Caz Love, a Deusa tem sido uma inspiração artística. Depois de participar de uma peregrinação da Deusa até Creta, ela escreveu:

> Sinto que realmente vivenciei a Deusa e que ela me tocou nos lugares mais profundos. Quando minha viagem pela Grécia terminou e voltei para casa,

sentia-me extasiada. Sentia como se tivesse encontrado o sentido da minha vida, o ponto a partir do qual podia funcionar. Todas as emoções que sentia ao olhar para imagens da Deusa, ao ler sobre ela, ao pintá-la — aqueles vislumbres de conexão, de encontrar uma tábua de salvação, de ver um reflexo do meu coração —, tudo explodiu e se materializou em Creta. Ao voltar, sentia que minha verdade estava mais arraigada do que antes.

A experiência de Caz a inspirou a mostrar suas pinturas da Deusa pela primeira vez. Seu êxtase, no entanto, logo foi contrabalanceado por raiva e tristeza.

> Eu só não esperava que a peregrinação afetasse tão intensamente minha percepção da nossa cultura — ainda mais porque eu já era feminista, antiviolência, defensora do meio ambiente. Mas vivenciar a beleza e a veneração pela vida da cultura minoica e a gigantesca presença da Deusa naqueles locais, em todos nós, magnificou tanto meus sentimentos que fiquei com raiva! Com muita raiva da nossa cultura. E com uma tristeza avassaladora e desesperada.
> Estou triste e com raiva porque nunca vou crescer em uma sociedade que venera a natureza e o feminino, com uma mãe que foi criada com beleza, amor e igualdade. Estou com raiva por não saber se algum dia viverei em um planeta pacífico. Quero gritar! [...] Às vezes sinto que o patriarcado me sufoca, vem me sufocando a vida inteira, e toda vez que tento tirar esse nó da minha garganta, ele volta a se alojar lá no fundo [...].
> Estou vivenciando tanto a luz quanto a escuridão de forma mais intensa.[22]

Caz articula de forma eloquente os sentimentos que a Deusa evoca em muitas outras mulheres. Saber que o mundo já foi diferente de como é hoje pode ser fonte de muita esperança e de enorme desespero. Não é fácil equilibrar essas duas emoções.

Ralph Metzner faz parte de um número crescente de homens que descobriram na civilização da Deusa a visão de uma cultura que legitima sua busca por um "sistema social pacífico e libertário".[23]

> Foi uma revelação quando ouvi Marija Gimbutas descrever, em seu sotaque lituânio e sua voz calma e deliberada, os pacíficos, matricentrados (não matriarcais) e igualitários aborígenes europeus, e vi sua apresentação da profusão quase avassaladora de figuras da Deusa que restam daquelas culturas.[24]

Para Metzner, aprender sobre as culturas da Deusa da Europa Antiga foi mais do que um exercício intelectual.

> Alguns dias depois, enquanto meditava a respeito do que [Gimbutas] tinha relatado, recebi esta imagem: uma acadêmica sábia e simpática entra na minha casa e me informa, tranquila, que debaixo do porão há outra casa, muito maior, muito mais antiga e muito melhor mobiliada e organizada do que aquela onde moro. Essa imagem modificou de forma profunda a noção que tinha da minha herança ancestral.[25]

A imagem da Deusa transformou a noção que Metzner tinha de si mesmo e do que ele poderia se tornar. Como aconteceu com muitas das mulheres que têm suas histórias contadas aqui, a descoberta da Deusa o levou a escrever um livro.

Imagens da Deusa

Como indicam essas histórias, o simbolismo, tanto visual quanto verbal, desempenhou um papel fundamental no ressurgimento da Deusa. Imagens poderosas da Deusa, mais do que narrativas, mitos ou rituais, muitas vezes funcionam como gatilho para um despertar. Fotografias de estátuas da Deusa de mais de 25 mil anos foram reproduzidas inúmeras vezes em livros e apresentações para evocar um sentimento pela divindade feminina.

Para Anne Barstow, ver a imagem da Deusa foi como "relembrar", como uma recordação de algo que ela já sabia sobre o próprio poder, além de uma "re-lembrança", que mudou a relação dela com o próprio corpo, com a sexualidade feminina.[26] Como acontece com muitas mulheres, um sentimento de exclusão na tradição cristã motivou Barstow a iniciar uma pesquisa que, por fim, a guiou à Deusa. Em suas palavras: "Eu me interessei pela Deusa pré-histórica ao me perguntar: 'Como seria uma religião criada, ao menos em parte, por mulheres? Que valores manifestaria? A quais necessidades atenderia?'".[27] Curiosa, Barstow começou a estudar a religião neolítica de Çatalhüyük, em Anatólia (hoje Turquia). Ela descobriu imagens da Deusa que a abalaram intensamente.

> Sei o que senti quando vi pela primeira vez as ruínas de um santuário em Çatalhüyük: a figura da deusa sobre fileiras de seios e chifres de touro, suas

pernas bem abertas, como se estivesse dando à luz, era um símbolo de vida e de criatividade diferente de qualquer outro que eu já tivesse visto na igreja ocidental.[28]

Barstow sentiu uma enorme validação de sua feminilidade nas imagens da Deusa de Çatalhüyük.

A poeta Adrienne Rich descreve vividamente o impacto que antigas figuras da Deusa podem ter sobre mulheres modernas. A princípio, ela sentiu repulsa pelas imagens que não se encaixavam na ideia de beleza feminina da nossa cultura, mas por fim compreendeu que:

> [...] ela é bonita de maneiras que nós quase esquecemos, ou que passamos a definir como feiura. Seu corpo tem volume, profundidade, paz interior e equilíbrio. Ela não está sorrindo, sua expressão é de introspecção ou êxtase, e às vezes seus olhos parecem queimar [...] Ela não é muito jovem, ou melhor, não tem idade nenhuma [...] Ela existe, não para seduzir ou reconfortar os homens, mas para se afirmar.[29]

A Deusa é em si mesma mulher por inteiro. Ela nos fala de um poder que é nosso direito inato.

As imagens da Deusa também evocam a sacralidade da natureza. Isso confirma uma intuição profunda que tem sido negada na nossa cultura: que somos parte da natureza e que a natureza é sagrada. Quando olhamos para esses ícones antigos, vemos que:

> [...] a Deusa em todas as suas manifestações é um símbolo da unidade de todas as vidas na Natureza. Seu poder estava na água e na pedra, no túmulo e na caverna, em animais e pássaros, cobras e peixes, colinas, árvores e flores. Daí vem a percepção holística e mitopoética da sacralidade e do mistério de tudo que existe na Terra.[30]

Aqueles que são afetados pelas imagens da Deusa têm tanta segurança da conexão dela com a natureza quanto de sua figura feminina: é reafirmada a ideia do vínculo entre o corpo feminino e o poder de transformação e regeneração da natureza.

As antigas imagens da Deusa a seguir serviram de inspiração para o vivenciamento do divino como feminino no movimento contemporâneo da Deusa. Vire as páginas devagar. Deixe que as imagens conversem com você.[31] Talvez você também sinta o que minha amiga Sue Camarados sentiu ao vê-las pela primeira vez, quando exclamou: "São tão fortes, tão poderosas e tão sensuais!".

Imagens transformadoras da Deusa

As imagens da Deusa causam forte contraste com a imagem de Deus como um velho homem branco, atordoando-nos a ponto de questionarmos a visão de nossa cultura de que todo poder legítimo é masculino e que o poder feminino é perigoso e maligno. A figura de Eva nua pegando com ousadia a maçã da serpente e depois se encolhendo de vergonha diante de um Deus masculino irado não nos diz apenas que o desejo feminino é a fonte de todo o mal no universo, mas também que o corpo feminino nu é parte do problema. Essa imagem corrobora a mensagem enraizada de que o desejo e a nudez da mulher devem ser controlados e punidos pela autoridade masculina. Em contraste, as Deusas nos mostram que o feminino pode ser símbolo de toda criatividade e poder no universo. O sentido mais simples e mais profundo da imagem da Deusa é a *legitimidade e a benevolência do poder feminino, do corpo feminino, do desejo feminino.*[32]

A imagem da Deusa é transformadora porque a imagem masculina de Deus foi profundamente internalizada na cultura ocidental. "Grande, velho e alto com uma barba cinza e branca" é como Celie, personagem da romancista Alice Walker em *A cor púrpura*, descreve Deus para sua amiga Shug, acrescentando que seu olho é "assim meio cinzento".[33] Teálogas e teólogas feministas argumentam que a maioria de nós guarda figuras similares no fundo da mente, mesmo que digamos não acreditar mais no Deus bíblico ou insistamos acreditar em um Deus espiritual e sem gênero. A ideia de Deus como um poderoso homem velho e branco nos foi passada de muitas maneiras.

Embora um dos Dez Mandamentos nos proíba de fazer imagens de Deus, essa proibição não foi acatada pelas tradições católica romana e cristã ortodoxa. Seguindo as convenções artísticas de seus antecessores e predecessores, Michelangelo pintou Deus no teto da Capela Sistina, no Vaticano (sede do papado), como um enorme velho branco de olhos azuis e barba grisalha, vestido com túnicas lilases esvoaçantes. Folhas de figueira e tecidos foram acrescentados posteriormente para cobrir a genitália de Cristo e de outras figuras nas paredes da Capela Sistina, mas nenhum papa jamais considerou uma heresia a imagem de Deus como um velho branco e mandou cobri-la. Na tradição cristã ortodoxa, a figura de um Cristo barbudo como Pantocrator (Senhor de Tudo) é geralmente encontrada no domo mais alto no centro da igreja, enquanto o conhecido ícone da Santíssima Trindade retrata um Deus Pai de barba branca e um Cristo de barba castanha sentados em tronos com uma pomba branca pairando acima. Os museus, catedrais e igrejas da Europa ocidental e oriental e da América Latina estão repletos de imagens de Deus Pai como um homem idoso e branco, de barba grisalha.

No geral, essas imagens não são encontradas no protestantismo e no judaísmo. Porém, a teóloga feminista judia Marcia Falk argumenta: "Se, como judeus, recusamos imagens teológicas feitas de argila ou de tinta, é preciso admitir que as concebemos do mesmo modo — e talvez ainda mais efetivamente — com palavras".[34] Quando chamamos Deus de "Senhor", "Rei", "Pai" e "Filho", e nos referimos ao mundo como a criação "dele", designamos seu gênero tão clara e definitivamente quanto se tivéssemos pintado a "ele" como um velho branco.

O Deus que conhecemos nas tradições judaica e cristã não apenas é masculino como é um crítico "dominador".[35] Esse Deus tem "domínio" sobre a terra e seu poder é comprovado através de vitórias sobre seus inimigos. Em Êxodo, Deus é "um homem da guerra" que lançou as carruagens e o exército do faraó ao mar.[36] Quando seu desejo não é atendido, ele provoca enchentes, terremotos e envia exércitos como agentes de destruição.[37] O cristianismo só se tornou a religião oficial do Império Romano depois que o imperador Constantino teve a visão de uma cruz no céu com a inscrição "com este sinal vencerás".[38] Deus e Cristo lideraram as cruzadas da Igreja Católica Romana em batalha para conquistar terras habitadas por cristãos ortodoxos e muçulmanos.[39] O poderio militar de Deus é celebrado nos famosos hinos protestantes "A Might Fortress Is Our God" e "Onward Christian Soldiers". A ideia de que a América é uma "terra prometida" dada por Deus (aos europeus brancos civilizados) é parte essencial do *ethos* nacional americano, que deve ser reconhecido por todos os presidentes.[40]

Soldados morrem pelo mundo todo "por Deus e pela pátria". Alguns cristãos e judeus esperam o acerto final da vontade de Deus através de uma destruição apocalíptica que vai criar "um novo paraíso e uma nova Terra".[41] E muitos cristãos temem o dia do juízo final, quando Deus enviará alguns ao paraíso e outros ao inferno por toda a eternidade. Feministas enxergam essa figura crítica e dominadora como parte integrante da imagem do Deus homem patriarcal.

Apesar das imagens verbais e visuais de Deus como um homem branco dominador, teólogos com frequência afirmam que Deus não tem corpo, gênero, raça ou idade. Muitos afirmam que o Deus que adoram não é homem nem mulher. Decerto é verdade que nem todos nós enxergamos Deus de modo tão literal quanto Celie. No entanto, a maioria das pessoas fica nervosa, perturbada e até irritada quando se sugere que o Deus que conhecem como "Senhor" e "Pai" também possa ser chamado de "Deus Mãe" ou "Deusa". Isso mostra que, inconscientemente, elas aceitam a imagem familiar de Deus como homem. Da mesma forma, embora poucos afirmem que Deus tem uma raça, a maioria das pessoas (inclusive algumas não brancas) têm dificuldade para imaginar Deus como negro. O poder da imagética convencional é nitidamente desmascarado nas palavras de um adesivo de para-choque que diz: "Deus está voltando e Ela é negra!".

Alguns acreditam que podemos romper o domínio do Deus homem branco no fundo da mente ao substituir a linguagem masculina da liturgia cristã e judaica por imagens mais neutras: "Deus Pai" pode ser chamado de "Deus que nos criou", enquanto os onipresentes "Ele" e "Dele" podem ser excluídos. Essa solução foi proposta na liturgia revisada de sinagogas e igrejas liberais.[42] Entretanto, muitas teólogas e teálogas feministas insistem que as imagens masculinas de Deus não serão transformadas a menos que possamos (também) imaginar Deus como "ela".[43] A teóloga judia e feminista Judith Plaskow argumenta que devemos aprender a falar o nome da Deusa: "A profunda resistência causada pelo uso de seu nome é um indício de que ainda precisamos dela. É justamente por estar próxima que a Deusa precisa ser reconhecida como parte de Deus".[44] A menos e até que o Deus que conhecemos possa (também) ser chamado de "Deusa", o espectro do Deus masculino persistirá em nós.

Em nossa cultura, *Deusa* é uma metáfora de transformação poderosa, como escreve a teáloga e sacerdotisa da Deusa, Starhawk:

> O mistério, o paradoxo, é que a Deusa não é "ela" ou "ele" — ou é as duas coisas —, mas a chamamos de "ela" porque nomear não é limitar ou descrever, mas invocar. Nós a chamamos e recebemos um poder que é diferente daquele que vem quando falamos "ele" ou "isso". Algo acontece, algo que desafia o modo como nossas mentes foram moldadas em imagens de domínio masculino.[45]

As imagens da Deusa ajudam a romper o domínio do "controle masculino", que moldou nossa ideia não apenas de Deus, mas de todo poder significativo no universo. Esse insight pode vir em um piscar de olhos. Mas também pode levar anos convivendo com imagens da Deusa, tanto verbais quanto visuais, para que ela se assente por completo no corpo e na mente.

No primeiro dia de aula, exibi centenas de slides da Deusa. Depois, uma das mulheres me procurou e me disse que era sobrevivente de incesto. Quando criança, por anos, seu corpo fora violentado por um tio todo domingo à tarde, em um quarto no andar superior da casa de seus avós, durante reuniões de família. A certa altura, mais de metade das mulheres naquela turma me contou histórias parecidas. Não surpreende que mulheres que foram abusadas sexualmente sejam levadas a estudar religião por uma noção (errônea) de pecado e culpa. Também não surpreende que imagens do poder sagrado feminino façam com que se rebelem contra a violação de seus corpos e almas.

Como a "boa" filha de um pai controlador e de uma mãe abnegada, que sempre deram mais atenção aos meninos da família, acabei sentindo que havia algo errado comigo apenas pelo fato de ser mulher. Aprendi que meninas deviam ser belas e quietas, e reprimi a mim e a meus sentimentos a ponto de me tornar terrivelmente tímida e esquisita. Conforme fui crescendo e passei de 1,80 metro de altura, percebi que havia algo particularmente vergonhoso a respeito do meu tamanho. Quando os amigos do meu pai faziam comentários sarcásticos sobre a minha altura, eu ia chorar no quarto. Recebia elogios por ir bem na escola, mas também ouvia que meninas não deviam ser inteligentes demais, ou os garotos se sentiriam intimidados. Quando ouvi pela primeira vez uma mulher negra e alta, na peça itinerante de Ntozake Shange, *for colored girls who have considered suicide/when the rainbow is enuf* [para garotas negras que já pensarem em suicídio/quando o arco-íris basta], gritar "Encontrei deus em mim mesma e a amei, a amei profundamente",[46] senti um arrepio na espinha. Estava começando a aceitar meu corpo feminino, minha própria inteligência. No entanto, levaria anos para que conseguisse me amar profundamente.

Rituais da Deusa

Enquanto imagens e metáforas inspiram o renascimento da Deusa, os rituais trazem o poder dela às nossas vidas. Um ritual, incluindo canções, danças e gestos físicos, envolve os sentidos de paladar, tato, visão, olfato e audição. Com o tempo, os rituais se enraízam no corpo, criando uma sabedoria física, de modo que agir de acordo com os conceitos que eles expressam se torna natural. Quando compartilhados, os rituais criam e reafirmam um senso de comunidade. Assim, criam poderosas, penetrantes e duradouras disposições e motivações.[47]

Para muitos, o primeiro ato ritual é construir um altar em casa. Montar um espaço sagrado traz a Deusa à consciência e fornece um local para agradecimentos pelo dom da vida, pela saúde e pelo amor, e para orar por orientação, proteção e cura. Altares caseiros são uma tradição muito antiga. Avós católicas e cristãs ortodoxas que acendem velas ou lampiões a óleo diante de imagens da Mãe de Deus, ou judias que acendem velas de Sabá, reproduzem práticas com raízes muito mais antigas do que o judaísmo ou o cristianismo. Altares caseiros se popularizaram no culto contemporâneo da Deusa, inspirados pelos instintos artísticos e pelo amor à beleza das mulheres que os constroem.

Enquanto escrevo, olho para o pequeno altar em minha escrivaninha em busca de inspiração. Uma cópia da Deusa Neolítica de Kato Chorio, Ierapetra (Figura 5) está disposta sob um lampião, recordando-me das viagens a Creta. No colo da Deusa há um pequeno triângulo costurado à mão recheado com folhas de Agia Myrtia, a Murta Sagrada do convento Paliani, em Creta, onde fui curada. Um buquê de sete anêmonas roxas e brancas que estão começando a perder pétalas e sementes. Um pedaço de cristal encontrado perto da Caverna de Trapeza, em Creta, três rochas marinhas esverdeadas e uma ametista em formato de coração que me lembra de que a Deusa é Terra.

O próximo passo pode ser reunir amigos para invocar o poder da Deusa. Charlene Spretnak participa de um ritual de primavera celebrado na área da Baía de São Francisco. Assim como muitos outros rituais da Deusa que se diferenciam apenas nos detalhes, esse se concentra na renovação da Terra e do corpo e alma humanos que acontece na primavera. Esse ritual começa com uma procissão partindo do estacionamento de um parque; homens e mulheres carregam flores e plantas, enquanto as crianças fazem uma trilha de pétalas. Chegando ao local estipulado, todos formam uma bela guirlanda de flores no chão, com trinta centímetros de largura e quinze de altura. Dentro dela vai uma imagem da Deusa, uma tigela de água, ramos de flores e penas de pássaros, além de oferendas de comida. Quando a guirlanda está completa, o grupo fica em silêncio, respirando junto, absorvendo a beleza da Terra. Então todos pegam as flores da guirlanda e fazem coroas para si mesmos. O ritual prossegue com contação de histórias, canto, dança e um banquete.[48] Os participantes reconhecem que os ritmos de uma vida humana saudável ecoam os ritmos do universo. Afirmam que não estamos sozinhos, mas fazemos parte de uma grande comunhão de vida que inclui plantas, animais, outros seres humanos e a própria Terra.

Às vezes, os rituais da Deusa são simples e solitários. Há pouco tempo, recebi uma carta de uma amiga, Patricia Allot Silbert, que dizia:

> Ando muito interessada em jardinagem — lendo revistas sobre o tema, passando tempo no jardim, conferindo as folhinhas verdes despontando da neve e da terra. Os brotos dos narcisos, açafrões e *Galanthus nivalis* já estão visíveis...
>
> Quero ser uma dessas excêntricas mulheres mais velhas conhecidas por seus jardins e pela dedicação a seu pedacinho de terra. Em todo lugar que já moramos, dediquei-me a deixar o terreno melhor do que encontrei, cheio de flores, árvores e arbustos [...] Meu jardim é meu pedacinho do paraíso. É a única coisa que posso fazer para contribuir com a sacralidade da Terra. Cuidar Dela, Gaia.[49]

Allot Silbert performa o atemporal ritual de cuidar do jardim, seguindo os passos de sua mãe e da avó, da minha mãe e da minha avó, e de milhares e milhares de mulheres antes delas.

Criar algo belo com a natureza é um vínculo compartilhado por mulheres de diversas culturas. Na Grécia, país que adotei, tanto mulheres que trabalham nos campos, levando cabras e ovelhas para as montanhas, quanto mulheres que trabalham dentro de casa, enchem sacadas e pátios com gerânios, rosas e jasmins, plantados em latas de óleo pintadas em cores alegres. Alice Walker relembrava: "minha mãe enfeitava com flores qualquer casa miserável em que fôssemos obrigados a morar [...] Percebo que minha mãe fica radiante somente quando cuida de suas flores [...] Organizando o universo à imagem de sua concepção pessoal de beleza".[50] A mãe de Rachel Bagby, Rachel Edna Samiella Rebecca Jones Bagby, fundou a Corporação de Reabilitação Comunitária da Filadélfia para reivindicar terrenos abandonados na cidade para que as pessoas pudessem cultivar alimentos e flores.[51] A religião da Deusa fornece uma linguagem para nomear uma atividade que as mulheres sempre souberam ser sagrada.

Starhawk narra um conjunto de rituais aparentemente diferentes, mas em grande parte relacionados, que foram realizados no Diablo Canyon Blockade, um movimento pacífico em protesto à abertura da usina nuclear Diablo Canyon, no Norte da Califórnia. Os participantes desse ritual acreditavam que sua dedicação à Deusa exigia que se opusessem a usinas nucleares, que geram energia elétrica com risco de envenenar a terra, o mar, o ar e todos os seres vivos. No início do protesto, um grande grupo de manifestantes começou a se mover em círculo e a entoar uma canção nativo-americana:

> *A terra, a água, o fogo, o ar*
> *volta, volta, volta, volta.*

Isso reafirma o conhecimento de que usinas nucleares destroem o equilíbrio dos elementos naturais e o compromisso do grupo em trabalhar para restaurá-lo. Em outro momento, cantaram:

> *Ela transforma tudo que toca,*
> *e tudo que ela toca se transforma.*

Em seguida:

> *Somos transformadores.*
> *Tudo que tocamos pode se transformar.*

Esse trecho celebra a Deusa como poder de transformação e a nossa participação nesse poder. Para Starhawk e o grupo, era importante declarar sua participação no protesto não apenas como ato político, mas também como um profundo compromisso espiritual. Depois que o protesto acabou, Starhawk refletiu:

> O ritual, a magia, tece o vínculo que dá sustento ao nosso trabalho ao longo dos anos, ao longo de vidas. Transformar a cultura é um projeto de longo prazo [...] Se não pudermos viver para ver essa revolução se completar, podemos plantar suas sementes em nossos círculos, podemos sonhar com seus moldes, e nossos rituais podem alimentar seu poder crescente.[52]

Os rituais da Deusa às vezes envolvem peregrinações a lugares sagrados. Norte-americanos não nativos estão começando a admitir a enorme perda que sofremos quando nossos ancestrais foram expulsos ou deixaram as terras que continham memórias de tantas gerações anteriores. A Terra guarda a energia dos seres que viveram nela. Lugares sagrados contêm os sonhos, as visões e as esperanças de todas as pessoas que os visitaram. A ideia de peregrinação vem desse fato. Pode ser uma peregrinação simples, como visitar um parque todo ano na mesma estação, como no ritual narrado por Charlene Spretnak. Alguns americanos não nativos também passaram a visitar lugares conhecidos por serem sagrados para nativo-americanos.[53] Muitos descendentes de culturas de base europeia se sentem revigorados ao visitar locais sagrados na Europa.

Um grupo de mulheres viajou para Creta para ter contato com as energias de culturas ancestrais que celebravam a Deusa. Durante a peregrinação, escalaram juntas uma encosta até uma pequena caverna chamada Trapeza. Arqueólogos afirmam que o local foi habitado no período neolítico, de seis a oito mil anos atrás. As mulheres sabiam que cavernas um dia foram consideradas o ventre da Deusa, a abertura para o centro da Terra, o lugar de mistérios.

A Caverna de Trapeza continha duas áreas pequenas e estreitas. As mulheres foram atraídas para a área menor, onde depositaram velas e esculturas de barro da Deusa Neolítica em uma rocha no centro. Libações de leite e mel foram derramadas na pedra e uma canção foi entoada. Então cada mulher pronunciou todos os nomes que lembrava da linhagem materna. "Sou Carol, filha de Janet, filha de Lena, filha de Dora, que emigrou da Alemanha para os Estados Unidos, neta de Mary Rita, filha de Elizabeth, que veio da Irlanda", e assim por diante ao redor do círculo. Essa ação foi seguida pela citação do nome de mentoras e amigas. Enquanto centenas de nomes femininos ecoavam pelas paredes da caverna, o grupo sentiu a conexão com as mulheres neolíticas que talvez tenham se sentado em círculo naquela mesma caverna, relembrando seus antepassados.[54] Esse ritual fortalece as mulheres ao criar um senso de conexão com a história da energia e da criatividade femininas, que se estende do presente até o passado distante.

Os rituais da Deusa não exigem uma forma específica de "crença" ou "fé" na Deusa, talvez porque articulem uma noção profundamente familiar da nossa conexão com os ritmos e processos naturais. Os participantes possuem ideias muito diversas em relação à Deusa. Alguns a veem como uma personalidade que pode ser invocada durante uma oração; outros a enxergam como a natureza ou a energia da natureza; e há quem pense nela como uma metáfora para os mais arraigados aspectos do "eu". Starhawk expressou uma recusa comum em escolher uma única interpretação ao dizer: "Quando me sinto fraca, [a Deusa] é alguém que pode me ajudar e me proteger. Quando me sinto forte, ela é um símbolo do meu próprio poder. Outras vezes, eu a sinto como a energia natural em meu corpo e no mundo".[55] Como muitos dos que recorrem à Deusa vêm de tradições católicas ou protestantes, onde se deve ter uma crença específica ou encarar a danação eterna, há pouca inclinação a se exigir qualquer crença como condição para participar de um círculo ritual.

Os rituais da Deusa não têm um padrão estabelecido. Embora haja grupos que seguem alguns protocolos ritualísticos consagrados, no geral, no movimento da Deusa não há uma "ordem de culto" ou "liturgia" oficiais. Muitos grupos celebram em horários determinados; outros se reúnem quando dá vontade. A maioria dos rituais da Deusa incorpora um senso de ludicidade e fantasia. Tanto indivíduos quanto grupos experimentam diversos formatos, às vezes seguindo instruções de livros, às vezes permitindo que reine a espontaneidade. Alguns gostam de realizar o mesmo ritual repetidamente, enquanto outros preferem que cada ritual siga um novo rumo.

Os rituais da Deusa costumam acontecer durante a Lua nova ou cheia, em reconhecimento da conexão dos ciclos femininos com os ciclos lunares.

Celebrações lunares são feitas à noite, reivindicando a escuridão como fonte e símbolo de grande sabedoria. Outras celebrações comuns são as mudanças de estação: os equinócios de primavera e de outono (21 de março e 21 de setembro); os solstícios de verão e de inverno (21 de junho e 21 de dezembro); e os feriados que caem exatamente no meio, dividindo o ano em oito estações, 2 de fevereiro (às vezes chamado de Festa de Apresentação do Senhor ou Imbolc); 1º de maio (ou May Day); 1º de agosto (às vezes chamado de Lammas); e 31 de outubro (Dia dos Mortos ou Halloween).[56] No hemisfério sul, os feriados sazonais são os mesmos, mas os meses em que são celebrados mudam. Vários grupos ao redor do mundo já usaram os livros de Z. Budapest e de Starhawk como inspiração para criar rituais.[57]

Rituais voltados para as fases da lua e para a mudança das estações nos lembram que somos parte da natureza, que dependemos e participamos dos seus ciclos de crescimento, morte e renovação. A Lua nova é um período de reflexão e introspecção, enquanto a Lua cheia é um período de energia e manifestação. Cada estação é homenageada por sua característica específica: primavera é renascimento; verão é colheita; outono é transformação; e inverno é hibernação. Cada estação abriga o mistério de seu oposto. O verão é vida abundante, mas também é morte, pois os frutos são colhidos e o sol seca o solo. O inverno é morte, mas, mesmo em seu ápice, sementes brotam sob a terra e os dias começam a se alongar.

Os rituais da Deusa são familiares, celebrando sentimentos que já possuímos e aprofundando nossa compreensão dos feriados pagãos, como o May Day e o Halloween. Através desses rituais, reconhecemos que os feriados cristãos e judaicos incorporam elementos de festividades sazonais anteriores à Bíblia. A Páscoa, os ovos de Páscoa e o Sacrifício do Cordeiro Pascal são símbolos ancestrais de renascimento, enquanto árvores de Natal, visco, madeiros de Natal e velas de Hanukkah trazem luz e vida para os dias mais escuros do ano. Ovos, flores, velas e outros elementos conhecidos costumam ser incorporados nos rituais da Deusa, o que dá uma sensação de continuidade em relação ao passado.

Porém os rituais, como a Deusa em si, também são estranhos, e desafiam o dualismo que permeia a cultura ocidental, insistindo que a morte seja homenageada tanto quanto a vida, a escuridão tanto quanto a luz, a mulher tanto quanto o homem. O simples ato de invocar a Deusa revela o tanto que internalizamos e aceitamos a ideia de que todo poder significativo e benéfico no universo é masculino. E, em vez de nos conectar a um Deus "imutável", que paira acima do mundo, os rituais da Deusa nos vinculam a uma divindade que é conhecida por meio da natureza e que personifica a mudança. Em vez de retratar Deus principalmente como "a luz que brilha na escuridão", os rituais da Deusa valorizam a escuridão como um lugar de transformação. A religião da Deusa não se concentra na vida após a morte, mas nos chama a reverenciar os ciclos de nascimento, morte e regeneração nesta vida.

Fonte: Departamento de Arqueologia da Universidade de Cambridge

Figura 1 Entalhada em uma pedra macia marrom-avermelhada, cabe facilmente na palma da mão. Seios caídos sobre a barriga proeminente; braços finos apoiados sobre eles. Seu triângulo sagrado está nitidamente delineado. Tranças firmes envolvem a cabeça. Se ela tem uma raça, deve ser africana. No início, ela era Ana, Nana, Avó, Base de Todo Ser. Deusa de Willendorf, c. 25.000 AEC.

Fonte: Granger / Bridgeman Images

Figura 2 Seu corpo é como um cacho de uvas: cabeça pequena e oval, ombros caídos, braços troncudos sobre seios proeminentes, quadris largos, barriga redonda, coxas roliças, panturrilhas mais estreitas e curtas e nádegas volumosas como os seios. Ela é o poder de dois se duplicando de novo e de novo. Fonte da fertilidade. Deusa de Lespugue, França, c. 23.000 AEC.

Figura 3 As curvas dos seios fartos, a barriga proeminente, os quadris largos e as coxas grossas foram entalhados nas paredes flexíveis de uma caverna de calcário, local de mistérios. Aponta com uma das mãos para a vulva. Com a outra, segura o chifre de um bisão, uma Lua crescente marcada com treze linhas, meses do calendário lunar. Ainda é possível ver em seu corpo vestígios de ocre vermelho, sangue da vida e da renovação. Útero da Escuridão e da Transformação. Deusa de Laussel, França, c. 25.000 AEC.

Fonte: Coleção do Museu de Aquitaine-Bordeau, França

Fonte: Museu de Arqueologia de Ancara

Figura 4 A barriga inchada pela gravidez e os joelhos redondos trazem o símbolo da Lua. Os seios caídos apontam para os dois leopardos que a flanqueiam, guardiões e companheiros. A vida surge por entre as pernas. Nascimento. Renascimento. Mãe, Mama, Doadora de Vida. Deusa com Leopardos de Çatalhüyük, c. 6.500-5.600 AEC.

Fonte: Olaf Tausch

Figura 5 Ela está sentada sobre os quadris e as nádegas generosos. Braços e pernas grossos e serpenteantes envolvem seu núcleo sagrado. Seu rosto é pontudo, o corpo marcado com linhas fluidas de energia ou de água. Feita de argila queimada para parecer pedra, ela é dura feito rocha, pequena o bastante para caber em um altar. Terra Eterna e Sempre-Renovante. Deusa de Kato Chorio, Ierapetra, Creta, c. 5.800-4.800 AEC.

Fonte: © Boltin Picture Library / Bridgeman Images

Figura 6 Branca feito osso, rígida feito a morte, seu rosto é uma máscara. Dois pontos, duas sementes, os olhos penetrantes; quatro pontos, os dentes. Seu triângulo renovador de vida está delineado com sementes de renascimento. Deusa da Morte e da Regeneração. Dama Branca Rígida de Stara Zagora, Bulgária, c. 4.500-4.300 AEC.

Fonte: Zdeněk Kratochvíl

Figura 7 Ela embala carinhosamente seu bebê nos braços. Espirais vermelhas de criação e renovação marcam a barriga e nádegas proeminentes; faixas horizontais de energia ornam os braços e pernas esguios. Mãe Cuidadora. Deusa de Sesklo, Grécia, c. 4.800-4.500 AEC.

Fonte: Alice Schumacher / NHM Vienna

Figura 8 Seu centro de gravidade é o triângulo sagrado, envolto por quadris generosos e conectado ao chão por uma linha que começa em sua fenda e termina a seus pés. Ela está mascarada e ornamentada com símbolos da vida, triângulos e linhas fluidas. Mãe Terra. Deusa de Pazardzhik, Bulgária, c. 4.000 AEC.

Fonte: CristianChirita

Figura 9 Ela é um pássaro prestes a levantar voo. O peito está entalhado com bifurcações que terminam nos tocos de braços transformando-se em asas. Está um pouco inclinada para frente, as belas nádegas empinadas como o rabo de um pássaro. Suas pernas estão envoltas em linhas que serpenteiam de baixo para cima. Deusa da Renovação, Energia Ascendente. Deusa Pássaro da Moldávia, c. 4.000 AEC.

Figura 10 Ela é um receptáculo com forma de montanha. Como pedra viva, o corpo é marcado por zigue-zagues, cristas, meandros e linhas fluidas. Seu rosto é pontudo, os braços sutilmente apontando asas. Os olhos nos encaram, líquido escorre dos seios. Enchendo e transbordando. Água da vida. Mãe que Alimenta. Deusa de Mália, Creta, c. 2.000 AEC.

Fonte: © Museu Arqueológico de Heraclião, Ministério da Cultura da Grécia

Fonte: Cortesia de Stylianos Alexiou, diretor do Museu Arqueológico de Creta em Heraclião

Figura 11 Seus seios volumosos são acentuados por um corpete justo; o ventre sagrado está coberto por um avental bordado. Ela segura duas serpentes nos braços erguidos. Seus olhos estão em transe. Ela enxerga no escuro. Ariadne, Dicthynna, Skoteini, Guardiã dos Mistérios. Deusa das Serpentes de Cnossos, Creta, c. 1.600 AEC.

Fonte: Bj.schoenmakers

Figura 12 Seu corpo é a árvore da vida. Os seios ovais alimentam o mundo. Os braços se estendem em bênção. Ela está ornamentada com frutos da terra. Cabeças de animais selvagens e domésticos decoram o corpo. Seu belo templo à beira-mar era uma das sete maravilhas do mundo antigo. Mãe de Toda Vida. Ártemis de Éfeso, cópia romana de uma antiga estátua destruída, século 2 da EC.

CAPÍTULO 2

A TEALOGIA COMEÇA NA EXPERIÊNCIA

As pessoas cujas jornadas rumo à Deusa foram citadas no capítulo anterior concordariam que a encontraram através da experiência. Porém dizer que a tealogia se baseia na experiência é arriscar que a desvalorizem como algo "meramente confessional", uma expressão usada no mundo intelectual e acadêmico que significa "não merece ser levada a sério". Desse modo, é importante desmistificar o *mythos* e o *ethos* da objetividade, que nos levam a desconsiderar obras escritas de um ponto de vista pessoal.

Questionando a objetividade

O *ethos* da objetividade, um fruto do Iluminismo, é uma visão de mundo baseada no mito de que o pensamento objetivo é possível e desejável.[1] O *mythos* por trás do *ethos* da objetividade é a história de que o caminho da "humanidade" para sair do "atoleiro" da "superstição", da "ignorância" e da "barbárie" é o pensamento "racional" guiado por princípios "universais". De acordo com essa ideia, pessoas "ignorantes", incluindo crianças, mulheres e "selvagens" ou raças "inferiores", agem de modo passional e segundo interesses pessoais, enquanto homens (brancos) "civilizados" agem de acordo com princípios racionais universais. Esse *mythos* molda o *ethos* do sistema de educação "superior", definindo "racionalidade", "objetividade" e "universalidade" como critérios para o pensamento intelectual. O *ethos* da objetividade é a raiz do método "científico", no qual o pesquisador busca "analisar" os dados de forma "imparcial", "distanciada" e "controlada". Essa visão de mundo requer que qualquer interesse, sentimento ou paixão que inspire ponderações seja mascarado.

O *ethos* da objetividade dita que a análise racional e imparcial é o baluarte da civilização, enquanto a subjetividade e a paixão abrem os portões da irracionalidade e do caos. Essa ideia remonta aos mitos do assassinato da Deusa primordial pelos Deuses masculinos e por heróis como Marduk e Apolo, em narrativas que descrevem a natureza e o poder feminino primitivo advindo dela como caos. Tais mitos moldaram os pensamentos de Platão, que catalogou o racional e o benéfico como aquilo que transcende o mutável, o finito e o suposto instinto "selvagem". O *ethos* da objetividade se desenvolveu a partir da tradição da filosofia como pensamento racional, inaugurada por Platão.

Certa vez, uma amiga me contou uma história que ilustra como o *ethos* da objetividade exerce um domínio passional e não de todo racional sobre seus defensores. Ela e um colega viviam tendo a mesma discussão, que sempre começava com ele insistindo que precisa haver uma base racional para a ética. Assim como a psicóloga Carol Gilligan, que escreveu um livro sobre os diferentes métodos de pensamento ético das mulheres,[2] minha amiga sempre respondia que o sentimento era um fator importante para a tomada de decisões éticas. Um dia, no meio da discussão habitual, esse colega perdeu a compostura e começou a gaguejar: "Mas, mas... se não tivermos uma base racional para a ética... teremos, teremos... irracionalidade... Alemanha nazista". Minha amiga comentou comigo: "Agora, pelo menos entendo a importância daquela discussão para ele. Não é incrível que a gente tenha discutido sobre esse tema por anos, sem que ele revelasse por que tinha uma opinião tão passional a respeito da necessidade de uma base racional para a ética?".

A incapacidade de reconhecer o medo que espreita sob o *ethos* da objetividade nos impede de discutir, criticar ou desconstruir o mito acobertado por ele. Quando exposta, a crença de que a objetividade nos protege da irracionalidade e do caos não parece verdadeira. Embora se possa argumentar, por exemplo, que o genocídio praticado na Alemanha nazista foi resultado de uma onda de ódio "irracional", também é plausível dizer que foi causado por um excesso de "racionalidade". O estado nazista era superorganizado e burocrático, levando seus servidores a esquecer ou ignorar a compaixão que, de outra forma, talvez sentissem por suas vítimas. Desse modo, pode-se razoavelmente afirmar que os nazistas não eram exageradamente emotivos, mas exageradamente imparciais no cumprimento das tarefas atribuídas a eles pela máquina de guerra.

Como afirma o filósofo Alfred North Whitehead num contexto diferente, muitas das mais importantes suposições que moldam o pensamento são implícitas, não explícitas.

> Ao se criticar a filosofia de uma época, não dirija sua atenção principalmente às posições intelectuais que os exponentes do período se preocuparam em defender de modo explícito. Haverá suposições fundamentais que os partidários de todos os vários sistemas de uma mesma época conjeturarão de modo inconsciente. Tais suposições parecem tão óbvias que as pessoas nem sabem que as estão supondo, porque nenhuma outra maneira de ver as coisas lhes ocorreu.[3]

Embora seja apresentada sob o disfarce de "realidade objetiva", a visão de mundo ensinada nas universidades é baseada em muitas premissas que não foram nomeadas nem examinadas. Uma delas é a ideia de que homens racionais sempre detiveram o poder no mundo civilizado e de que sempre deterão.

Para começo de conversa, uma vez que as mulheres foram excluídas do conceito de "homem racional", não surpreende que, à medida que um número cada vez maior de nós tem a oportunidade de ingressar no ensino "superior", comecemos a desafiar o *mythos* e o *ethos* da objetividade. Acadêmicas feministas começam a defender a ideia de que mulheres e homens fora da elite social são tão inteligentes e valiosos quanto homens da elite, e de que nossa contribuição para a história deve ter sido tão significativa quanto a dos homens da elite. Entretanto, questões como "Qual foi a contribuição das mulheres para a história?" e "Como a cultura serviu para oprimir mulheres?" não são consideradas importantes dentro do mundo acadêmico centrado no homem. Da mesma forma, os dados necessários para responder a essas questões não foram preservados, ou foram deliberadamente destruídos, e os que existem não foram estudados (até recentemente). Assim, acadêmicas feministas estão fazendo "não perguntas sobre não dados", como escreveu a filósofa Mary Daly, com sua característica ironia perspicaz.[4]

A mudança de paradigma (ou mudança de pressupostos) implícita em tornar as mulheres ao mesmo tempo interrogadoras e fonte de dados é significativa. Feministas desafiam noções canônicas nunca questionadas: Homero era um poeta melhor do que Safo? Se não, então por que Safo não é tão estudada quanto Homero? E ideias: a guerra é um empreendimento humano mais importante do que o amor? Se não, por que a história que nos é contada é centrada na guerra? E valor: a tradição literária de Homero a Dostoiévski, da qual Safo e tantas outras foram excluídas, incorpora de fato os mais altos ideais da humanidade? E autoridade: podemos confiar nos valores e juízos de homens que criaram uma tradição literária que excluiu as obras de Safo, e na qual os fatos e razões para terem queimado os trabalhos dela (e preservado os de Homero) raramente são discutidos?

Se as críticas à tradição acadêmica parassem por aí, as mudanças necessárias já seriam difíceis. Porém a mudança de paradigma criada por acadêmicas feministas se aplica não apenas ao conteúdo, mas também à forma do trabalho acadêmico. Não nos limitamos a fazer "não perguntas" sobre "não dados", como também usamos um "não método", como aponta Mary Daly. Questionamos a suposição menos questionada de todas: a ideia de que o conhecimento é ou deve ser objetivo.

Uma análise feminista mostra que o conhecimento que nos foi apresentado como objetivo, racional, analítico, imparcial, distanciado e verdadeiro tem suas raízes no fervor de honrar, legitimar e preservar o poder da elite masculina. Feministas compreendem que o *ethos* da objetividade acadêmica é na verdade *mythos*. Sabemos que não há conhecimento acadêmico imparcial, distanciado. Admitimos que nosso conhecimento é passional, interessado e voltado para transformar o mundo que herdamos.

Ainda assim, é difícil desmistificar e desmentir o *ethos* da objetividade. Enquanto as universidades forem controladas por interesses patriarcais, e feministas buscarem emprego nelas, seremos pressionadas a moldar nosso trabalho conforme as normas do patriarcado. E se a alternativa ao conhecimento objetivo for retratada como um "não conhecimento" (para seguir o jogo de palavras de Daly), então nem todas que foram formadas como acadêmicas estarão dispostas a abraçá-lo.

Muitas escolas de pensamento acadêmico, incluindo a teoria marxista (que argumenta que ações históricas são motivadas por interesses econômicos), a teoria hermenêutica (que afirma que entendemos e criamos teorias baseados em pré-concepções) e o desconstrutivismo (que argumenta que qualquer alegação sobre a verdade reflete os interesses do poder) desafiaram o *ethos* da objetividade, defendendo que nenhum pensamento pode ser dissociado do corpo e da história do pensador. De acordo com tais teorias, todos nós enxergamos o mundo pela perspectiva de nossas experiências pessoais, nossa etnicidade, nossa raça, nosso sexo, nossa classe social, nossa nacionalidade, nossa história. Embora possamos tentar ser objetivos, nossas perspectivas influenciam na maneira como formulamos questões (e falhamos ao formular não questões) e em como escolhemos os dados (e ignoramos os dados nulos). Mesmo descobertas científicas surgem apenas quando existem pressuposições, paradigmas, através dos quais os dados se destacam, conexões são feitas e teorias são desenvolvidas.[5]

Embora teorias que criticam a objetividade sejam amplamente compreendidas e discutidas, *a objetividade ainda é o modelo predominante de conhecimento intelectual e acadêmico*. O *ethos* da objetividade está tão profundamente enraizado às estruturas e ideologias da universidade e da cultura que ela cria, que é quase impossível ser bem-sucedido ao desafiá-lo. As razões para isso são complexas e não têm a ver somente com o desejo das pessoas que têm o poder de mantê-lo, mas também com o medo irracional de que linhas de pensamento que não são firmemente baseadas naqueles que são conhecidos como princípios racionais nos levem de volta ao monstro do caos — em outras palavras, às mulheres e à natureza. A insensatez desse ponto de vista é o tema deste livro.

Pensamento corporificado

O pensamento corporificado é uma alternativa ao pensamento objetivo.[6] Quando pensamos através do corpo, refletimos sobre os aspectos integrados às nossas experiências de vida, histórias, valores, juízos e interesses. Sem a presunção de falar de forma universal ou imparcial, admitimos que nossa perspectiva é finita e limitada. Em vez de ser "subjetivo", "estritamente pessoal", "meramente confessional", "autorreferencial" ou "autoindulgente" (termos de descrédito tirados do *ethos* da objetividade), o pensamento corporificado expande a experiência por meio da empatia. Empatia é o ato de se colocar no lugar do próximo, tentar sentir, saber, vivenciar o mundo do ponto de vista apresentado em um texto, em um artefato, na vida de um grupo de pessoas de um tempo ou lugar diferente. A empatia se estende aos outros, desejando compreender o mundo por diferentes perspectivas. A empatia é possível porque temos a capacidade de conectar nossa vida com a de outras pessoas, e a habilidade de usar a imaginação para nos conectar com experiências diferentes das nossas.

Quando li pela primeira vez a reflexão de Alice Walker, romancista negra norte-americana, sobre o jardim de sua mãe,[7] memórias do jardim da minha mãe contribuíram para que eu adentrasse o mundo descrito por Walker. Lendo a história dela, criei uma nova admiração pela criatividade que minha mãe e minha avó dedicaram a seus jardins. No entanto, feministas negras argumentam que feministas brancas devem aprender não apenas a se identificar com a história de mulheres negras, reafirmando as experiências de alegria e de dor compartilhadas, mas também a compreender que, para mulheres negras em sociedades racistas, essas mesmas experiências humanas muitas vezes estão ligadas e são moldadas pela pobreza, pela violência e pela discriminação. Embora a mãe de Alice Walker e a minha tenham ambas construído lindos jardins, a mãe de Walker plantava flores na frente de barracos de arrendatários em áreas pobres "de pretos", enquanto minha mãe plantava as dela no quintal de uma casa de condomínio no subúrbio "branco". A empatia de mulheres brancas para com a mãe de Walker não deve se limitar a entender o seu amor pela natureza e pela beleza, mas deve incluir a compreensão das estruturas de injustiça racial que tornaram provável que Walker e sua mãe vivessem na pobreza e com medo de violência racial, enquanto minha mãe e eu vivíamos em relativo conforto e sem medo. À medida que mulheres brancas reconhecem a diferença, nossa empatia deve abraçar a indignação que pode nos motivar a lutar contra as estruturas de opressão. Ainda assim, a diferença raramente é absoluta. Mesmo que eu jamais saiba como é ser perseguida por ser negra, lembro-me muito bem de como é ser xingada quase todo dia por anos e anos, e me encolher de vergonha porque era mais alta que todas as outras crianças. Isso me ajuda a ter empatia a respeito de alguém discriminado por sua cor.

O conhecimento acadêmico empático baseia-se em todas as ferramentas padrão de pesquisa, inclusive a coleta de dados históricos, atenção cuidadosa aos detalhes, análise, crítica, preocupação com a verdade. Porém, conforme usamos as ferramentas da pesquisa tradicional, nós as transformamos. Desmascaramos os vieses e as paixões ocultos na pesquisa tradicional, e admitimos os nossos de boa vontade. Estamos começando a escrever "com uma voz diferente", que entremeia a análise acadêmica com um ponto de vista pessoal.[8]

No entanto, o melhor tipo de conhecimento sempre foi o empático e corporificado. Educação, estudo e pesquisa podem nos levar a ver e a sentir o mundo de novas maneiras, modificando-nos enquanto ampliam o nosso horizonte. Não apenas as feministas, mas todos os estudiosos estariam sendo mais honestos a respeito de seus verdadeiros objetivos e noções acadêmicas se chamássemos nossos trabalhos de pensamento corporificado, em vez de pensamento objetivo.

Reconhecer que os julgamentos que fazemos são finitos pode nos levar a superar vieses pessoais, uma vez que situa nosso trabalho em uma comunidade discursiva onde ele pode ser legitimado, amplificado e criticado por pontos de vista similares e diferentes do nosso. Se pararmos de fingir que nossa opinião é universal, não precisaremos declarar que apresentamos uma verdade universal. Isso significa que receber críticas sobre a limitação de nossa perspectiva deixa de ser uma marca de fracasso e passa a ser uma parte esperada, aceita e bem-vinda do diálogo acadêmico.[9]

Minha convicção de que a tealogia começa na experiência significa que eu, como muitas outras acadêmicas feministas, não consigo mais escrever em uma voz impessoal. Acredito que devo não apenas reconhecer e admitir que minhas opiniões são baseadas em minha vida, mas também que necessito demonstrar isso. Quando leio teologia, muitas vezes me pergunto por que o autor fez essa ou aquela afirmação. Tradicionalmente, teólogos mascaram as experiências pessoais que os levaram a pensar como pensam. Para eles, a experiência pessoal é irrelevante à veracidade de seu argumento.

Ao reconhecermos a limitação da voz impessoal, com frequência podemos substituí-la por uma voz exclusiva ou primariamente pessoal e subjetiva. No meu livro anterior, *Laughter of Aphrodite*,[10] defendi a integração da experiência pessoal com o pensamento reflexivo. Os ensaios daquele livro, porém, foram escritos em duas vozes: uma era a voz acadêmica objetiva, que buscava reconhecimento em minha área de pesquisa; a outra era a voz emergente da minha vivência. Juntar as duas não foi fácil, mas é exatamente o que tentei fazer em *O renascimento da Deusa*. Em quase todo tópico que debato, explico por que penso daquela maneira. Mas também exponho as opiniões baseadas na minha experiência em um contexto mais amplo, desenvolvendo-as em uma explicação consistente e coerente do mundo e do nosso lugar nele. *Este livro é um experimento do pensamento corporificado na íntegra.*

Experiência

O pensamento neste livro é baseado em experiência. No entanto, a experiência pode ser definida de diversas formas. Materialistas limitam a experiência a dados sensoriais, enquanto idealistas a definem como os processos de pensamento do ego racional isolado. Aqueles que trabalham segundo o *ethos* da objetividade argumentam que a inclusão da experiência pessoal "restringe" o escopo de um trabalho, tornando-o menos "universal".

Quando uso a palavra *experiência*, considero que é corporificada, relacional, comunal, social e histórica. Minha experiência inclui tudo que já provei, toquei, ouvi, vi ou cheirei. Abrange tudo que já pensei, senti ou intuí, assim como todos que já conheci, tudo que li ou escutei, e tudo que já fiz ou já sofri. Ela é moldada pela história do meu tempo, incluindo o *ethos* familiar de uma família branca suburbana dos Estados Unidos no período pós-guerra, a explosão de energia dos protestos contra o racismo, a pobreza e a guerra nos anos 1960 e 1970, a contracultura e o movimento de mulheres, e o aumento do conservadorismo nos anos 1980 e 1990.

Todas as experiências são moldadas pelas lentes através das quais as enxergamos. As lentes da interpretação incluem fatores de que estamos cientes e fatores de que não estamos, as "suposições fundamentais" que pressupomos inconscientemente. Essas suposições estão incorporadas na linguagem, nas convenções linguísticas, nos hábitos de pensamento e nos símbolos culturais que constroem nossa ideia do que é possível, real e valioso. São reforçadas pelas estruturas educacionais, econômicas, religiosas, políticas e institucionais recompensadoras de quem adere às normas culturais predominantes, ao mesmo tempo que punem os desafiadores.

Por outro lado, algumas das suposições fundamentais de uma cultura podem ser contestadas quando falham em fornecer uma interpretação adequada da experiência de um grupo de pessoas. Os grupos de conscientização que deram início ao movimento de libertação das mulheres, no final dos anos 1970 e início dos anos 1980, são um bom exemplo de grupos que desafiaram suposições. Neles, mulheres se uniram para questionar noções convencionais a respeito de sexualidade e papéis de gênero, e para criar novas estruturas para pensar e compreender a experiência feminina.

A interpretação da experiência envolve em parte uma escolha. Muitas mulheres, por exemplo, tiveram a experiência de se sentirem excluídas pela linguagem masculina usada para Deus, mas interpretaram essa experiência de formas muito diferentes. Uma mulher entendeu esse sentimento de ser excluída pela linguagem e pelo simbolismo masculinos como uma ameaça à sua fé, então tentou reprimi-la. Outra decidiu tomar atitudes, dentro de sua religião, para promover mudanças. Uma terceira mulher chegou à conclusão de que todas as religiões são conspirações patriarcais contra as mulheres e se tornou ateísta. Uma quarta foi explorar o budismo. A última buscou a Deusa.

Escrever a partir de experiência e interpretação implica que existem momentos distintos de experiência pura, seguidos por momentos distintos de interpretação. Porém, na maior parte do tempo, esses dois aspectos formam uma teia contínua e em constante transformação. Tanto a experiência quanto a interpretação derivam de outras experiências e interpretações. Embora haja momentos em que fazemos ponderações conscientes, e outros em que reagimos por impulso ou intuição, e até mesmo momentos em que mudamos nossa visão de mundo, não existem momentos de pura experiência nem de pura interpretação.

Ao longo deste livro, compartilho vivências que deram origem à minha compreensão da Deusa e de sua relação com os humanos e outras formas de vida. Algumas dessas vivências poderiam ser chamadas de reveladoras ou místicas. Minha compreensão da Deusa foi em grande parte moldada pelas experiências de conexão que vivenciei desde criança com a natureza e com outras pessoas, e que agora se tornaram parte do meu cotidiano. Minha relação com Ela começou com uma discussão com Deus, durante a qual ouvi uma voz dizendo: "Em Deus há uma mulher como você". A revelação da presença do amor, que aconteceu quando a minha mãe faleceu, é a fonte do meu entendimento de que estamos cercados pelo que chamo de grande matrix de amor.[11] Essas experiências desempenham um papel crucial em minha tealogia, levando-me a fazer afirmações sobre a natureza da realidade e sobre a Deusa que, de outra forma, eu não faria.

O *ethos* da objetividade desprezaria qualquer experiência mística ou reveladora como fonte confiável de informação, julgando-a uma projeção psicológica subjetiva, talvez até declarando-a "irracional" e "perigosa". Embora eu saiba que outros podem enxergar minhas experiências como resultados de uma imaginação fértil, escolho interpretá-las como uma revelação da natureza do ser. Do contrário, eu estaria negando o que a poeta, filósofa e mística Audre Lorde me ensinou a chamar de "conhecimento mais profundo e não racional".[12] Estaria negando também alguns dos meios mais importantes pelos quais mulheres e homens adquiriram conhecimento sobre a Deusa nos nossos tempos.

Mas isso não significa que aceito minhas relevações místicas como fonte de conhecimento sem qualquer ponderação. Na tradição mística da Igreja Católica, havia uma prática chamada de "teste" da experiência sobrenatural. Em geral, consistia em se submeter a um confessor (homem) encarregado de decidir se dada visão ou voz havia de fato vindo de Deus. As mulheres nem sempre se saíam bem nesse sistema. Joana D'Arc foi queimada na fogueira; Hildegarda de Bingen escapou por pouco do mesmo destino; mas o confessor de Teresa d'Ávila a encorajou a escrever sobre suas visões no que se tornou um dos livros mais lidos do mundo.

Desenvolvi meus próprios métodos para testar meu conhecimento mais profundo e não racional. Percebi que, quando quero algo desesperadamente, às vezes me convenço de que a minha intuição (ou mesmo a Deusa) está me dizendo que vou conseguir. Aprendi a desconfiar do "conhecimento" não racional que parece um meio de me assegurar que vou alcançar aquilo que desejo. Também estou ciente de que as pessoas já cometeram grandes erros em nome do conhecimento místico. Jamais faria nada sob o pretexto da experiência mística se minhas reflexões julgassem um risco ao meu bem-estar e ao de outras pessoas. Por outro lado, se as experiências místicas ou reveladoras tornam a minha vida mais rica e significativa e me ajudam a compreender melhor o mundo e meu lugar nele, estou inclinada a julgá-las válidas, mesmo que eu não consiga provar isso a um cético. É claro que, como acontece com qualquer conhecimento experimental, os insights baseados na experiência mística encontram confirmação ou não nas comunidades.

A ideia de que somos interdependentes na teia da vida está aberta à investigação científica, mas a experiência de profunda conexão entre todos os seres nessa teia, que desempenha um papel importante na minha compreensão do papel do ser humano no mundo, não está. Tampouco há provas da existência da Deusa. Nenhum argumento racional pode convencer um ateísta determinado a mudar de ideia. Naomi Goldenberg, uma grande amiga e colega de profissão, considera a Deusa uma metáfora psicologicamente significativa, mas rejeita a ideia de divindade. Ela admite que experiências "da Deusa" validam o corpo e ajudam na autoestima das mulheres, mas acha implausível a ideia de que a Deusa exista fora da psiquê humana. Minha resposta é de que, para mim e para várias outras, faz mais sentido compreender a Deusa como a base do ser,[13] o sustento da vida, e como um poder com o qual estou relacionada. Baseio minha tealogia nessa convicção. Também não há provas de que a base do ser seja o amor. Outra boa amiga e colega, Judith Plaskow, sustenta que a base do ser é um poder incrível, porém ambíguo, que por vezes parece indiferente às questões morais da humanidade. Antes da morte da minha mãe, eu estava inclinada a concordar com essa afirmação, mas a revelação que aconteceu durante o falecimento dela me abriu para vivenciar o poder do amor de forma mais completa e profunda. Essa percepção se tornou fundamental em meu entendimento da Deusa.

A experiência não é apenas um recurso; também pode ser uma limitação. Sou uma mulher branca, de classe média, heterossexual, já tenho certa idade, um histórico e experiência. Considerando minha história, não alego que a tealogia escrita por mim seja universal ou definitiva. Pessoas da costa leste da América do Norte talvez percebam que meu entendimento da natureza foi influenciado pelo tempo em que morei na Califórnia e na Grécia, onde o clima é ameno e a natureza é, em grande parte (exceto por terremotos e secas ocasionais), uma força cálida e nutridora. Judeus podem considerar que meu histórico cristão influenciou meu entendimento da Deusa. Lésbicas podem achar que a imagem da Deusa que invoco não é crítica o bastante à norma heterossexual. Europeus talvez vejam minha capacidade de rejeitar tradições religiosas herdadas e buscar outras perspectivas espirituais como algo particularmente estadunidense. Pessoas não brancas perceberão que minha compreensão da Deusa bebe de fontes da Europa, do Oriente Próximo e da América do Norte, mas não da América Latina, da África nem do sul e do leste da Ásia. Para alguns estadunidenses, as perspectivas que adquiri ao morar na Grécia podem parecer desconcertantes.

Há muitas respostas possíveis ao reconhecimento da limitação. Acredito que a mais saudável seja reconhecer a si mesmo e a sua finitude, sua particularidade, sua singularidade, e estar aberto a aprender com os outros. Uma reação comum, mas nada útil, é se sentir culpado e impotente para falar, principalmente quando a limitação que se admite é pertencer a uma cultura, uma raça, um sexo ou uma classe dominante (e opressora). Para mulheres brancas de classe média, que tiveram o ego ferido várias vezes pelas dinâmicas de sexo, de classe e de religião, e que conhecem bem a autoaversão, a tentação de se culpar é muito forte. Mulheres brancas frequentemente usam a culpa como uma desculpa para não examinar as próprias experiências, negando a validade (relativa) de seus pontos de vista como mulheres (heterossexuais) (de classe média) brancas. Podemos sentir que temos "direito" de falar apenas quando estamos falando "em nome" daqueles mais oprimidos que nós, mas essa atitude pode ser condescendente e muitas vezes revela outra face do falso universalismo. Ao reconhecer esses riscos, optei por escrever com honestidade e amor-próprio sobre as particularidades da minha experiência e perspectiva. Espero que meu trabalho seja estendido, expandido e criticado.

Comunidade

Minhas experiências da Deusa, como tudo mais em minha vida, são inspiradas e moldadas pelas experiências de outras pessoas. Quando converso com outras mulheres ou leio suas obras, muitas vezes me pego dizendo: "Sim, isso explica o que aconteceu comigo". Neste livro, recorro às palavras de outros enquanto tento articular o significado da Deusa. Então, além de pessoal, esta tealogia é também comunal, em seu sentido mais profundo. Se meu entendimento da Deusa não fosse confirmado e desafiado pelas experiências de mais pessoas, eu provavelmente estaria em um hospital psiquiátrico em vez de sentada à minha escrivaninha de pinho em Atenas, em um dia quente de verão, escrevendo este livro.

Quando o assunto é a Deusa, considero como parte do meu círculo mais íntimo as amigas, colegas e outras que, como eu, reconhecem que as mulheres foram menosprezadas e excluídas das "grandes" religiões mundiais, e que estão buscando compreender a experiência espiritual feminina, transformar as religiões existentes e criar alternativas. Muitas dessas mulheres são acadêmicas que conheci por meio da seção Mulheres e Religião da Academia Americana de Religião. Outras, conheci pelo movimento popular de espiritualidade feminina, ou em grupos de mulheres em igrejas e sinagogas. Algumas sentiram o poder da Deusa ressurgindo em suas vidas, enquanto outras permaneceram em comunidades religiosas tradicionais. Citarei as ideias dessas irmãs espirituais ao longo deste livro. Para mim, a voz das mulheres é uma tábua de salvação. A pesquisa, a experiência e as perguntas de outras inspiraram, moldaram e modularam as minhas. Espero que os leitores deste livro não se incomodem com tantas vozes, mas ouçam nelas o que eu ouço, um testemunho da amplitude e da profundidade da visão espiritual feminina.

A Grécia e os gregos também influenciaram fortemente meu entendimento da Deusa. Nos Estados Unidos, muitas vezes senti que estávamos "criando" a Deusa ao convidá-la a entrar em nossas vidas. Dizíamos acreditar no poder da Deusa, mas no fundo tínhamos inseguranças. O que é compreensível, considerando que nossa visão emergente não é amplamente aceita em nossa cultura. Acho que é por isso que muitas de nós são atraídas por magia cerimonial: abrir e fechar o círculo, saudar as direções, erguer o cone de poder, lançar feitiços, experimentar o tarô e outras formas de divinação. Ainda assim, o esforço psíquico necessário para "criar" a Deusa muitas vezes me fazia sentir desaterrada.

Esse incômodo vago foi explicado durante um retiro com um grupo de ativistas e líderes do movimento de espiritualidade feminina. Depois de um longo dia, passado em grande parte discutindo sobre pontos de vista diferentes, o grupo se reuniu sob uma Lua cheia. Lembro-me da alta energia e dos tambores. Uma enxaqueca forte me tomou e eu me afastei do círculo. A professora nativo-americana Carol Lee Sanchez havia feito o mesmo. "Vocês, mulheres brancas, sabem levantar a energia", comentou ela enquanto estávamos sentadas junto à piscina. "Mas não sabem aterrá-la. Nós, indígenas, somos parte da terra. Fico cansada de aterrar a energia por todas vocês", concluiu ela. Sanchez me ajudou a nomear e compreender o que faltava na minha experiência da Deusa naquela época. Como muitas outras mulheres brancas, eu tinha aprendido a "levantar a energia" através da concentração e de cantorias, com chocalhos e tambores. Isso criava uma sensação de euforia, intensidade e consciência aumentada. No entanto, eu não havia compreendido por completo que toda energia vital, inclusive a energia "levantada" em um círculo, vem da terra, sobe pelo corpo e volta pelo corpo para a terra. Como eu focava mais em minha mente do que no meu corpo, a energia levantada "ficou presa" na minha cabeça (causando uma enxaqueca) em vez de animar meu corpo e retornar à terra. Naquela noite, prometi a mim mesma que jamais voltaria a levantar um poder que não pudesse aterrar. Com o tempo, entendi que, para nos aterrarmos, precisamos nos sentir parte da terra.

Assim como os nativo-americanos, os gregos são parte da terra. Na Grécia, sinto a presença da Deusa em lugares que já foram sagrados para ela. Quase sempre há uma igreja no mesmo local em que um dia houve um templo. O culto dos gregos cristãos é focado em acender uma vela na frente de uma imagem (uma pintura ou escultura de madeira) da Mãe de Deus, de um santo ou da Santíssima Trindade. Se uma prece é atendida, uma oferenda é levada ao ídolo em agradecimento. Os ídolos gregos são envolvidos em oferendas votivas de flores, grandes velas, lampiões e joias preciosas, que testemunham o poder do divino em influenciar a vida humana. A princípio, rejeitei a devoção grega, como uma expressão do cristianismo patriarcal que eu queria deixar para trás. Porém, com o tempo, percebi que a prática grega é baseada em gestos simples e significativos muito mais antigos que o cristianismo. Gregos modernos que confessam suas necessidades mais profundas à Mãe de Deus depois de fazerem uma peregrinação até um belo local não são tão diferentes de seus ancestrais, que levavam oferendas à Deusa Mãe. Comecei a acender velas e a abrir meu coração em locais cheios de outros peregrinos.

Ao fazer isso, percebi que a Deusa nunca tinha morrido! Ela não podia morrer porque estava na terra, ela era a terra.

Agora, em vez de me subir à cabeça, a Deusa sobe pelos meus pés. Ela envolve o ar que respiro. Não preciso criá-la. Ela existe. Minhas práticas rituais foram simplificadas. Como os gregos, acendo velas, beijo a imagem da Mãe, digo a ela o que está no meu coração. Ou então sirvo alguma libação de leite ou mel, água ou vinho, em uma pedra que posicionei sob a murta plantada em um vaso na minha sacada, canto para a imagem da Deusa que descansa sob a planta, e digo a ela de que preciso. Porque a Deusa adentrou meus ossos e porque a vejo em minha casa e na natureza, não sinto mais a necessidade de um ritual elaborado e cheio de processos para invocá-la à minha vida.

Isso explica por que a prática de magia, como definida pela Wicca feminista (bruxaria), não é fundamental no meu entendimento da Deusa. Embora eu tenha sido introduzida à prática moderna de adoração à Deusa por Starhawk e Zsuzsanna Budapest, e continue a considerar o trabalho ritualístico delas inspirador, não me identifico mais com a "magia" que elas descrevem em suas obras mais antigas.[14] Relembro com nostalgia e gratidão o tempo em que meu círculo da Deusa, o Lua Crescente, usava os livros delas como "livros de receitas", extraindo dali grande inspiração e sabedoria. E ainda acho importante me manter atenta aos ritmos da lua e celebrar as estações do ano, mas à medida que minha vivência da Deusa cria raiz no solo grego, vejo que minha prática se torna mais e mais inspirada pela natureza em si e pelo meu conhecimento crescente da história antiga das Deusas. Feitiços, tarô, leitura de cartas e outras formas de divinação, para mim, muitas vezes eram mais uma viagem mental, um jeito muito americano de tentar controlar a realidade e realizar um desejo pessoal.[15] Agora percebo que minhas necessidades são mais bem atendidas quando me mantenho aberta ao que a vida tem a oferecer, e não quando tento moldar a realidade à minha vontade.

História da Deusa

A história da Deusa é uma fonte e um recurso importante para a tealogia da Deusa. Se não soubéssemos nada sobre as antigas Deusas, seria bem improvável que os símbolos e as imagens da Deusa reemergissem em nossas vidas atuais. Quanto mais mergulho na história da Deusa, mais importante ela se torna para mim. Vinte anos atrás, eu me sentia muito sozinha e vulnerável quando falava o nome Dela. Agora, minha experiência e ideias estão firmemente baseadas na história. Não apenas estudei a história da Deusa intensamente, como também dei vida a essa história ao descer até o breu de cavernas sagradas, escalar montanhas santas e sentir o poder das imagens da Deusa na minha casa. Não surpreende que a história da Deusa seja controversa no universo acadêmico. O meu entendimento dessa narrativa é moldado pela perspectiva feminista, que me dá as ferramentas para criticar os velhos pontos de vista convencionais.

Meu conhecimento é limitado pela natureza das fontes que utilizo, em maioria gregas, europeias e do Oriente Próximo. Por muito tempo, pensei que não poderia escrever a tealogia da Deusa a menos que incorporasse sabedorias e imagens da história da Deusa nas tradições do Extremo Oriente, da África e da América. Alguns seguidores norte-americanos da Deusa foram apresentados a ela através de tradições não europeias. Outros, em um espírito inclusivo, tiveram o cuidado de abranger discussões de imagens não europeias da Deusa em suas obras.

Minha decisão de focar nas Deusas da Europa e do Oriente Próximo é derivada da minha história e da minha compreensão da integridade do meu trabalho. Meu antigo interesse na Bíblia hebraica me forneceu uma perspectiva pela qual abordar a história da Deusa na religião do Oriente Próximo. Meus estudos da história do cristianismo me ofereceram um ponto de partida para explorar as religiões pré-cristãs da Europa e a sobrevivência do paganismo nas práticas populares e dentro do cristianismo. Morar na Grécia fez com que eu voltasse muito da minha intenção às Deusas da terra grega. Porém, diferentemente de muitos outros intérpretes da religião grega, incluindo classicistas e junguianos, meu entendimento da religião grega não se baseia exclusiva nem primariamente em fontes literárias.

Quanto mais me familiarizo com as Deusas da Grécia e de Creta, mais reconheço que histórias extremamente complexas devem ser desvendadas antes de serem compreendidas. Muitas camadas de preconceito de que só temos consciência parcial envolvem a história da Deusa. Esses preconceitos são filosóficos, religiosos, sociais e políticos, e estão arraigados de forma profunda e subjetivamente emocional até em acadêmicos que alegam ser objetivos. A natureza desses preconceitos deve ser compreendida e desafiada se quisermos entender como as antigas Deusas sobreviveram e foram modificadas nos registros escritos do mito patriarcal. Depois, devemos peneirar e reavaliar minuciosamente as informações recebidas de fontes patriarcais, procurando por peças de uma narrativa que foi ocultada de nós. Isso significa que não é possível obter informações a respeito das tradições da Deusa facilmente, consultando alguns textos clássicos. Além disso, quanto mais vivo na Grécia, mais compreendo que a história das Deusas está intimamente ligada a locais específicos.[16] Assim, não sinto que sou capaz de falar com integridade sobre Deusas de tradições que não estudei profundamente e cujas terras não conheço.

No entanto, o modelo de abordagem crítica feminista à história da Deusa que proponho pode ser útil para desvendar as histórias das Deusas em culturas que não discuto. Os trabalhos de outros pesquisadores a respeito das Deusas da Ásia, da África e da América Latina confirmam que devemos sempre distinguir as Deusas de culturas paleolíticas e neolíticas primitivas (possivelmente) pré-patriarcado das Deusas que aparecem nos registros escritos de mitos e religiões patriarcais mais recentes. E é sempre importante perguntar o que as Deusas significam ou podem ter significado para as mulheres e como elas se correlacionam com os papéis sociais femininos.

A história da Deusa, para mim, é o chão onde piso. A religião da Deusa, porém, não está ligada a um texto nem é definida por uma história em particular. Para mim, faz toda diferença saber que a Deusa tem uma história, que as feministas do século 20 não a inventaram do nada, mas essa história é incapaz de fornecer um diagrama específico para o futuro. A Deusa que se manifesta em nossas vidas hoje fala nosso idioma e sugere ações adequadas aos nossos tempos. E, como aquela voz baixinha me disse anos atrás, ela também já sofreu e já teve sua história roubada. Isso a afetou, assim como afetou a todas nós.

Natureza

Outra fonte importante para a tealogia da Deusa é a teia da vida ou a natureza. O poder da Deusa está presente na Terra e em todos os seres do universo.

Podemos aprender muito ao prestar atenção às lições que as plantas e os animais, as rochas e os oceanos têm a nos ensinar.

Povos modernos também podem aprender com o comportamento de povos tradicionais em relação à natureza. Para os norte-americanos, a visão de mundo dos nativo-americanos é um recurso importante, porque é uma tradição viva enraizada nas particularidades da terra onde nascemos ou onde escolhemos viver.[17] Australianos e neozelandeses podem adquirir conhecimentos similares das culturas aborígenes. Como a experiência da natureza nunca é abstrata, mas sempre moldada pela geografia e pelo clima de um lugar em particular, a espiritualidade autêntica de um americano ou um australiano deve se ancorar nas terras onde vivem, assim como a espiritualidade grega autêntica deve se ancorar na Grécia.

Na Europa, a noção de que a natureza é sagrada não se perdeu por completo quando o cristianismo se tornou a religião predominante e a única sancionada oficialmente porque as igrejas cristãs foram construídas em locais conhecidos como sagrados desde tempos imemoriais. Em contraste, os protestantes, católicos e judeus que colonizaram a América do Norte, a Austrália e a Nova Zelândia não adaptaram as espiritualidades europeia e mediterrânea herdadas à geografia da terra que reclamaram. Os americanos têm uma religião civil que celebra Deus e a nação,[18] e muitos de nós amamos as áreas do solo dos Estados Unidos que conhecemos, mas nossas tradições religiosas não nos ajudam a compreender ou a celebrar nossa conexão espiritual com a Terra. Australianos e neozelandeses ainda perderam a base sazonal de suas tradições religiosas: o Natal e o Hanukkah são celebrados no meio do verão; a Páscoa e o Pessach, no outono. Como acredito que minha espiritualidade deve estar ancorada em conexão com um lugar em particular, volto-me para minhas experiências na Grécia e me valho extensivamente da espiritualidade de escritores nativo-americanos para articular minha compreensão da relação humana com a natureza.

O uso de tradições nativas por pessoas cujos antepassados nasceram em outro lugar se tornou um tópico de debates acalorados. Alguns nativo-americanos e aborígenes temem que o renovado interesse em suas tradições espirituais se torne mais uma forma de exploração por parte de seus colonizadores. Carol Lee Sanchez, que tem raízes tanto nativo-americanas quanto libanesas, traz reflexões sobre essa questão de maneiras que considero úteis. Sanchez diferencia a reverência pela terra americana e a noção de sacralidade de todos os seres na teia da vida encontrada nas tradições nativo-americanas e na prática concreta de vários povos nativo-americanos. Ela afirma que é válido que todos os americanos aprendam com os nativo-americanos a enxergar nossas vidas de "maneira sagrada". Essa compreensão não "pertence" aos nativo-americanos e, por isso, não pode ser "roubada" deles. Inapropriado seria que pessoas que não são nativo-americanas cantassem suas canções sagradas na língua deles, dançassem as danças sagradas que foram repassadas nas culturas tradicionais e, principalmente, fingissem ser os novos especialistas em tradições nativo--americanas.[19] O mesmo poderia ser dito de australianos e neozelandeses aprendendo sobre culturas aborígenes.

Cristianismo e judaísmo

Embora traga uma visão diferente, este livro dialoga bastante com a compreensão que o cristianismo e o judaísmo têm de Deus. Não apenas porque fui criada no cristianismo (com influências do protestantismo, do catolicismo e da Ciência Cristã) e me identifiquei profundamente com o judaísmo em determinado momento da vida (minha tese de graduação foi sobre representações da natureza nos profetas hebreus; um dos meus artigos do doutorado foi sobre a teologia de Martin Buber; e minha tese foi sobre Elie Wiesel). Também não é porque estudei as Bíblias cristã e hebraica e as teologias baseadas nelas. As imagens bíblicas de Deus e suas interpretações cristã e judaica são parte integrante da cultura ocidental. É difícil falar da Deusa sem compará-la de forma positiva ou negativa às imagens de Deus das nossas tradições religiosas herdadas. E mesmo quando não fazemos isso de forma consciente, interpretamos a Deusa contra o pano de fundo fornecido pelo Deus que já conhecemos.

Como considero importante refletir sobre as maneiras como a Deusa emergente desafia a compreensão convencional de Deus, costumo comparar e contrastar o significado da Deusa com visões tradicionais. Uma vez que seria impossível levar em conta toda a história do cristianismo e do judaísmo, isolo os aspectos do simbolismo verbal e visual ("Pai nosso", "bendito seja o Senhor", "Senhor de todas as coisas") e da teologia (Deus como todo-poderoso, Deus como juiz) convencionais que acredito desempenharem os papéis mais importantes na formação da compreensão que nossa cultura tem de Deus, da humanidade e da natureza.

Estou ciente de que muitos cristãos e judeus (feministas e outros) têm preocupações similares às manifestadas neste livro. O cristianismo e o judaísmo que eles imaginam são bem diferentes das "visões tradicionais" que descrevo. De fato, muitas vezes me refiro de forma positiva às ideias de judeus e cristãos (incluindo Martin Buber, Paul Tillich, Judith Plaskow, Marcia Falk, Elisabeth Schüssler Fiorenza, Beverly Harrison, Delores Williams, Gordon Kaufman e John Cobb) no desenvolvimento da minha compreensão do significado da Deusa. No entanto, as imagens convencionais de Deus encontradas na Bíblia e expressas em orações, cantos e hinos, e as interpretações dadas em teologias tradicionais ainda são o acesso primário a Deus para a maioria massiva de cristãos e judeus. Até e a menos que essas fontes de experiência e de conhecimento religiosos mudem, as ideias convencionais seguirão conosco, não importa o que digam os teólogos liberais e radicais.

O antijudaísmo está profundamente enraizado nas culturas ocidentais (cristãs e seculares). Quando percebi isso, ainda era cristã, e fiquei arrasada.[20] Fundamentado na luta da antiga igreja cristã contra as sinagogas, o antijudaísmo faz parte do texto do Novo Testamento e, portanto, influencia a liturgia e a prática cristãs. As imagens negativas dos escribas e fariseus, a ideia de que "Judas" (da palavra hebraica para Judá e a palavra grega para judeus) e "os judeus" traíram Cristo, e a ideia de que o judaísmo é uma religião da "lei" em vez do "espírito" influenciaram profundamente a maneira como muitos de nós vemos o mundo. Tais imagens retratam os judeus e o judaísmo como "o outro" e criam um clima em que os judeus e o judaísmo podem levar a culpa por vários problemas. Isso legitima atos de discriminação e violência contra esse povo. Enxergo o cristianismo antijudaísta como uma das fontes do plano de genocídio nazista. Enquanto as histórias bíblicas que culpam os judeus pela morte de Jesus seguirem como a base das celebrações cristãs de Páscoa, as atitudes geradas por essas histórias continuarão a moldar a cultura e a política. Acredito que seja dever de todos nós que viemos de uma criação cristã trabalhar para erradicar o antijudaísmo.

Por causa do meu trabalho com o judaísmo, e porque algumas de minhas amigas e colegas mais próximas são judias, sou sensível à crítica feminista judaica aos elementos do antijudaísmo tanto na teologia feminista cristã quanto na tealogia da Deusa.[21] O antijudaísmo se expressa na imagem de Jesus em desacordo com o judaísmo de sua época. Nessa imagem, o judaísmo é definido como uma religião de lei patriarcal, e seu Deus é apresentado como um ser irado e dominador, enquanto Jesus desafia a lei e proclama um Deus de amor. Essa compreensão reduz a riqueza e a vitalidade do judaísmo do qual Jesus e outros religiosos inovadores emergiram. Ela ignora a imagem de um Deus amoroso na Bíblica hebraica e as imagens de um Deus irado no Novo Testamento, sem falar no Deus vingativo retratado nas doutrinas cristãs do Juízo Final e do Inferno. Há lei tanto no cristianismo quanto no judaísmo, como atestam as tradições de moralidade da Igreja Católica Romana e Protestante.

Também é possível notar o antijudaísmo quando o "Velho Testamento" é culpado pelo surgimento de uma postura e de uma religião patriarcais e pela supressão da Deusa. Os judeus ou o judaísmo não são responsáveis pelo desenvolvimento do patriarcado. O patriarcado existia no Oriente Próximo e na Europa muito antes da escrita da Bíblia hebraica. Os mitos do assassinato da Deusa não se originaram na Bíblia. A transformação da Deusa para sustentar valores de culturas guerreiras mediterrâneas ancestrais aconteceu de forma independente da Bíblia. Os valores dos antigos hebreus eram resultado e contribuíram para os processos de mudança cultural ocorridos por todo o mundo antigo. Se alguém deve ser "culpado" pela supressão da Deusa na cultura ocidental, seriam os imperadores cristãos cujos éditos tornaram ilegais todas as religiões "pagãs".

Também é importante deixar nítida a diferença entre o cristianismo e o judaísmo e não culpar o Antigo Testamento ou o judaísmo por ideias e comportamentos que são exclusivamente do cristianismo ou encontrados em ambas as tradições. Embora a imagem de Eva seja utilizada no judaísmo para definir os papéis femininos, a versão verbal e visual mais conhecida da história de Gênesis, que retrata Eva como a origem do pecado e do mal, é produto do cristianismo. Imagens pintadas e esculpidas de Deus como um homem velho e branco foram feitas pelos cristãos, não pelos judeus. As imagens de Deus como Senhor e Rei são comuns tanto nas liturgias do cristianismo quanto do judaísmo, mas a imagem de Deus como Pai é muito mais proeminente no cristianismo.

Devemos ter cuidado para não reproduzir os preconceitos presentes de forma consciente e inconsciente em nossa cultura. É importante basear a narrativa histórica das Deusas em uma compreensão cuidadosa e complexa do passado. Só então teremos o direito de criticar as ideias e comportamentos encontrados nas bíblias cristã e hebraica, ou no cristianismo e no judaísmo.

Mythos e *ethos*

Por fim, ao pensarmos no significado da Deusa de uma forma corporificada, devemos nos lembrar de que símbolos religiosos moldam a maneira como enxergamos a nós mesmos e ao mundo. Aqueles que são atraídos pela religião da Deusa fazem essa conexão intuitivamente, rejeitando as imagens masculinas de Deus que servem aos interesses da dominação e do controle dos homens. Muitas pessoas também são atraídas pelas imagens da Deusa porque elas fornecem uma orientação que pode nos ajudar a salvar o planeta da destruição ecológica.

A teoria antropológica nos ajuda a entender como símbolos religiosos estão conectados à vida dos indivíduos e às culturas. De acordo com o antropólogo Clifford Geertz, uma religião é "um sistema de símbolos que atua para estabelecer poderosas, penetrantes e duradouras disposições e motivações". Um símbolo religioso como Deus ou Deusa é ao mesmo tempo um "modelo da" realidade divina e um "modelo para" o comportamento humano. Símbolos religiosos dão o tom de uma cultura, definindo algumas coisas como reais e importantes e sugerindo (ou decretando) como devemos viver. Símbolos e rituais religiosos dão origem a "disposições", comportamentos psicológicos ou sentimentos profundos, que fazem com que aceitemos algumas coisas e rejeitemos outras, devotemos a nossa atenção a certas coisas e não a outras. Símbolos religiosos, portanto, nos "motivam" a agir de certas maneiras, e não de outras. Um "*mythos*", ou visão de mundo simbólica, e um "*ethos*", ou modo de vida de uma comunidade ou sociedade, são integralmente relacionados.[22]

Reconhecendo que símbolos religiosos moldam nossa compreensão do mundo e sugerem padrões de ação, o teólogo cristão Gordon Kaufman propõe que nos perguntemos se nossos símbolos religiosos são compatíveis com nossas preocupações éticas. Ele defende que se a resposta for não, devemos estar dispostos a descartá-los.[23] Kaufman considera que símbolos religiosos herdados muitas vezes ajudam a sancionar iniciativas humanas de "explorar — e frequentemente destruir — a capacidade do planeta Terra de sustentar a vida, inclusive a vida humana".[24] Concordo que devemos julgar nossos símbolos religiosos usando por base sua capacidade de nos ajudar a preservar e melhorar a vida nestes tempos de crise para o planeta.

Embora se possa analisar símbolos religiosos à luz de nossas preocupações éticas, não podemos criar símbolos através apenas do nosso intelecto racional. O teólogo Paul Tillich reconhece esse fato ao afirmar que "símbolos não podem ser inventados arbitrariamente" porque "eles provêm do inconsciente individual ou coletivo e só tomam vida ao se radicarem no inconsciente do nosso próprio ser".[25] Não haveria razão para criticar as imagens de um Deus patriarcal e beligerante se elas não influenciassem pessoas dentro das comunidades religiosas. Tampouco haveria necessidade de entender a função dos símbolos da Deusa se eles não tivessem emergido em sonhos, visões, meditações, orações, rituais, canções, poesias e artes visuais de mulheres contemporâneas. Teálogas e teólogos devem prestar atenção às maneiras complexas pelas quais os símbolos surgem, são sustentados e caem em desuso.

Ainda assim, a experiência contemporânea do processo de descoberta e de criação de novos símbolos de Deus Mãe e da Deusa sugere que o processo de criação de símbolos é, em parte, consciente. Embora não se possa simplesmente inventar novos símbolos de acordo com nossos ideais éticos, podemos refletir sobre a inadequação dos velhos símbolos, e assim nos abrirmos a reconhecer novos símbolos conforme eles surgirem em nossa vivência. Podemos experimentar símbolos desconhecidos, sabendo que alguns criarão raízes e outros não, e podemos examinar aqueles que brotam em sonhos ou no inconsciente pela perspectiva de nossos ideais éticos, e assim decidir se queremos validá-los em práticas rituais e na vida.

CAPÍTULO 3

A HISTÓRIA DA DEUSA

"No começo, as pessoas oravam à Criadora da Vida [...] Na aurora da religião, Deus era mulher. Você se lembra?"[1]. Assim escreveu Merlin Stone em um livro que inspirou muita gente a procurar desvendar a história da Deusa.[2] Quando li essas palavras pela primeira vez, senti um arrepio. A religião da Deusa é muito mais antiga do que o judaísmo e o cristianismo. A nova narrativa a respeito da Deusa não é aquela contada em grandes textos amplamente aceitos na história da religião, da arqueologia e dos clássicos. Tampouco se trata de uma reformulação da antiquada teoria do "matriarcado primitivo". A redescoberta da Deusa provocou uma revisão dos papéis das mulheres e das Deusas na origem e na história da religião. Baseada em várias décadas reavaliando as fontes, uma nova estrutura interpretativa que eu chamo de "a hipótese da Deusa" reúne evidências e teorias arqueológicas, históricas e antropológicas. Nela, tanto mulheres quanto Deusas desempenham papéis importantes na história da humanidade.

A Mãe dos Vivos e dos Mortos na era paleolítica

A primeira evidência de um ritual religioso vem de vários milhões de anos depois da famosa "Lucy" e seus ancestrais, que acreditamos serem os primeiros humanos, aparecerem na África.[3] Em tempos tão antigos quanto 70.000 a 50.000 AEC, os neandertais já enterravam seus mortos com cuidado, muitas vezes em posição fetal. Além disso, aparentemente alguns neandertais colocavam ou plantavam flores ao redor do corpo no momento do enterro.[4]

Enterrar em posição fetal sugere que os neandertais talvez pensassem que nós retornávamos ao corpo da Mãe dos Vivos e dos Mortos. Talvez eles também acreditassem que renasceríamos, individual e comunalmente, do ventre da Mãe.[5]

Muitas Deusas paleolíticas vêm do período paleolítico superior, ou do final do Paleolítico (c. 32.000-10.000 AEC), representadas por pequenas esculturas ou entalhes de figuras femininas, muito simbólicas, geralmente nuas, incluindo a Deusa de Willendorf, de Lespugue e de Laussel (Ver Figuras 1 a 3). A maioria dessas imagens é pequena o suficiente para ter sido carregada facilmente pelos povos nômades que as fizeram.

As grandes pinturas de bisões, touros selvagens, cavalos, corças, íbexes e mamutes encontradas nas profundezas escuras dos vãos das famosas cavernas de Lascaux, Altamira e, mais recentemente, de Chauvet, datam do mesmo período que as imagens da Deusa. O simbolismo das cavernas paleolíticas é geralmente interpretado como magia de caça.[6] Diz-se que o homem caçador comungava com o espírito das grandes feras antes de sair para matá-las. Essa interpretação, embora possa estar parcialmente correta, não nos informa por que as pinturas estão localizadas nas profundezas das cavernas, nem por que feras prenhas (que nenhum caçador mataria) também são retratadas. Não nos informa qual papel, se é que existe algum, as mulheres desempenhavam nos rituais na caverna, e não conecta o simbolismo das cavernas às Deusas paleolíticas.

A historiadora G. Rachel Levy propõe que o povo paleolítico entendia a caverna como o ventre da Criadora, da Grande Mãe, da Terra. Os rituais realizados em seu núcleo refletiriam o desejo daquele povo de tomar parte na criatividade da Mãe dos Vivos e dos Mortos e de se alinhar com o poder das grandes feras que emergiam de seu útero.[7] A teoria de Levy é, de forma surpreendente, apoiada pela descoberta do historiador da arte André Leroi-Gourhan de que símbolos femininos abstratos são encontrados ou nas câmaras mais proeminentes de uma caverna ou na "posição central" de um agrupamento de pinturas.[8]

A ideia de que a caverna é o ventre da Mãe Terra, o lugar de transformação, e de que a escuridão lá dentro é o local dos mistérios, um ambiente de profunda comunicação não verbal com ela, também é encontrada na Creta do período neolítico e da Idade do Bronze, onde rituais eram celebrados em cavernas.[9] Ecos desse pensamento são vistos em altares dedicados à Deusa, a Pan e às Ninfas feitos dentro de cavernas, na religião grega e helenística. Essa ideia transitou para o cristianismo sob o tradicional ícone de Maria dando à luz Jesus em uma caverna.[10] Através dos séculos, a Virgem Maria apareceu frequentemente em cavernas, como por exemplo em Lourdes, na França.

Se a caverna é o ventre da Deusa, então dois dos maiores símbolos da arte paleolítica, as cavernas pintadas e as figuras da Deusa, estão profundamente conectados. Será que, no período paleolítico, as pessoas que se aventuravam nas profundezas escuras das cavernas para realizar seus rituais estavam em busca dela, a Mãe dos Mistérios, o Grande Útero da Vida e da Morte?

Susan Griffin, poeta, filósofa e mística, imagina como seria uma jornada espiritual por uma caverna escura e uterina adentro:

> O formato de uma caverna, dizemos, ou o formato de um labirinto. O caminho até aqui estava escuro. O espaço parecia se fechar sobre nós. Pensamos que não seria possível avançar. Tivemos que nos livrar das roupas. Tivemos que deixar tudo que trazíamos conosco para trás. E quando enfim cruzamos aquela estreita passagem, nossos pés buscaram apoio, abaixo de nós um abismo, uma caverna se estendendo até perder de vista. Nossas vozes ecoaram pelas paredes. Tivemos medo de falar. A escuridão levava a mais escuridão, até que a escuridão levando à escuridão era tudo que conhecíamos...
>
> Não enxergamos nada. Estamos no centro de nossa ignorância. O nada se espalha ao redor. Nesse nada, porém, encontramos o que não sabíamos que existia. Com as mãos, começamos a tatear imagens delicadas entalhadas nas paredes. E agora, sob essas imagens, podemos ver o brilho de outras mais antigas, que descascam para revelar outras mais antigas ainda. O passado, os mortos, um dia respirando, os esquecidos, os ocultos, os enterrados, aqueles que um dia foram carne e osso, os desaparecidos, cintilando agora como uma resposta dessas paredes, brilhante e vermelho. Desenhadas por quem veio antes. E antes dela. E antes. De volta ao começo.[11]

A jornada caverna adentro é uma jornada rumo ao grande ventre da vida e da morte. Na escuridão, o mistério é revelado. Nós renascemos.

Na imaginação popular, a sociedade paleolítica é vista como dominada por caçadores homens que saíam para subjugar grandes feras, então voltavam para casa, para suas cavernas, para subjugar a esposa e os filhos. Na verdade, as comunidades humanas que produziram as pinturas nas cavernas e as estatuetas do Paleolítico Superior eram compostas por coletores e caçadores que viviam em pequenos grupos familiares ou clãs de, provavelmente, mais de vinte indivíduos.[12] Essas pessoas estavam profundamente em sintonia com a natureza, movendo-se de um lugar para outro conforme a mudança das estações, à procura não apenas de grandes feras, mas também de água potável e verduras, frutas, castanhas, sementes, plantas, insetos, répteis, peixes e pequenos animais que pudessem comer.

Estudos feministas desafiaram a imagem do homem primitivo como um caçador selvagem que dominava a esposa e os filhos, argumentando que a "mulher coletora" fazia contribuições importantes para os clãs paleolíticos. A mulher coletora fornecia cerca de 80% da alimentação do clã, na forma de plantas comestíveis. Ela provavelmente também "caçava" pequenos animais, como caramujos, lagartos, tartarugas, peixes e pássaros.[13] As mulheres sem dúvida desempenhavam um papel primordial na preparação da comida, como acontece em todas as culturas conhecidas. Estudos sobre sociedades em pequena escala apontam que, embora os papéis fossem em geral divididos por gênero, idosos de ambos os sexos eram respeitados, e qualquer pessoa com uma boa ideia era ouvida.

Nessa perspectiva, a Deusa paleolítica teria simbolizado não apenas os poderes femininos de dar à luz, mas também o status das mulheres como fornecedoras de comida e o respeito prestado a avós dentro do clã. Essas imagens devem ter causado nas mulheres que provavelmente desenharam algumas delas e que certamente as guardaram e carregaram "uma noção de participação em mistérios essenciais".[14]

A "revolução" neolítica

Entre 10.000 e 8.000 AEC, a última era do gelo teve fim. À medida que as geleiras da Europa e do Oriente Próximo derretiam, as condições ficaram ideais para a revolução do Neolítico, que começou cerca de 9.000 AEC, no Oriente Próximo.[15] A "revolução" neolítica, que provavelmente durou muito tempo, é definida pela descoberta da agricultura, seguida pela pecuária. Durante o período neolítico, as artes da cerâmica e da tecelagem foram criadas.

Como apontou a antropóloga Ruby Rohrlich, a maioria dos antropólogos "admite" que as mulheres provavelmente inventaram a agricultura.[16] Como elas eram as principais coletoras e preparadoras de comida nas sociedades paleolíticas, é mais provável que tenham sido elas a notar a relação entre sementes caídas e as plantas que surgiam. Já que as mulheres eram as responsáveis por cuidar dos bebês, podem também ter sido as encarregadas de alimentar e cuidar de filhotes de animais selvagens e, portanto, as primeiras a domesticar animais.[17] O papel das mulheres na criação da tecelagem está implícito no fato de que tecer e fiar são tarefas tradicionalmente femininas na maioria das sociedades agrícolas.[18] As mulheres também são ceramistas em muitas culturas tradicionais, embora não em todas. É provável que tenham inventado a cerâmica, pois os primeiros potes foram feitos para auxiliar no trabalho das mulheres no armazenamento e preparo da comida.[19] Se as mulheres foram as criadoras de todos esses avanços da era neolítica, ou mesmo de parte deles, não é difícil imaginar que deviam ocupar uma posição elevada.

Pesquisas antropológicas e experiências contemporâneas em grande parte do mundo mostram o importante papel das mulheres na agricultura e na pecuária em pequena escala. Nas sociedades contemporâneas tradicionais ao redor do mundo, as mulheres ainda desempenham boa parte do trabalho rural. Mesmo em cenários urbanos, elas continuam performando inconscientemente seus papéis de cultivadoras de vida quando trabalham em seus jardins. Os homens passam a ter papéis dominantes na produção agrícola quando o arado (de ferro) puxado por animais e as condições geográficas permitem o cultivo de campos maiores (tornando mais difícil cuidar da plantação e das crianças ao mesmo tempo), e na pecuária quando grandes rebanhos são levados para longe das casas.[20]

A revolução agrícola há muito é celebrada como uma das maiores revoluções da história, pois permitiu que os humanos se estabelecessem e começassem a desenvolver a sociedade e a cultura como as conhecemos. Já o papel das mulheres na invenção da agricultura[21] e na rápida, quase miraculosa, hibridação dos grãos,[22] na domesticação de animais e na criação da cerâmica e da tecelagem recebe pouca (ou nenhuma) atenção de acadêmicos convencionais.

Todas as novas descobertas da era neolítica provavelmente eram consideradas "mistérios" cujos segredos foram revelados pela Deusa. A semente que vira planta, que vira comida, abundante e saborosa. O linho ou a lã que vira fio, que vira tecido, tapetes, cobertores e outros itens úteis e belos. A terra, a água e o fogo, que viram tigelas bem-feitas para armazenar água e comida. Embora todos esses processos comecem com matérias-primas encontradas na natureza, os segredos de suas transformações não são nem um pouco óbvios. Mitologias posteriores conectam todos esses mistérios às mulheres e às Deusas. Na Grécia, os mistérios da agricultura foram revelados pelas deusas Deméter e Perséfone, cujos ritos mais antigos, as Tesmofórias, eram celebrados apenas por mulheres. A três mulheres da antiguidade, as Moiras, foi atribuído o "tecer" do destino humano. Vasos moldados com olhos e seios ou à imagem de uma Deusa (Figura 10) sugerem que também se acreditava que os segredos para fazer cerâmica podem ter sido confiados às mulheres pela Deusa. A primazia da Deusa na religião neolítica era um reflexo da importância dos papéis das mulheres naquela cultura.

Velha Europa

A arqueóloga, mitóloga e historiadora da religião Marija Gimbutas cunhou o termo "Velha Europa" para diferenciar as culturas do Neolítico e do Calcolítico, também conhecido como Idade do Cobre, do Sul e do Leste da Europa, de 6.500 a 3.500 AEC, das sociedades guerreiras e patriarcais mais conhecidas que as sucederam.

> A cultura [da Velha Europa] deleitava-se com as maravilhas naturais deste mundo. Seu povo não produzia armas mortais nem construía fortes em locais inacessíveis, como seus sucessores, mesmo que conhecessem a metalurgia. Em vez disso, construíram magníficos túmulos-santuários e templos, casas confortáveis em vilas de tamanho moderado, e criaram cerâmicas e esculturas esplêndidas. Foi um período duradouro de criatividade e estabilidade impressionantes, uma era livre de conflitos. A cultura deles era baseada na arte.[23]

Gimbutas resumiu a diferença entre os dois sistemas culturais: "O primeiro era matrifocal, sedentário, pacífico, amante da arte, ligado à terra e ao mar; o segundo era patrifocal, móvel, beligerante, orientado ideologicamente para o céu e indiferente à arte".²⁴ É muito difícil para aqueles que pertencem às culturas modernas de base europeia entenderem a religião e a cultura da Velha Europa porque "ainda vivemos sob a influência daquela agressiva invasão masculina e estamos apenas começando a descobrir nossa longa alienação da nossa autêntica Herança Europeia — uma cultura gilânica, não violenta e centrada na terra".²⁵

Na Velha Europa neolítica, assim como nas sociedades paleolíticas que a precederam, a Deusa era adorada como a Doadora, a Ceifadora e a Renovadora de Vida.

> A Grande Deusa Mãe, que dá à luz todas as criações a partir do breu sagrado de seu ventre, tornou-se uma metáfora para a Natureza em si, a cósmica doadora e ceifadora de vida, sempre capaz de se renovar dentro do ciclo eterno de vida, morte e renascimento.²⁶

A Deusa era celebrada no simbolismo artístico da Velha Europa, que Gimbutas chamou de "a linguagem da Deusa". A linguagem da Deusa pode ser comparada ao mundo simbólico do cristianismo medieval, às vezes chamado de *scala naturae*. Na visão de mundo medieval, toda a criação era um testemunho da glória de Deus, e tudo na natureza era simbólico (muitas vezes de maneiras bem específicas) da Criação e da Redenção. Na linguagem da Deusa, toda a natureza era parte de seu corpo e simbolizava seu poder.

A Deusa como Doadora de Vida era simbolizada por pássaros, linhas bifurcadas e Vs; por água, linhas em zigue-zague e Ms; por meandros e aves aquáticas; por seios, córregos, olhos, bocas e bicos; por fiandeiras, metalúrgicas e músicas; por carneiros, redes, pelo poder da trindade, por vulvas e partos, por corças e ursos, por serpentes. A Deusa como Ceifadora e Regeneradora de Vida era simbolizada por abutres, corujas, cucos, falcões, pombas, javalis; pela dama branca rígida (osso), cadáveres nus, o ovo, o pilar da vida, a vulva regenerativa, o triângulo, a ampulheta, as garras de um pássaro, a nau da renovação, o sapo, o ouriço, o peixe, o touro, a abelha e a borboleta. Como Terra Eterna e Renovadora, ela era a Mãe Terra, a Deusa grávida, losango e triângulo com pontos, semeadura, pão sagrado, colinas e rochedos representando o ônfalo (barriga), túmulo representando útero, pedras escavadas, o poder da dupla e duplicação. Como Energia e Desdobramento, ela era espiral, ciclo lunar, cobra encolhida, anzol e machado, espiral contrária, lagarta, cabeça de cobra, redemoinhos, pente e escova, menir e círculo.[27] Dois dos símbolos mais importantes da religião da Velha Europa eram o pássaro e a serpente.[28] O pássaro representava vida e morte e o poder de voar, enquanto a serpente representava morte e regeneração e a conexão com a terra. Muitas vezes a Deusa era retratada como uma mulher com características de pássaros ou serpentes (Ver Figuras 5 a 9).

Gimbutas acreditava que as mulheres desempenhavam papéis centrais na religião e na sociedade da Velha Europa. Evidências tumulares mostram poucas diferenças entre os indivíduos ou entre homens e mulheres, o que é um grande contraste com os túmulos majestosos de períodos posteriores, e sugerem que não apenas mulheres e homens, mas todos os membros da sociedade eram iguais. Não se encontram as principais marcas das sociedades patriarcais — implementos de guerra e a celebração de guerreiros e do Deus guerreiro.[29] Gimbutas interpretou a civilização da Velha Europa como "matrística", que adorava a Mãe e honrava as mulheres, e "matrilinear", com os laços familiares sendo traçados a partir da linhagem feminina. Devido à centralidade do símbolo da Deusa, a partir das evidências de cenários de cultos encontrados em santuários e também do sepultamento de mulheres com objetos ritualísticos, sua hipótese era de que as mulheres desempenhavam papéis centrais na criação da religião da Velha Europa, além de provavelmente exercerem funções de liderança em seus rituais. Embora faltem evidências nítidas, ela sugere que as cidades da Velha Europa podem ter sido organizadas ao redor de um "templo teacrático, comunal e público [...] liderado por uma anciã altamente respeitada, a Grande Mãe do clã, e seu irmão ou tio, com um grupo de mulheres como conselho governante".[30] Gimbutas não chamava a Velha Europa de "matriarcal", pois isso implicaria que as mulheres dominavam os homens. Ela insistia que os homens desempenhavam papéis importantes e valiosos naquela cultura, talvez especialmente no escambo.

Çatalhüyük

O arqueólogo James Mellaart encontrou uma cultura similar à da Velha Europa na cidade neolítica de Çatalhüyük (c. 6.500-5.650 AEC), em Anatólia

(Turquia central). Assim como as cidades da Velha Europa, Çatalhüyük era próspera e pacífica, e não há evidência de guerras ou do tipo de autoridade centralizada e de divisão de classes associadas ao reinado patriarcal. Mellaart acreditava que as mulheres tinham funções centrais na vida agrícola e religiosa do vilarejo. O simbolismo da Deusa era proeminente: "A Divindade suprema era a Grande Deusa".[31] (Ver Figura 4).

A teoria de Mellaart era de que a "religião neolítica de Çatalhüyük (e de Hacilar [nas redondezas]) foi criada por mulheres".[32] Nas sepulturas de mulheres e crianças (mas não nas de homens), sob paletes para dormir dentro das casas, ele notou evidências tanto de matrilinearidade, com a linhagem familiar e a herança (quando havia) sendo passada pelo lado da mãe, quanto de matrilocalidade, com as mulheres permanecendo com as mães em suas cidades e casas. Embora Mellaart defendesse que as mulheres não eram subordinadas em Çatalhüyük, as implicações revolucionárias dessa teoria para transformar nosso entendimento das origens religiosas e culturais não são desenvolvidas em sua obra. No trabalho de acadêmicas feministas, o papel das mulheres de Çatalhüyük ganha o palco.[33]

O poder feminino *versus* a dominação masculina

É comum o argumento de que as mulheres podem desempenhar importantes papéis econômicos em sociedades agrícolas e, ainda assim, serem subordinadas simbolicamente ou de fato.[34] Essa evidência deve ser cuidadosamente avaliada.

Minha observação e meu estudo da vida de mulheres nas zonas rurais tradicionais na Grécia e em Creta apontam que mesmo que vivessem em culturas religiosa e politicamente patriarcais, as mulheres ainda podiam deter uma boa medida de poder, especialmente no período anterior à economia baseada no dinheiro.[35] As mulheres eram indispensáveis para a economia doméstica: não só eram as principais responsáveis por cuidar das crianças, por manter a casa e por cozinhar, como também trabalhavam nos campos, plantavam frutas e legumes, colhiam e processavam azeitonas, fiavam, teciam, costuravam, bordavam belos itens para dotes, cuidavam de ovelhas e cabras, fabricavam queijo e assavam pão. Os homens, em sua maioria, não obtinham status pelo trabalho fora de casa. A casa era o principal local de trabalho tanto do homem quanto da mulher, e o status era atribuído à família (patrilinear) como um todo. Embora a aldeia tradicional fosse simbolicamente patriarcal, as mulheres exerciam grande controle dentro de casa e também sobre os filhos, mesmo depois que eles se casavam. Já se argumentou até que a famosa imagem do homem grego sentado em espaços públicos enquanto as esposas e filhas ficavam em casa pode ser interpretada como significativa de que os homens não eram bem-vindos no lar.[36]

Mas a sociedade grega tradicional difere em vários aspectos importantes da cultura da Velha Europa. Embora a Mãe de Deus tenha um lugar importante no cristianismo grego, o Pai e o Filho têm prioridade teológica, e a hierarquia religiosa é exclusivamente masculina. As mulheres eram relegadas ao lado esquerdo da igreja e também proibidas de receber a comunhão ou beijar as imagens quando estavam "impuras" (menstruadas ou no puerpério). E, no batismo, as meninas não são levadas para trás da iconóstase, o biombo que separa a comunidade do altar, porque não podem se tornar um padre. As estruturas de casamento ou familiares, como definidas pela Igreja, são patriarcais, exigindo que esposas e filhas sejam obedientes a seus maridos e pais. Por convenção, casamentos eram arranjados, e meninas muitas vezes se casavam contra a vontade. As estruturas políticas da vila e o governo mais distante (frequentemente estrangeiro) também eram dominados por homens. Além disso, os homens eram muito celebrados por seus papéis como guerreiros na disputa eterna contra a dominação estrangeira. Uma vez que não temos evidência de que qualquer uma dessas estruturas patriarcais existisse na Velha Europa, parece provável que as mulheres de lá detivessem mais poder do que suas equivalentes na Grécia tradicional.

O trabalho da antropóloga Peggy Reeves Sanday ajuda a elucidar ainda mais essa questão. Em uma pesquisa sobre papéis de gênero e poder baseada em informações de 150 sociedades diferentes, Sanday encontrou um grande contraste entre sociedades que celebravam o "poder feminino" e aquelas organizadas em termos de "dominação masculina". Para a surpresa dela (porque essa não era sua hipótese original), Sanday descobriu que "o simbolismo desempenhava uma função fundamental na canalização dos papéis de poder seculares".[37] Ela notou que "em sociedades em que as forças da natureza são sacralizadas [...] existe um fluxo recíproco entre o poder da natureza e o poder inerente nas mulheres".[38] Em tais sociedades, as mulheres detêm considerável poder, mas não são dominantes porque se misturam de boa vontade com os homens e compartilham o poder com eles. Sanday notou uma forte correlação entre Deusas ou Criadoras femininas, participação das mulheres em papéis sacros e poder feminino na sociedade. Outras variáveis correlacionadas ao poder feminino foram uma visão positiva da natureza, a conexão com a terra (um estilo de vida estável em vez de migratório), a ausência de estresse ambiental, como secas prolongadas, e de ameaças externas, como a guerra. Sociedades caracterizadas pelo poder feminino em geral focavam em coleta, pescaria e agricultura primitiva.

Em contraste, Sanday percebeu que a dominação masculina está correlacionada com sociedades organizadas em torno da caça, da pecuária e de agricultura avançada (de larga escala). A dominação masculina com frequência surgiu como resposta ao estresse ambiental ou à guerra, e se correlaciona com mudanças simbólicas na maneira como as mulheres e a natureza são vistas, com Deuses masculinos e um sacerdócio masculino. Sociedades organizadas ao redor do poder feminino são igualitárias; sociedades com dominação masculina, não.

Embora Sanday não analise a Europa paleolítica ou neolítica, é fácil enxergar que a Velha Europa, em especial no período neolítico, se encaixa no modelo criado por ela do tipo de sociedade que honra o poder feminino, enquanto os indo-europeus são tipicamente de culturas de dominação masculina.

Não é um matriarcado

Muitas acadêmicas feministas enxergam as sociedades paleolítica e neolítica como pré-patriarcais, matrifocais, provavelmente matrilineares e, no Neolítico, muitas vezes matrilocais. O termo *matriarcado* não é usado pelas acadêmicas que conhecem a história controversa da palavra. Matriarcado significa literalmente "domínio das mães" ou "iniciado pelas mães" e com frequência o termo foi compreendido como uma sociedade que é o oposto do patriarcado, dominada pelos pais ou iniciada pelos pais. A ideia de que o matriarcado precedeu o patriarcado foi proposta pelo historiador J. J. Bachofen em seu influente *Das Mutterrecht* [O direito materno], publicado em 1861.[39] Bachofen descobriu dados importantes, mas suas teorias falharam ao combinar herança matrilinear com dominação das mulheres e por pressupor que o patriarcado representa um estado mais avançado da civilização.

Feministas contemporâneas notaram que a maioria das sociedades patriarcais conhecidas são caracterizadas não apenas pela dominação masculina dentro da família e da sociedade, mas também por organização centralizada, hierarquia, divisão de classes e escravidão. Guerra frequente e organizada é uma característica do patriarcado, e as sociedades patriarcais geralmente são governadas por guerreiros ou por líderes que controlam as forças armadas.[40] Uma vez que guerra generalizada e organizações sociais hierárquicas de larga escala (incluindo divisão de classes e escravidão) não são atributos de todas as sociedades, então, por essa definição, devem ter existido sociedades pré-patriarcais. No entanto, se o matriarcado é o oposto do patriarcado, então essas sociedades não deveriam ser chamadas de matriarcais, pois isso implicaria que existiam sociedades de larga escala baseadas em classe e escravidão, nas quais grupos ou classes de mulheres governavam através do controle das forças armadas.

Mulheres e deusas nas culturas neolíticas

Combinando as obras de Marija Gimbutas e James Mellaart com teorias antropológicas sobre o poder feminino, começa a surgir uma imagem dos prósperos e assentados vilarejos e cidades neolíticos onde as mulheres desempenhavam os papéis principais na agricultura, na tecelagem e na cerâmica. O primeiro símbolo religioso, a Deusa, celebrava as funções das mulheres não apenas como parideiras, mas também como transformadoras de semente em grão e em pão, de barro em pote, de lã e linho em fio e em tecido. Dados os papéis sociais de destaque que as mulheres desempenhavam e a predominância do simbolismo da Deusa, não há razão para não acreditar que as mulheres criaram e desempenharam papéis centrais na religião e na cultura neolíticas.

Se, como parece provável, as mulheres foram as protagonistas da revolução neolítica, onde quer que essa revolução tenha acontecido, então faz sentido buscar evidências de um status feminino elevado e de um simbolismo que conecte as mulheres, a natureza e as divindades femininas em outras sociedades agrícolas primitivas. E, de fato, o antropólogo Daniel McCall sugere que as religiões da África Ocidental podem ser melhor compreendidas através de um modelo "de duas culturas" (similar ao proposto por Gimbutas para a Europa):

> Os vários cultos à Mãe Terra dentre os acãs, iorubás e ibos (e outros povos da África Ocidental) são remanescentes da religião neolítica, mutilada e modificada por influências posteriores [...] Foi só mais tarde, após a "revolução urbana", conforme os governantes e sacerdotes masculinos ganharam poder, que "o status da Deusa em todas as suas manifestações" foi rebaixado. [...] [Antes disso,] a instituição social básica era matri-clã e a "terra geralmente era repassada pela linhagem feminina".[41]

Outros estudiosos acreditam que o estrato neolítico da Civilização do Vale do Indo pode ter compartilhado muitas características com a Velha Europa neolítica. As poderosas Deusas da sociedade patriarcal hindu seriam explicadas como sobreviventes de uma consciência religiosa primitiva que não foi completamente erradicada pelos indo-europeus.[42]

A ascensão do patriarcado e da guerra

As sociedades matrifocais pacíficas e igualitárias do período neolítico chegaram ao fim conforme a agricultura se transformou por meio da invenção de tecnologias como o arado de ferro e técnicas de irrigação organizadas centralmente, que ao longo do tempo permitiram que alguns indivíduos controlassem grandes lotes de terra lavrados por outras pessoas. Esse processo foi acelerado pela invenção de armas mais letais (de bronze e de ferro) e pelo estabelecimento de modos de vida focados em guerra e pilhagem. É provável que, em algumas áreas, fatores internos tenham preparado o caminho para a dominação de guerreiros, enquanto, em outras, sociedades agrícolas relativamente pacíficas tenham sido atacadas por grupos nômades pastorais bélicos, como os indo-europeus, que invadiram o Sul e o Leste da Europa e avançaram até a Ásia o Vale do Indo.[43]

No entanto, muitos acadêmicos argumentam que sociedades neolíticas em geral transformaram-se em cidades-estados urbanas patriarcais e bélicas da Idade do Ferro por meio de processos internos, em vez de por subjugação violenta. A antropóloga feminista Margaret Ehrenberg, por exemplo, correlaciona a descendência e posse de terra patrilinear com o desenvolvimento do arado de ferro, que permitiu que terrenos maiores fossem cultivados por um único indivíduo; com o pastoreio de um número maior de animais leiteiros (em vez de exclusivamente para lã e carne), que levou o pastor para cada vez mais longe de casa; e, ironicamente, com a ocupação crescente do tempo das mulheres com sua nova invenção, a tecelagem.[44]

Ehrenberg aponta que grandes rebanhos parecem atrair incursões e que isso pode ter dado início às guerras.[45] Pode-se imaginar que disputas de terra possivelmente aumentaram conforme a agricultura e o rebanho começaram a exigir áreas cada vez maiores. Esse conflito foi imortalizado na famosa canção do musical americano *Oklahoma!*, que, contrariando fatos bem conhecidos, diz que "o fazendeiro e o caubói podem ser amigos". Porém Eherenberg não postula a guerra (seja desenvolvida por aspectos internos ou uma imposição externa) como um fator determinante na ascensão do patriarcado.

O argumento de Gimbutas de que a Velha Europa foi derrubada por ondas sucessivas de invasores indo-europeus foi chamado de "simplista" por historiadores que preferem teorias evolucionistas de mudanças culturais. No entanto, sabemos, por meio da história recente nas Américas, que culturas indígenas podem ser subjugadas e quase extintas por invasores montados e com armas melhores. Poucos diriam, por exemplo, que a cultura matrifocal de *pueblos* mais ao sudoeste da América simplesmente "evoluiu" para a cultura urbana e patriarcal de Santa Fé, Phoenix e Tucson. Parece-me que há certa negação (conveniente) nas teorias que descreditam invasão como uma das principais maneiras pelas quais se deram as mudanças culturais. O historiador de religião Mircea Eliade decerto tinha razão quando escreveu que conquistas de grupos indo-europeus "não pararam até o século 19 da nossa era".[46]

Enquanto fatores evolucionários sem dúvida tiveram papel nas mudanças culturais que ocorreram na Europa entre 4.400 e 2.000 AEC, a teoria evolucionista por si só não consegue explicar as diferenças explícitas nas práticas de sepultamento e na linguagem entre o que Gimbutas chamou de as "duas culturas" da Europa. Além disso, o cientista L. Luca Cavalli-Sforza descobriu evidência genética de uma expansão populacional pela Europa advinda de um lugar que "correspondia quase perfeitamente à projeção de Gimbutas para o centro da cultura curgã [indo-europeia primitiva]".[47]

O geógrafo Robert DeMao confirma uma migração massiva saída do Oriente Médio e da Eurásia por volta de 4.000 AEC pelo que ele chama de culturas "patrísticas".[48] É improvável que tais mudanças populacionais tão significativas tenham ocorrido sem conflitos. Não é difícil imaginar a destruição das culturas indígenas se os "emigrantes" estivessem melhor armados, montados a cavalo e mais culturalmente acostumados à batalha.

Na minha opinião, a institucionalização da guerra como modo de vida (seja lá como ela aconteça) é o fator mais importante no caminho à subjugação das mulheres. A guerra traz mudanças sociais enormes, incluindo reinados, posse de terra em larga escala e a consequente divisão de classes, escravidão, concubinato e subordinação feminina. Os primeiros reis foram líderes militares que, quando não estavam conduzindo guerras de ataque e de defesa, usavam seus exércitos para controlar os povos que tinham se tornado súditos na terra conquistada. Os primeiros escravizados foram prisioneiros de guerra, forçados a servir a seus conquistadores. As primeiras concubinas foram mulheres capturadas.[49] Quando a guerra se torna parte do cotidiano, homens e meninos são treinados para se tornarem agressivos, violentos e dominadores. Os "despojos" da guerra, oferecidos aos homens como recompensa por matarem, são as riquezas de outras culturas e o direito de estuprar e capturar mulheres "inimigas".[50] Padrões de dominância são transferidos para culturas locais quando os soldados voltam para casa. E, como a história tem mostrado, quando a guerra começa, muitas vezes parece que a única maneira de sobreviver é adotando os métodos do atacante. A guerra se torna um modo de vida, mesmo para aqueles que, a princípio, resistiram.

Embora tenham apoiado a guerra de diversas maneiras, às vezes até mesmo pegando em armas, as mulheres, como grupo, não participaram de batalhas na mesma escala que os homens. Explicações diversas foram propostas para elucidar esse fato histórico. Algumas apontam para a menor força física; outras observam que mulheres ficam em casa para cuidar das crianças. Peggy Reeves Sanday argumenta que a guerra se desenvolveu a partir da caçada, que era uma tarefa predominantemente masculina, e postula uma oposição simbólica entre dar à luz e matar, que fez com que as mulheres considerassem errado participar de atividades de larga escala que envolvessem tirar vidas.[51] Quaisquer que tenham sido as razões, foram os homens que se tornaram os guerreiros na maioria das culturas, e a ascensão do poder social do guerreiro inevitavelmente levou ao declínio do poder social das mulheres como grupo.

O assassinato da Deusa

A maioria das pessoas está mais familiarizada com as Deusas da mitologia clássica da Grécia e do Oriente Próximo do que com as Deusas de tempos mais antigos. Essas Deusas, incluindo Atena, Afrodite, Ártemis, Inana e Ishtar, vêm das sociedades guerreiras das Idades do Bronze e do Ferro. Na mitologia dessas culturas, as Deusas das eras neolítica e paleolítica foram assassinadas ou subordinadas aos novos Deuses guerreiros patriarcais, como Zeus e Marduque. Como aponta a classicista Jane Harrison, os escritores das mitologias patriarcais foram motivados por um *"aninus* teológico".[52] O objetivo deles era destronar a Deusa e legitimar a nova cultura dos guerreiros patriarcais.

O mito da criação da Babilônia, o *Enuma Elish* (primeiro texto completo, c. 668-626 AEC), é um exemplo desse gênero.[53] Nele, a Criadora primordial da religião suméria, Tiamat, a Deusa do Mar Salgado, é abatida pelo novo Deus Marduque. Como é comum em tais "épicos", a Deusa é vilanizada para que seu assassinato seja justificado. Alega-se que a Deusa Criadora deu à luz uma raça de monstros malignos que causou o caos na Terra: "Ela gerou serpentes enormes com presas afiadas, cheias de veneno em vez de sangue, dragões rosnantes que se sentiam gloriosos feito Deuses. (Quem puser os olhos neles recebe o choque da morte.)".[54] Embora Tiamat dê à luz esses monstros para lutar com o Deus Marduque, que planeja usurpá-la, é rogado aos ouvintes da história que concordem que a Criadora de tais seres precisa ser destruída. Note a violência sádica contra o corpo feminino que caracteriza a vitória de Marduque:

> O Senhor [Marduque] jogou sua rede para envolver Tiamat, e o soprante vento intumescido, Imhullu, veio de trás e a acertou no rosto. Quando a boca se escancarou para sugá-lo, ele fincou Imhullu lá dentro, de modo que a boca não pudesse se fechar, mas o vento furioso corresse por seu ventre; com a carcaça inchada, tumescente, ela permaneceu boquiaberta — e então

> ele disparou a flecha que lhe rompeu o ventre, lhe perfurou as entranhas e rasgou o útero.
>
> Agora que o Senhor [Marduque] havia derrotado Tiamat, ele deu fim à vida dela, jogou-a no chão e montou sua carcaça; a líder estava morta, Tiamat estava morta.[55]

O escritor (ou escritores) desse épico não se abstém de narrar que Marduque rasga o útero tumescente (grávido?) da Deusa primordial. Ao celebrar a violência cometida contra a Deusa, o *Enuma Elish* legitima a violência cometida contra mulheres do "inimigo" na guerra e mulheres "más" em casa.

O *Enuma Elish* emprega diversas táticas para desonrar a Deusa que também são usadas em outras versões do mito do assassinato Dela. Primeiro, ele renega que a Deusa represente Nascimento, Morte e Regeneração ao afirmar que ela gera monstros malignos. Segundo, glorifica o guerreiro que a mata. Terceiro, faz o guerreiro cometer o enorme sacrilégio de macular o útero que mitologias anteriores chamavam de Fonte da Vida. Por fim, esse "épico" é frequentemente reencenado, nesse caso como parte da celebração de Ano-Novo babilônica, para reforçar as duradouras disposições e motivações que foram projetadas para engendrar.

Na Grécia, há muitas versões do mito do assassinato da Deusa. Uma delas é a história de como Apolo conquista Delfos, contada no hino homérico "A Apolo Pítio" (c. 700-600 AEC). Ésquilo diz que a primeira a ser adorada em Delfos foi a Terra (Gaia), seguida por Febe (a Lua) e Têmis (a Deusa da Ordem Social).[56] Delfos, que está etimologicamente relacionada à palavra útero, era vista como o lugar de nascimento do universo.[57] Evidências arqueológicas confirmam que o santuário de Apolo substituiu um mais antigo, dedicado a Gaia, a Terra.[58] Para justificar a tomada de Apolo do local, um hinista afirma que quando Apolo chegou a Delfos, ele:

> com seu possante arco uma serpe exterminou,
> cobra-criada, fero monstro ingente, que nímios males
> sobre a terra aos homens causava[59]

Assim como Tiamat, a "serpe" que guardava o santuário da Mãe Terra é retratada como uma fonte do mal. A morte da serpe é narrada de forma tão sanguinária e sádica quanto a de Tiamat. Ela:

> desfeita por dores atrozes,
> retorcia-se sobre o solo, em intenso estertor.
> Grito estupendo surdiu inefável: por toda a floresta
> Contorcia-se convulsa; e a víbora verteu sua vida,
> soltando um sopro de sangue[60]

Não satisfeito com essa ação, Apolo também profana Telfusa, o rio sagrado. A serpe, ou grande serpente, e o rio sagrado fazem parte da linguagem da Deusa, e está claro que a Deusa é a vítima pretendida dessa narrativa. Como o *Enuma Elish*, a história de como Apolo abate a serpe é frequentemente encenada em Delfos, em um drama litúrgico chamado *Septerion*.[61]

Em outra versão conhecida do mito da subjugação patriarcal, Zeus mata a Deusa Métis (cujo nome significa "Sabedoria") ao "engoli-la". Da cabeça dele nasce a Deusa Atena, armada e preparada para a batalha. Porém, para que nenhuma mulher entenda a partir dessa história que pode resistir a seu opressor, a narrativa da derrota das amazonas pelo exército grego está retratada no templo de Atena, no Partenon.[62]

O assassinato da Mãe é justificado nas histórias de Clitemnestra, Agamenon e seus filhos. Como elucida a trilogia de Ésquilo, *Oréstia*, os homens podem matar filhas e mães e levar os filhos para morrer na guerra e ainda assim serem chamados de heroicos. No entanto, uma mulher que mata o marido, mesmo que para vingar a morte da filha, será rejeitada pela própria prole, filho *e* filha. E quando as Fúrias, avatares da ancestral ira feminina, surgem para protestar a morte dela, são tranquilizadas pela perversa Deusa Atena, que trai o próprio sexo e diz ao mundo que

> Nasci sem ter passado por ventre materno;
> meu ânimo sempre foi a favor dos homens,
> à exceção do casamento; apoio o pai.
> Logo, não tenho preocupação maior
> com uma esposa que matou seu marido,
> o guardião do lar[63]

Atena não menciona que o homem morto pela esposa (Agamenon) antes sacrificou a própria filha (Ifigênia) aos ventos da guerra. Ao se gabar de não ter nascido de uma mãe, Atena também confirma a pseudobiologia proposta pelo Deus Apolo alguns minutos antes.

> Aquele que se costuma chamar de filho
> não é gerado pela mãe — ela somente
> é a nutriz do germe nela semeado —;
> de fato, o criador é o homem que a fecunda;
> ela, como uma estranha, apenas salvaguarda
> o nascituro quando os deuses não o atingem.
>
> Oferecer-te-ei uma prova cabal
> de que alguém pode ser pai sem haver mãe.
> Eis uma testemunha aqui, perto de nós
> — Palas, filha do soberano Zeus olímpico —,
> que não cresceu nas trevas do ventre materno[64]

A mentira patriarcal de que a mãe é apenas solo para a semente que o homem planta foi repetida por Aristóteles e influenciou as visões "científicas" ocidentais por séculos.[65] A *Oréstia*, que justifica descaradamente a dominação masculina, faz parte desse cânone clássico, que é a fundação do sistema educacional de base europeia e, portanto, continua a ser ensinado em escolas e universidades por todo o mundo, assim como performada em palcos.

Na mitologia grega clássica, cada uma das Deusas é privada do poder que um dia lhes pertenceu. Em Homero, Hera, outrora a independente Deusa da planície argiva e de Samos, torna-se a frustrada e infeliz esposa de Zeus.[66] Em Hesíodo, Pandora, a Deusa cujo nome significa "Doadora de Tudo", é retratada como uma mulher que abre um jarro (muitas vezes traduzido incorretamente como "caixa") e solta todos os males no mundo. Afrodite nasce da genitália decepada de Urano: mais uma vez a Deusa vem do Deus; surgindo da genitália dele, a Doadora de Vida é retratada como uma projeção ou uma estimulação do desejo masculino.[67] As muitas histórias de Zeus estuprando Deusas, ninfas e mulheres mortais são mais uma versão do mito do assassinato da Deusa.

Na Bíblia hebraica, não há um mito completo do assassinato da Deusa, embora a vitória do Deus hebreu sobre monstros marinhos seja mencionada brevemente.[68] No misterioso versículo de Gênesis 1:2, estudiosos já viram ecos de Tiamat: "A terra, porém, estava sem forma e vazia; havia trevas sobre a face do abismo, e o Espírito [ou vento] de Deus pairava por sobre as águas".[69] As palavras *tohu wabohu*, "sem forma e vazia" , e *tehom*, "o [grande] abismo", sugerem a morada de Tiamat, e alguns já argumentaram que *tehom* é etimologicamente relacionado ao nome Tiamat. O vento de Deus soprando nas águas relembra o vento que adentrou Tiamat e a destruiu. Porém, quando essa história bíblica foi escrita, a Deusa já tinha sido rebaixada a ponto de sequer ser citada.

Se lermos a história de Adão e Eva a partir da perspectiva criada pelos mitos de assassinato da Deusa, podemos ver que cumpre uma função similar, como argumentou Merlin Stone.[70] Na conhecida história de Gênesis 2-3, Eva, cujo nome pode significar "Vida", é também chamada de "A Mãe de Todos os Viventes".[71] Esses são nomes ou títulos da Deusa, que não aparece na história, e as imagens da cobra, da árvore e da mulher nua são facilmente reconhecíveis como parte da linguagem da Deusa. No nível simbólico, a história de Gênesis nos diz que a Mãe de Todos os Vivos, a Serpente Sagrada e a Árvore Sagrada são as fontes de sofrimento. Stone argumenta, e eu concordo, que os autores da história de Gênesis, como os autores de outros mitos e épicos discutidos nesta seção, escreveram com intenção deliberada de detratar a adoração da Deusa.

Na tradição judaica, a história de Adão e Eva foi interpretada como uma demonstração da propensão feminina a agir de modo tolo e imoral.[72] No cristianismo, a história de Gênesis se torna fundamental quando é usada para estabelecer o cenário para a salvação trazida por Cristo. As cartas de São Paulo são as primeiras a mencionar essa conexão. "Porque, assim como todos morrem em Adão, assim também todos serão vivificados em Cristo" (1 Coríntios 15:22). Na primeira carta de Paulo a Timóteo, a história de Gênesis é interpretada para culpar Eva pelo pecado original. "Porque primeiro foi formado Adão, depois Eva. E Adão não foi enganado, mas a mulher, sendo enganada, caiu em transgressão" (1 Timóteo 2:13-14). Embora muitos estudiosos atualmente acreditem que a carta para Timóteo foi escrita por outra pessoa que não Paulo,[73] de todo modo ela se tornou a base para as interpretações teológicas tradicionais que culpam Eva pelo pecado original e pela derrocada do "homem".

Na tradição teológica cristã, a história de Gênesis é interpretada por meio do dualismo clássico que relaciona o controle racional aos homens e a sensualidade às mulheres. De acordo com teólogos, a mulher foi enganada por causa de sua reduzida capacidade de raciocínio ou porque a natureza sensual tornou impossível que ela controlasse as paixões físicas.[74] Dessa forma, a tradição cristã relaciona a mulher com sexualidade e morte e a enxerga como a origem do pecado e do mal. No mito cristão, a mulher é o monstro do caos que não é abatido e, portanto, leva toda a humanidade ao pecado e à morte. De acordo com Tertuliano, a mulher é "a porta de entrada do Diabo".[75] Seu pecado causa a morte do salvador.

Tradições teológicas postulam Maria como a Nova Eva, que por meio da fé supera o pecado da primeira mulher. O teólogo Justino Mártir escreveu que "de fato, quando ainda era virgem e incorrupta, Eva, tendo concebido a palavra que a serpente lhe disse, deu à luz desobediência e morte. A Virgem Maria, porém, concebeu fé e alegria [e deu à luz Ele] pelo qual Deus destrói a serpente".[76] Mas a Maria da tradição teológica não devolve à mulher o poder que ela possuía antes do assassinato da Deusa. Como Virgem-Eterna, o ventre imaculado de Maria a diferencia de todas as outras mulheres que dão à luz fisicamente, por meio de ventres "maculados". Como narra a escritora Marina Warner, Maria é "diferente de todo o seu sexo".[77] Como explicita uma famosa canção de natal, em uma passagem da terceira estrofe, há "apenas um útero não repugnante".[78] Nos "úteros repugnantes" de todas as outras mulheres, a difamação patriarcal de Tiamat, a Fonte da Vida, é reconstituída.

O mito do assassinato da Deusa é refletido nas representações católica romana e cristã ortodoxa de São Jorge matando o dragão. Esse dragão, muitas vezes retratado com corpo e cauda serpenteantes, como agora podemos ver, foi um dia o guardião dos santuários da Mãe Terra. E, como Marduque fez antes, São Jorge crava brutalmente a espada na boca ou no ventre túmido do dragão. O abate repetido da serpente/do dragão confirma a subjugação da Deusa. Em uma estranha inversão, Maria como Nova Eva às vezes é retratada pisando em uma cobra. Essa imagem confirma e desconfirma o assassinato da Deusa.

A mentira patriarcal

Naomi Goldenberg, psicóloga da religião, argumentou que uma mentira simples, básica e fundamental deve ser mantida para que o patriarcado funcione. Essa mentira é a negação do útero que nos dá à luz. A mentira do patriarcado nos diz que o Pai é nosso único parente verdadeiro. Seu corolário é de que qualquer ação do Pai é justificada porque ele é o Pai. Goldenberg defende que a mentira do patriarcado é contrária ao fato e à experiência. Todo mundo sabe que é a Mãe que dá à luz. Pode haver pouquíssimas dúvidas a respeito de quem é a mãe, enquanto a identidade do pai sempre pode ser questionada. Mas, se a mentira do patriarcado é tão óbvia, por que acreditam nela? Por que a plateia não ri e vai para casa quando Apolo e Atena falam baboseiras? Por que culturas inteiras têm convicção de que mulheres poderosas são monstros e dragões que devem ser abatidos por serem a fonte do pecado e do mal no mundo? A resposta de Goldenberg é simples. Acreditamos na mentira do patriarcado porque ela é "performada", repetida, reconstituída, lida, contada, cantada e ensinada o tempo todo, em diversos contextos, até que finalmente a aceitamos como verdade.[79]

Sobrevivência da Deusa ancestral

Uma vez que identificamos os mitos do patriarcado como eles de fato são, podemos começar a reavaliar as imagens familiares das Deusas advindas de culturas mais recentes, influenciadas pelo patriarcado. Como Gimbutas nos ensinou a ver, existem muitos vestígios da religião da Velha Europa na mitologia clássica, na tradição popular e até mesmo no cristianismo.[80] Embora Atena seja, em alguns aspectos, uma Deusa muito patriarcalizada e uma traidora do seu sexo, podemos também vislumbrar nela a Deusa da Velha Europa. Podemos compreender que era ela a guardiã da Atenas patriarcal e bélica, em vez de um Deus masculino, porque ela era a antiga Deusa da Pedra, depois chamada de Acrópole. A árvore de oliveira produzida por ela na competição com Poseidon a conecta com as Deusas agrícolas.

Os animais que a acompanham, a coruja e as cobras que protegem seu escudo, são símbolos da Deusa da Velha Europa.

Afrodite é banalizada em Homero e Hesíodo, mas podemos reconhecê-la como a Mãe de Todos os Vivos na prece a ela em um dos *Hinos homéricos*.

> Conta-me, Musa, sobre os trabalhos de Afrodite de ouro,
> de Cípris que fez nascer o doce desejo nos deuses
> e submeteu a raça dos homens mortais,
> dos pássaros vindos de Zeus e todas as feras selvagens
> que a terra nutre em grande número tanto quanto o mar.[81]

E podemos imaginar como era a relação das mulheres com Afrodite por meio dos fragmentos que restaram dos poemas de Safo (c. 600 AEC), nos quais o mito patriarcal de seu nascimento nunca é mencionado. Em um poema, Safo pede a uma jovem amada que "pense nos dons de Afrodite e nas coisas belas que experimentamos".[82] Em outro, ela roga a Afrodite que vá até ela.

> Para cá, até mim, de Creta
> templo sagrado onde agradável bosque
> de macieiras e altares nele
> são esfumeados com incenso.[83]

A Afrodite de Safo é objeto de oração e ritual, uma Deusa invocada de um jeito íntimo e pessoal. Em um poema, Safo pede a Afrodite que mantenha

> nos áureos cálices, delicadamente,
> néctar, misturado às festividades,
> vinho-vertendo[84]

E, em outro, ela roga:

> tecelã de ardis, suplico-te:
> não me domes com angústias e náuseas[85]

A Deusa da Velha Europa também pode ser vislumbrada na oração de Maria Mãe de Deus e nas santas femininas. Teologicamente, Maria não é uma Deusa, e a insistência da Igreja de que ela é a única mulher cujo ventre é imaculado reafirma o mito do assassinato da Deusa. Ainda assim, na mente de muitos adoradores, a Mãe de Deus e as santas não têm muita distinção da Deusa. De fato, muitos lugares dedicados a Maria e às santas eram originalmente sagrados para a Deusa.

Em Creta, há uma caverna com uma enorme estalactite semelhante a um grande urso desgrenhado bebendo de um lago. Esse urso é adorado como "Panagia Arkoudiotissa", Maria, a Ursa. Arqueólogos afirmam que essa caverna já foi dedicada a Ártemis, a Ursa.[86] No México, o santuário da Virgem de Guadalupe fica em uma colina consagrada à Deusa pré-asteca conhecida como Tonantzin.[87] Na Irlanda, o fogo sagrado da Deusa Brígida foi mantido pelas freiras do monastério de Kildare, que dizem ter sido fundado pela lendária Santa Brígida.[88] Tais resquícios demonstram que aqueles que tentaram assassinar a Deusa nunca obtiveram completo sucesso.

Deusas de quem?

As Deusas da mitologia patriarcal refletem muito pouco do poder das mulheres e das Deusas nas sociedades pré-patriarcais. Foram elas que deram origem ao mito acadêmico de que as Deusas são criação do homem e de que todas as suas imagens reafirmam o poder masculino. No entanto, imagens mais antigas das Deusas e ecos de seu poder em mitos e costumes posteriores desafiam a crença amplamente difundida de que "no princípio, Deus criou o céu e a terra". Elas fornecem alternativas à visão convencional de que homens sempre foram dominantes na religião e na sociedade. Conhecimento é poder. À medida que aprendemos sobre as religiões e culturas da Deusa ancestral, começamos a compreender que não precisamos viver como vivemos hoje: em culturas que adoram um Deus masculino, onde a dominação e o controle das mulheres, da terra e de outros povos são tomados como certezas e a guerra é perpétua.

CAPÍTULO 4

RESISTÊNCIA À HISTÓRIA DA DEUSA

A história das mulheres e das Deusas apresentada no capítulo anterior não é, de modo algum, amplamente aceita entre estudiosos. O famoso e respeitado classicista Moses Finley expressou uma visão comum quando reduziu a Deusa Mãe a uma "fábula magnífica".[1] A resistência à história da Deusa pode ser rastreada até os mitos do assassinato da Deusa que reescreveram a história, definindo o homem e seus Deuses como superiores à mulher e à natureza. Acadêmicos contemporâneos muitas vezes aceitam sem questionar as visões apresentadas nessas narrativas tendenciosas como um retrato fiel das origens religiosas. Muitos estudiosos ficam incomodados com uma interpretação da história da religião e da cultura que desafia antigas crenças a respeito de quem somos e do que aconteceu antes do nosso tempo. Porém o desejo de assegurar e preservar o domínio masculino não é citado como uma motivação para as distorções e as negações sofridas pela história da Deusa nas obras antigas ou nas modernas.

Como os estudiosos da Deusa são frequentemente intimidados (eu já fui) por autoridades acadêmicas, dedico este capítulo a levantar as razões pelas quais a história da Deusa costuma ser tão menosprezada ou ignorada. Qualquer pessoa que já tenha passado pelas situações narradas aqui saberá por que é necessário aprender a combatê-las; aqueles que nunca passaram saberão de antemão o que esperar quando começarem a falar a respeito da história da Deusa que aprenderam no capítulo anterior.

Uma fábula magnífica?

Em seu livro sobre religião grega, Walter Burkert dedica apenas algumas páginas ao período neolítico. Sem considerar as evidências com seriedade, ele comenta a respeito das "estatuetas" femininas:

> Uma interpretação antiga e amplamente aceita as via como representações de uma Deusa Mãe, a personificação da fertilidade no homem [sic], nos animais, na terra. É tentador começar a fazer conexões com a predominância de divindades femininas no culto histórico grego e com a Dama da Corte de Micenas. Mas isso vai além das evidências [...] a interpretação da Deusa Mãe passou a ser vista com crescente ceticismo.[2]

Muitas acadêmicas concordam.[3] A veemência que domina esse debate (principalmente entre mulheres) comprova que a classicista Sarah B. Pomeroy tinha razão ao escrever que "os papéis da mulheres, tanto divinos quanto humanos, na pré-história se =tornaram *uma questão emocional com implicações políticas* tanto quanto um tópico de debate acadêmico [itálicos acrescentados]".[4] Aqueles que defendem que se deve prestar atenção à história da Deusa frequentemente são tratados com desdém por estudiosos, tanto homens quanto mulheres, que os consideram emocionalmente tendenciosos, politicamente enviesados, ingênuos, idealistas, anticientíficos e fantasiosos. Uma arqueóloga caracterizou o trabalho de mulheres interessadas na Deusa como "modismo e ficção", "puro otimismo", "invenções idealistas" e uma "busca por uma utopia social".[5] A superioridade do estudo "objetivo" é geralmente reservada às obras que celebram e ajudam a preservar o poder masculino.

A história é verdade?

Elisabeth Schüssler Fiorenza, uma historiadora feminista que estuda o cristianismo primitivo, questiona radicalmente a veracidade da história que nos foi ensinada. Ela define de forma muito elucidativa o viés que permeia os ensinamentos cristãos tradicionais da história, o que pode nos ajudar a enxergar com um olhar crítico as visões convencionais a respeito da história da Deusa.[6]

Schüssler Fiorenza argumenta que precisamos reconhecer que os historiadores cujas teorias e conclusões apoiam a elite (masculina) no poder têm mais chances de obter os recursos para escrever (nomeações acadêmicas, tempo, bolsas) e de ter seus livros publicados, preservados e citados. Os modelos e paradigmas centrados nos homens servem a interesses há muito estabelecidos e, portanto, devem ser questionados. Da mesma forma, a veracidade dos textos primários e secundários que nos foram repassados pela tradição masculina também deve ser desafiada. A autora defende que uma abordagem feminista crítica à religião deve ser histórica, enxergando ideias religiosas como arraigadas no tempo e no espaço e influenciadas por relações de poder. A história dos papéis religiosos e sociais das mulheres e a história da resistência ao poder feminino são ignoradas na educação tradicional, mas devem assumir protagonismo na análise feminista.

Schüssler Fiorenza alerta que acadêmicas feministas não podem se contentar com a admissão de certos fatos e hipóteses, mas devem insistir na construção de paradigmas críticos, ou de estruturas de interpretação, nos quais os novos fatos e hipóteses se combinem, façam sentido e afetem nossa compreensão de outros fatos e hipóteses. Isso não é um plano simples; é necessária uma análise cuidadosa e sutil para ganhar consciência das várias maneiras pelas quais as estruturas interpretativas influenciam a apresentação dos dados.

Aplicada às origens da religião, uma abordagem feminista crítica questiona a suposta universalidade do patriarcado e inquire se sociedades pré-patriarcais existiram. Ela considera o papel das mulheres e o simbolismo feminino na história religiosa assuntos importantes, busca entender a linguagem da Deusa e questiona se as Deusas em algum momento estiveram relacionadas ao poder social ou à liderança religiosa feminina. Com o argumento de que as mulheres um dia tiveram poder religioso, fica a questão: o que aconteceu? E, por fim, essa abordagem pergunta por que não fomos ensinados sobre a verdade a respeito de nossa história.

Muitos acadêmicos tradicionais reconhecem que as Deusas eram adoradas ou que as mulheres podem ter inventado a agricultura, a tecelagem e a cerâmica. No entanto, esses fatos ficam em segundo plano e são considerados irrelevantes na narrativa histórica que é contada em geral. Uma abordagem feminista crítica requer a construção de uma estrutura de interpretação em que as mulheres sejam reconhecidas como protagonistas históricos e religiosos. No capítulo anterior, propus uma estrutura crítica na qual os fatos reconhecidos de que as mulheres inventaram a agricultura, a cerâmica e a tecelagem; as teorias antropológicas, entre outras, sobre o papel feminino na coleta e na caça nas primeiras sociedades agrícolas; e as hipóteses sobre o significado do simbolismo feminino ou da Deusa se combinam e afetam a interpretação de vários outros fatos e hipóteses. Chamo esse paradigma crítico de "a hipótese da Deusa".

Não surpreende que a hipótese da Deusa desafie muitas teorias bem estabelecidas sobre a natureza e a origem da religião. Como combina fatos e teorias discrepantes, a hipótese da Deusa como um todo tem poder de persuasão maior do que as partes analisadas separadamente. É importante que uma estrutura crítica seja abordada como um todo quando está sendo avaliada ou criticada. É comum que estudiosos que se mantêm dentro de velhos paradigmas peguem fatos isolados (uma data errada aqui, uma generalização ali), mas nunca abordem o desafio que uma nova estrutura crítica apresenta a suas próprias pressuposições inquestionadas.

"Pré"-história

Uma das pressuposições que a hipótese da Deusa desafia é a ideia de que a assim chamada pré-história é ininteligível. Como vimos, pesquisas feministas começaram a desvendar a história não contada do poder feminino nas religiões e culturas paleolíticas e neolíticas. Uma vez que o simbolismo da Deusa teve origem em eras chamadas de *pré-históricas* devido à ausência de registros escritos, as feministas começaram a insistir que fosse dada maior atenção a esses períodos.

Porém a leitura feminista da história da Deusa é frequentemente atacada sob o argumento geral de que não se pode saber nada a respeito dos períodos paleolítico e neolítico por causa da ausência de registros escritos. Walter Burkert, por exemplo, diz: "Religiões ancestrais são uma tradição que existe, talvez, há tanto tempo quanto o homem [sic]; mas seus rastros estão perdidos na pré-história".[7] Muitos acadêmicos respeitados alegam que não existe evidência "conclusiva" de que as imagens femininas desses períodos sejam Deusas. Argumentam que podem ser bonecas, feitiços de fertilidade ou objetos sexuais, ou que, por não podermos saber com certeza o que representam, não é possível tirar conclusões delas. Burkert também diz: "São elas representações de uma

Grande Deusa, a mãe da vida e da morte, ou são deusas, ninfas, presentes aos homens mortos com a pretensão de que sirvam a ele em outro mundo? [...] Todas as tentativas de interpretação só podem permanecer como conjecturas".[8] Estudiosos como Burkert também insistem que não há evidência que prove que as sociedades pré-históricas não eram patriarcais, e alegam que aqueles que argumentam o contrário estão fantasiando.

A maioria dos historiadores admite que *toda* escrita de história é produto de uma leitura seletiva de dados. A história é menos uma questão de fato e mais uma questão de interpretação, afetada não apenas por tempo e espaço, mas também por relações de poder. Muitos historiadores até admitem que os registros escritos existentes da maioria dos períodos históricos são em si limitados e tendenciosos em favor daqueles que detinham o poder, dado que a maioria das pessoas não sabia escrever e que apenas alguns tinham habilidade e tempo para tal atividade. Além disso, concordam que tanto a sorte quanto poderes políticos ditaram que apenas uma pequena parcela de antigos registros escritos tenha sobrevivido ao tempo. Tudo isso para dizer que muitos, se não a maioria, dos historiadores são capazes de reconhecer que nossas visões do passado não são completas e nem imparciais.

Ainda assim, quando questionados sobre a história de períodos sem registros escritos, a maioria dos historiadores faz uma forte distinção entre a chamada *história* e a chamada *pré-história*. Afirmam que nada a respeito da "pré"-história pode ser de fato concluído, enquanto muito se pode saber sobre a história. Defendem que a interpretação de dados físicos é amplamente subjetiva, enquanto a interpretação de texto é, ao contrário, relativamente objetiva. Tais acadêmicos insistem que, pela ausência de registros escritos, vários períodos da história humana devem permanecer ininteligíveis. Em resposta a essa visão, Marija Gimbutas escreveu: "Não acredito, como muitos arqueólogos desta geração parecem acreditar, que nunca saberemos o significado da arte e da religião pré-históricas".[9] Naomi Goldenberg aponta que os acadêmicos são mais inclinados a afirmar que não se pode saber nada a respeito da pré-história quando as conclusões tiradas da interpretação de registros arqueológicos desafiam o status quo.[10]

Os próprios termos *história* e *pré-história*, em vez de serem descritivos, refletem um viés em favor da palavra escrita. Dizem que onde não existe texto, não existe história, apenas um prelúdio à história. Essa nomenclatura serve para diminuir a importância do período conhecido como pré-história, a ponto de quase considerá-la imaterial. Sugiro abandonarmos o termo *pré-história* e falarmos, em vez disso, de história primitiva ou ancestral, ou usarmos os termos descritivos Paleolítico e Neolítico.

Registros escritos podem mentir?

As questões levantadas pela historiadora do cristianismo Margaret Miles quanto à confiabilidade de textos podem nos ajudar a ter um olhar crítico ao desprezo de historiadores convencionais pela pré-história. Miles defende que, às vezes, imagens podem nos contar mais a respeito de uma cultura do que registros escritos. Por exemplo, os textos disponíveis aos historiadores do cristianismo pré-moderno, que são em maioria teológicos, criam um retrato distorcido da espiritualidade cristã. Escritos por homens da elite, esse material teria sido inacessível ao cristão comum, que era iletrado. Uma compreensão mais nítida do que o cristianismo significava para uma pessoa comum, tanto mulher quanto homem, pode ser obtida por meio de um estudo cuidadoso de imagens. A arquitetura, as esculturas e as pinturas em paredes de igrejas teriam sido o "texto" que o povo "lia" para aprender sobre a fé cristã. Não surpreende que Miles tenha descoberto que disputas intelectuais temas de tomos teológicos não estivessem sempre refletidas nas paredes das igrejas e, portanto, presumivelmente, também não se refletissem na fé do povo.[11]

Quase um século antes, a classicista Jane Harrison questionou a dependência em textos no estudo da religião grega. Harrison afirmou que Hesíodo – cujas obras *Teogonia* e *Os trabalhos e os dias* (c. 700 AEC) estão entre as principais fontes escritas sobreviventes do nosso conhecimento da religião grega – foi motivado "pela feia malícia do animus teológico. Zeus Pai jamais teria a grande Deusa da Terra, Mãe e Donzela ao mesmo tempo, em seu Olimpo construído pelo homem, mas a figura dela *é* primordial, então [Hesíodo] reinventa [o mito]".[12] Não surpreende que a crítica de Harrison a Hesíodo e sua reconstrução de antigos mitos da Deusa a partir de registros artísticos não abalem o autor de sua posição como "a" autoridade "nos primórdios" da religião grega. Poucos acadêmicos seguiram o método de Harrison de conferir a fidelidade do registro literário contra a evidência artística. Burkert, por exemplo, nos diz que "a mais importante evidência da religião grega continua sendo a literária".[13]

Hesíodo foi quem escreveu que Pandora foi a primeira mulher e a responsável por libertar o sofrimento e o mal no mundo ao abrir o jarro.[14] No entanto, Harrison argumenta de forma convincente, baseando-se em evidências artísticas, que Pandora, cujo nome significa "Todos os Dons", era adorada como a Deusa Terra no tempo de Hesíodo e posteriormente.[15] Hesíodo também conta a história improvável de que a Deusa Afrodite nasceu da genitália decepada de Urano. Nem o hino homérico sobrevivente, "A Afrodite", nem os fragmentos de Safo fazem qualquer menção a essa história. Será possível que o povo que adorava Pandora e Afrodite não sabia nada desses "mitos" descritos por Hesíodo? Ou será que os ignoravam, assim como o povo que adora a Mãe de Deus ignora as visões teológicas a respeito dos limites apropriados de sua devoção?

A maioria das palavras de Safo não resistiu ao tempo, e mesmo suas visões de Afrodite, das quais temos vários poemas sobreviventes, não são necessariamente citadas para desafiar Hesíodo porque não confirmam as suposições patriarcais e heterossexuais sobre Afrodite. As palavras de Hesíodo continuam a moldar as suposições acadêmicas a respeito da religião grega porque são de fácil acesso, sistemáticas, e claramente reforçam a primazia do homem e dos Deuses.

Devemos nos questionar por que estudiosos citam Hesíodo e outros textos androcêntricos sem uma visão crítica, embora as próprias teorias admitam que deveriam questionar a confiabilidade desses textos, mesmo depois que as visões de Hesíodo a respeito da religião grega serem questionadas por outros estudiosos. Já percebemos que o desejo de preservar o poder patriarcal está subjacente às teorias estabelecidas, mas existem outras razões, mais sutis, que dificultam abalá-las.

Tempo, texto e Deus

Visões tradicionais da origem e da história da religião são reforçadas por suposições profundamente arraigadas sobre tempo, texto e Deus encontradas na religião bíblica. Essas visões afetam a escrita da história da religião, mesmo nas obras de acadêmicos que afirmam não ter um viés religioso.

Para quem estuda religião ocidental por meio da estrutura fornecida pela religião bíblica (que ainda é a maioria massiva dos acadêmicos em estudos religiosos), frequentemente o *tempo* começa com os patriarcas hebreus, com Abraão (c. 1800 AEC) ou com Moisés (c. 1300-1200 AEC). O tempo avança pelo reinado de Davi (c. 1000 AEC) aos períodos dos profetas de Israel (c. 800-500 AEC), até a época dos clássicos gregos (c. 500-300 AEC) e então da origem do cristianismo e do judaísmo rabínico no primeiro século E.C.

Quando o período anterior a Abraão é mencionado, geralmente é discutido dentro da estrutura fornecida pelo livro de Samuel Noah Kramer, *A história começa na Suméria*.[16] O épico da criação da Babilônia, o *Enuma Elish*, que narra o assassinato da Mãe primordial Tiamat, e a *Epopeia de Gilgamésh*, na qual o herói amaldiçoa a Deusa Ishtar e recusa suas prendas,[17] podem ser citados como fornecedores de evidência sobre as origens da religião no Oriente Próximo. Frequentemente, até mesmo esse material é apresentado majoritariamente como pano de fundo para as "distintas e superiores" contribuições da religião hebraica. Está evidente que, se a história começa na Suméria, então toda história é a história patriarcal. Podemos descobrir os papéis das mulheres dentro da história patriarcal — que podem até ser substanciais —, mas não teremos a história de um tempo em que o papel das mulheres na religião era central e incontestado.

Em contrapartida, a hipótese da Deusa nos desafia radicalmente a expandir nosso conceito de tempo. O período da revolução neolítica aconteceu cerca de 8 mil anos antes dos tempos de Moisés e Davi, mais de 5 mil anos antes de quando dizem que a história começou na Suméria. Evidências de religião no período paleolítico datam de dezenas de milhares de anos antes da revolução neolítica. Já o tempo desde Moisés até o presente é de apenas cerca de 3 mil anos. Mesmo assim, muitos historiadores da religião continuam a ignorar o período anterior ao suposto início da história na Suméria.

Aqueles que estudam religiões não cristãs, incluindo o judaísmo, descobrem logo que a delimitação cristã que nomeia o tempo como "antes" e "depois de Cristo" torna difícil conceituar o escopo da história e compreender as relações entre os períodos históricos. Na verdade, não houve nenhuma grande mudança na história na época do nascimento de Jesus de Nazaré. O cristianismo só viria a se tornar a religião dominante do Império Romano no tempo de Constantino e de Teodósio, "o Grande", no século 4 E.C.

A nomenclatura que damos ao tempo não é um assunto trivial, como reconheceram os governantes cristãos quando assumiram o controle do calendário. Teremos dificuldade de compreender por inteiro a história antiga enquanto estivermos arraigados à nomenclatura cristã do tempo. Antropólogos já admitiram esse problema e criaram a própria maneira de contar o tempo como "Antes do Presente" ou "A.P.". A partir desse ponto de vista, a sugestão feita por Merlin Stone de que renomeássemos o tempo por uma perspectiva feminista — ela propôs que começássemos pelo período em que as mulheres inventaram a agricultura — não é em nada trivial.[18]

A hipótese da Deusa também contesta o compromisso acadêmico com o *texto*. Para se prestar atenção ao tempo anterior à Suméria, pesquisadores devem desenvolver métodos para lidar com artefatos históricos não textuais. Como há muita resistência a isso, devemos também questionar se o compromisso dos historiadores da religião à palavra escrita também não está enraizado nas suposições incontestadas advindas da religião bíblica.

> E disse Deus: Haja luz; e houve luz. (Gênesis 1:3)

> No princípio era o Verbo, e o Verbo estava com Deus, e o Verbo era Deus. (João 1:1)

Acadêmicos estão cientes dos significados complexos entranhados nas noções de discurso e palavra nesses textos, e reconhecem que eles estão situados histórica e culturalmente. No entanto, aceitam implicitamente o significado profundo desses textos com reverência pelo Verbo, por palavras, pelo texto em si. Embora saibam que existem religiões não literárias, a maioria dos estudiosos da história da religião foca em interpretações de textos — sejam hebraicos ou cristãos ou outras escrituras, mitos ou escritos de diferentes teólogos, filósofos, mitólogos ou intérpretes judeus ou cristãos.

Os textos sobre as Deusas foram escritos quando o patriarcado já havia se estabelecido; assim, se nos basearmos apenas neles, seremos forçados a admitir que a Deusa não reflete o poder feminino. Porém, quando expandimos nossa noção de história para incluir registros não escritos, podemos começar a permitir que dados físicos transformem não apenas a nossa compreensão da Deusa e do papel das mulheres na religião, mas também nossas ideias sobre as origens religiosas e as teorias sobre a natureza da religião.

Estudos de rituais, que, segundo algumas versões da natureza da religião, deveriam formar o núcleo dos estudos religiosos, costumam ser relegados às margens. O ritual incorpora, de um jeito mais completo do que o texto, o lado não racional, o lado físico da religião, colocando-nos na presença de corpo e sangue, leite e mel e vinho, música e dança, sexualidade e êxtase. Subjacente à preferência acadêmica pelo estudo de textos está um medo do não racional e do físico, um medo do caos, um medo que, como vimos, sustenta o *ethos* da objetividade na academia.

A hipótese da Deusa desafia historiadores da religião a abandonarem o compromisso quase exclusivo com o texto, pedindo que aceitem evidências físicas — pinturas, esculturas, ossos, vasos, tecituras etc. — como evidências confiáveis a partir das quais desenvolver teorias. Uma vez que o compromisso com o texto como única forma válida de evidência for rompido, os historiadores poderão não apenas compreender melhor o papel dos períodos paleolítico e neolítico na formação da história religiosa como também serão forçados a prestar mais atenção às expressões não literárias da religião onde quer que sejam encontradas — em religiões tribais e populares tanto quanto *dentro* das supostas religiões superiores.

A hipótese da Deusa também questiona ideias bíblicas e tradicionais a respeito da natureza de *Deus*. As Deusas são apresentadas na Bíblia como "abominações", e os estudiosos têm dificuldade de se livrar da mentalidade que nos incita a enxergar a Deusa como *idolatria, feitiço de fertilidade, adoração da natureza, culto orgiástico, sanguinária* e *prostituição ritualística*. Esses termos e outros parecidos são usados para definir a religião da Deusa em publicações acadêmicas.[19]

Todos esses preconceitos podem ser contestados. Um ídolo é o símbolo religioso de outra pessoa. As Deusas representam fertilidade e sexualidade como o poder cósmico de transformação. Há pouca evidência de sacrifícios de sangue na religião neolítica, mas essa prática se tornou popular nas posteriores sociedades patriarcais da Era do Bronze e do Ferro. A sexualidade na religião da Deusa é um poder transformador. A prostituição não é a profissão mais antiga do mundo; na verdade, é o produto de sociedades patriarcais e com estratificação social. Quando a sexualidade é mútua e mulheres não são rebaixadas, não há uma questão de compra e venda.[20] Ainda assim, esses rótulos ficam na mente.

A incapacidade dos estudiosos de compreender as Deusas é reforçada por uma profunda e irrefutada conjectura de que divindade representa racionalidade, ordem e transcendência, em contraponto à suposta irracionalidade e caos do finito e cambiante mundo da natureza e do corpo. O contraste entre racionalidade e irracionalidade, ordem e caos, transcendência e imanência, é generizado como um contraste entre masculino e feminino. A origem dessa ideia pode ser encontrada em mitos do assassinato da Deusa, mas floresce por completo na filosofia.

Os acadêmicos não têm conseguido enxergar a nudez feminina como imagens da Deusa porque foram ensinados a ver o corpo e a sexualidade, especialmente o corpo e a sexualidade das mulheres, como "inferiores" à racionalidade que é associada à divindade e à natureza "superior" do "homem". Imagens da nudez feminina, portanto, devem ser "feitiços de fertilidade" ou "objetos sexuais", ou, se são chamadas de Deusas, devem ser entendidas como um reflexo de um estágio "inferior" e mais físico na "evolução" da consciência religiosa.

Na visão de mundo definida pelas Deusas pré-patriarcais, o poder divino está presente na natureza e nos processos de nascimento, crescimento, morte e regeneração simbolizados pelo corpo feminino. Sexualidade e nascimento são sagrados, e morte e decomposição não são negações da vida porque são seguidas pela regeneração. É evidente que as Deusas pré-históricas só podem ser compreendidas se questionarmos os pressupostos de que a divindade transcende o corpo, a natureza e a mudança, e de que é o destino espiritual do homem ascender, conquistar ou dominar a natureza, o corpo e a mulher.

Ignorando mulheres e deusas

Dado que as questões levantadas neste capítulo são questões nulas para a maioria dos historiadores tradicionais da religião, não surpreende que as instituições acadêmicas continuem resistindo à leitura feminista da história da Deusa. Uma estratégia é menosprezar ou simplesmente ignorar evidências que contestem visões convencionais.

Mulheres e Deusas sequer foram mencionadas em uma exposição chamada "Cultura neolítica na Grécia", no museu Nicholas P. Goulandris, em Atenas. Essa exposição poderia ter proporcionado uma oportunidade de falar da contribuição feminina à história da humanidade e de documentar o importante papel das Deusas no simbolismo religioso primitivo. A exposição e o luxuoso livro ilustrado que a acompanhou foram uma combinação das obras de vários estudiosos, inclusive muitas mulheres.[21] Eles poderiam ter nos contado que a revolução neolítica foi muito provavelmente criada pelas mulheres, mas, embora a invenção da agricultura, da cerâmica e da tecelagem no período neolítico seja mencionada, as mulheres não o são. Tanto o livro quanto as legendas da exposição usam o masculino genérico (*o ánthropos* em grego, *homem* em português) e simplesmente ignoram as teorias de que mulheres desempenharam papéis fundamentais na cultura neolítica.[22]

Ver as mulheres sendo desconsideradas foi ainda mais surpreendente porque suas significativas funções na cultura neolítica são sugeridas nas fotografias em preto e branco da tradicional vida agrícola grega usadas para ilustrar tanto a exposição quanto o livro sobre o tema. Elas mostram mulheres participando ativamente de todas as tarefas agrícolas retratadas. Duas mulheres peneiram o trigo com forcados de madeira; duas mulheres amassam leguminosas (feijões) com pesos amarrados a bastões compridos; um homem e uma mulher pastoreiam um grande rebanho de ovelhas; uma mulher sulca a terra com um arado de madeira puxado por dois bois enquanto um homem capina; uma mulher mói usando um moinho manual de pedra; duas mulheres e dois homens tosquiam ovelhas; uma jovem e duas meninas fiam lã.[23] Nem é preciso dizer que nenhuma conclusão é tirada dessas fotografias.

Embora a exposição incluísse mais de quarenta "estatuetas femininas" (algumas delas escavadas pela própria Marija Gimbutas), a teoria de que elas possam representar as Deusas não é sequer mencionada. A versão em inglês do ensaio "Figurines and Models" [Estatuetas e Modelos] (escrito por uma mulher) declara que "estatuetas e modelos neolíticos representam o mundo animado e inanimado do homem [*sic*] e, claro, o homem [*sic*] em si".[24] Como a obra de Marija Gimbutas é citada com frequência nas bibliografias do catálogo, a ausência de menções à interpretação da linguagem da Deusa na religião neolítica (mesmo que fosse para refutá-la) é chocante.

Mulheres e Deusas não se encaixam na teoria

Outra estratégia de negação da história da Deusa é admitir algumas das evidências, mas apresentá-las na estrutura das teorias androcêntricas.

Isso acontece no trabalho do influente historiador da religião Mircea Eliade.[25] Eliade admite que mulheres e Deusas existem (especialmente no Neolítico), mas não desenvolve uma estrutura crítica que dê sentido a essa evidência. O resultado disso é que as mulheres e as Deusas parecem não ter feito qualquer contribuição essencial à história da religião. Uma análise da obra de Eliade confirma a argumentação de Elisabeth Schüssler Fiorenza de que novos paradigmas e estruturas críticas devem ser desenvolvidos para que os papéis das mulheres na religião possam ser entendidos.

Um gigante em sua área, Mircea Eliade é o historiador de religião mais prolífico, amplamente conhecido e influente do século 20. Autor de muitos livros e artigos e professor de várias gerações de acadêmicos, ele foi também editor-chefe do 16º volume da *Encyclopedia of Religion*, produzida perto do fim de sua vida. Embora as teorias e métodos de Eliade tenham sido contestados dentro do campo da religião, sua obra permanece fundamental. Estudiosos de outras áreas costumam citar Eliade, aparentemente sem saber que acadêmicos da religião não usam o trabalho dele de forma acrítica.

Decidi examinar em detalhes a obra de Eliade porque só assim podemos ver exatamente como e por que a academia governada por pressupostos patriarcais não pode aceitar a Deusa. Fiquei surpresa com alguns dos preconceitos descarados assim que comecei a ficar atenta a eles. No entanto, eu os havia negligenciado em leituras anteriores. Concentro-me na definição de Eliade do sagrado e em suas interpretações das religiões paleolítica, neolítica e grega porque suas ideias a respeito desses temas podem ser facilmente comparadas com a hipótese da Deusa proposta no capítulo anterior. (Aqueles que não precisarem de mais argumentos para se convencerem de que a academia androcêntrica é tendenciosa podem pular esta seção.)

Em *História das crenças e das ideias religiosas*,[26] a obra mais importante de sua carreira, Eliade admite muitos elementos da hipótese da Deusa. Ele reconhece a "extensa" difusão de "figuras femininas" no Paleolítico[27] e escreve que, com a descoberta da agricultura no Neolítico, "a mulher e a sacralidade feminina são promovidas ao primeiro plano".[28] Eliade afirma que as sociedades neolíticas foram derrubadas de forma violenta: "A irrupção dos indo-europeus na história é marcada por terríveis destruições".[29] Ele assevera que novas estruturas sociais foram introduzidas pelos invasores, apontando que "o nomadismo pastoril, a estrutura patriarcal da família, o gosto pelas razias e a organização militar com vistas às conquistas foram traços característicos das sociedades indo-europeias".[30] O pesquisador reconhece que novos símbolos e conceitos religiosos acompanharam os indo-europeus, para quem "o deus do 'céu imenso' é 'o pai dos deuses e dos homens'".[31] Em sua discussão a respeito da religião grega, ele menciona que a dominância de Zeus é alcançada ao "apoderar-se das deusas locais pré-helênicas, veneradas desde tempos imemoriais".[32] Apesar desses pontos de concordância com a hipótese da Deusa, a estrutura interpretativa do autor exclui mulheres e Deusas de papéis significativos na história da religião.

Eliade define religião como uma percepção do "sagrado":

> Mercê da experiência do sagrado, o espírito humano captou a diferença entre o que se revela como real, poderoso, rico, significativo e aquilo que se mostra desprovido dessas qualidades, isto é, o fluxo caótico e perigoso das coisas, os seus aparecimentos e desaparecimentos fortuitos e vazios de sentido.[33]

Usando essa definição, as Deusas associadas ao corpo e à vida cambiantes, que Eliade chama de "o fluxo caótico e perigoso das coisas", não podem ser compreendidas como representações do sagrado. Além disso, Eliade declara que sua história da religião se concentrará "profundamente nas crises e, sobretudo, nos momentos criadores" nos quais a religião é transformada e renovada. O autor, portanto, acredita que as religiões de sociedades razoavelmente pacíficas e estáveis (como as neolíticas) são desinteressantes. Ele faz do que chama de "valorizações posteriores" de ideias e simbolismos religiosos um de seus critérios de inclusão: dessa forma, símbolos religiosos e ideias que aparecem em religiões patriarcais posteriores recebem mais importância do que ideias que não aparecem.[34] O "homem caçador" e sua criação, a "arma projétil", fornecem padrões arquetípicos de um Ser Supremo masculino, de sacrifício e de comunhão de sangue que Eliade encontra repetidamente na história da religião. Essa estrutura molda os questionamentos feitos por ele, os dados que escolhe avaliar e as interpretações que faz; aí, não há lugar para mulheres e Deusas.

Em sua análise da religião paleolítica, Eliade foca no homem caçador, dando à "decisão de matar para poder viver" dos humanos a maior significância:

De fato, os hominídeos conseguiram superar os seus "ancestrais" transformando-se em carnívoros. Durante cerca de dois milhões de anos, os Paleantropídeos viveram da caça; os frutos, as raízes, os moluscos etc., recolhidos por mulheres e crianças, eram insuficientes para assegurar a sobrevivência da espécie. A caça determinou a divisão do trabalho de acordo com o sexo, reforçando assim a "hominização"; com efeito, entre os carnívoros, e em todo o mundo animal, essa diferença não existe.[35]

Ao alegar que o consumo de carne é decisivo para a sobrevivência humana e ao enfatizar a "invenção criativa" da arma projétil, Eliade valoriza as contribuições do homem caçador enquanto ignora as contribuições da mulher coletora. Além disso, afirma que uma ordem hierárquica dos papéis de gênero é típica das sociedades humanas ancestrais e da natureza humana em si.

Segundo ele, a "arma projétil" é um símbolo religioso arquetípico porque "é, acima de tudo, o 'domínio sobre a distância', conquistado graças à arma projétil, que suscitou incontáveis crenças, mitos e lendas".[36] A estrutura de Eliade o impede de ver que as ferramentas para o preparo e a preservação da comida e das roupas podem ter sido igualmente importantes na evolução humana e dotadas do mesmo nível de sacralidade, como símbolos religiosos posteriores, como por exemplo a ornamentação ritual das estátuas, a tecelagem do destino, as refeições comunais ou de comunhão e o caldeirão mágico sugerem.

Considerando os rituais dos caçadores, Eliade constrói sua hipótese baseado em pouquíssimas evidências concretas de que "divindades do tipo do Ser Supremo-Senhor das Feras Selvagens", assim como espíritos animais, eram provavelmente adoradas na era paleolítica. Porém, quando discute o que chama de "figuras femininas na última Era do Gelo", ele não usa as palavras *Ser Supremo*, *Senhora da Feras Selvagens* ou *Deusa*. Em vez disso, diz:

> *É impossível determinar* a função religiosa dessas estatuetas. *Pode-se supor* que elas representam *de alguma forma* a sacralidade feminina e, consequentemente, os poderes mágico-religiosos das deusas [note a escrita em minúscula]. O *"mistério"* constituído pelo modo de existência específico às mulheres desempenhou importante papel em várias religiões, tanto primitivas como históricas [ênfases adicionadas].[37]

Eliade dá a entender para o leitor que, a não ser por algumas poucas "estatuetas" indecifráveis, a religião paleolítica era um assunto masculino, uma interação entre caçadores (homens) e um Senhor (homem) das Feras Selvagens. Como Eliade não hesita em discutir o simbolismo religioso associado à caça, devemos nos perguntar por que ele de repente fica circunspecto quando confrontado com imagens que sugerem um Ser Supremo feminino.

Uma vez que as imagens associadas ao corpo feminino simbolizam "o fluxo perigoso das coisas" que Eliade define como oposto ao sagrado, não surpreende que ele não consiga imaginar que mulheres ou o simbolismo feminino fossem centrais na religião paleolítica, no tempo das origens. Em contraste, o autor encontra supostos símbolos da religião caçadora, incluindo um Ser Supremo masculino, morte sacrificial e comunhão de sangue validados em religiões patriarcais posteriores, especialmente no cristianismo.[38]

Apesar da afirmação de que, no Neolítico, "a mulher e a sacralidade feminina são promovidas ao primeiro plano", Eliade presta pouca atenção aos papéis religiosos das mulheres e às imagens femininas ao discutir a religião neolítica. Em determinado ponto, ele assinala que, no Neolítico, "a sexualidade feminina confunde-se com o miraculoso enigma da criação", mas mesmo assim não menciona um Ser Supremo feminino ou uma Criadora.[39]

Eliade ignora mulheres e Deusas em seu retrato da religião neolítica como "religião cósmica". Fala da Árvore do Mundo como um símbolo central da religião cósmica sem se aprofundar em sua relação com as imagens da Deusa e com a sacralização de espaços e habitações, sem mencionar que em sociedades matrilocais, as habitações eram passadas pela linhagem materna e que algumas das estruturas religiosas mais primitivas parecem ter sido inspiradas no corpo da Deusa.[40] Quando ele menciona as "estatuetas femininas" do período neolítico, as define como parte de um "culto da fertilidade", não como imagens centrais da religião cósmica.[41]

O pesquisador conclui que pelos "documentos arqueológicos", as "religiões neolíticas correm o risco de parecerem simplistas e monótonas",[42] talvez porque não validem suas suposições sobre a natureza da religião. Se ele tivesse olhado com mais atenção para a religião neolítica e suas imagens, teria sido forçado a rever a estrutura interpretativa que lhe diz que religião é sobre transcender o "fluxo perigoso das coisas".

Eliade considera a religião da Idade do Ferro mais interessante. Ele aponta que, com o surgimento do minerador e do ferreiro, "o artesão substitui a Mãe

Terra para acelerar e completar o 'crescimento' [dos minérios]. Os fornos são, de alguma forma, um novo ventre, artificial, no qual o minério conclui sua gestação".[43] Considerando a aversão declarada que sente pelo "fluxo caótico e perigoso das coisas", não admira que Eliade prefira um útero artificial a um biológico, e o símbolo religioso do ferreiro que aprimora a natureza a uma Deusa que se identifica como natureza.

Em sua argumentação da transformação dos caçadores em guerreiros, Eliade descreve conquistas brutais sem qualquer traço de ironia ou crítica:

> As invasões e as conquistas dos indo-europeus e dos turco-mongóis serão empreendidas pela égide do caçador por excelência, o animal carnívoro. Os membros das confrarias militares (Männerbünde) indo-europeias e os cavaleiros nômades da Ásia central comportavam-se em relação às populações sedentárias que eles atacavam como carnívoros que caçam, estrangulam, devoram os herbívoros da estepe ou o gado dos criadores [...]
> A perseguição e a execução de uma fera torna-se o modelo mítico da conquista de um território (Landnáma) e da fundação de um Estado.[44]

Eliade parece admirar a matança que cria o vínculo masculino, independente da forma assumida.

Sua abordagem da religião grega começa com uma análise da "irrupção dos indo-europeus na história", no capítulo dos Deuses Védicos. Sua visão supõe que os habitantes da terra e das ilhas agora chamadas Grécia foram conquistados pelos indo-europeus. Ele admite que as mitologias e simbolismos patriarcais da religião grega foram produtos da violência. Por exemplo, declara que Delfos era um "venerável sítio oracular, onde se manifestavam, desde tempos antigos, a sacralidade e os poderes da Terra-Mãe".[45] E comenta que as histórias da conquista de Delfos por Apolo se tratam de uma "mitologia agressiva" que "é a história de como ele substituiu, de modo mais ou menos brutal, as divindades locais pré-helênicas, um processo que caracteriza, por outro lado, a religião grega em seu conjunto".[46]

Apesar de reconhecer suas fontes mais antigas, Eliade trata a religião grega como um produto finalizado, baseando-se quase exclusivamente em textos androcêntricos, como Homero, Hesíodo e as tragédias escritas centenas de anos depois da entrada dos indo-europeus na Grécia. No geral, o autor presta pouca atenção aos registros arqueológicos, como as pinturas em paredes e vasos, as esculturas, os templos, as oferendas votivas e as inscrições. Jane Harrison mostrou que os registros artísticos apontam a presença persistente do poder das Deusas,[47] mas Eliade ignora o trabalho dela. Se ele tivesse adotado uma abordagem histórica da religião grega, talvez tivesse começado com uma discussão das origens pré-indo-europeias das Deusas gregas, como faz o historiador da arte Vincent Scully.[48] Em vez disso, insere breves discussões sobre quatro das Deusas gregas entre os Deuses e os heróis, enquanto duas outras são o tema de seu capítulo final.

Eliade abre a argumentação da religião grega com um longo resumo da versão de Hesíodo da criação, onde aceita sem questionar a narrativa do "triunfo e soberania de Zeus".[49] Ele reafirma o mito de Hesíodo de que os primeiros humanos na assim chamada Idade do Ouro eram exclusivamente homens, e comenta que o mito da "'perfeição dos primeiros tempos', e da felicidade primordial, perdidas em consequência de um acidente ou de um 'pecado', é bastante difundido".[50] O autor não considera absurda a ausência de mulheres nessa cena primordial, nem comenta a misoginia de Hesíodo.

Quando discute a "apropriação das Deusas locais pré-helênicas" feita por Zeus, Eliade fala de "múltiplos casamentos", "numerosas ligações", "hierogamias" e "aventuras eróticas". Ele não menciona que muitos dos "casamentos sagrados" de Zeus foram estupros.[51] Mais tarde, declara que na religião grega

> o homem [sic] acabou por realizar a *perfeição* e, portanto, a *sacralidade da condição humana*. Em outros termos, redescobriu, dando-lhe forma definitiva, o sentido religioso da "alegria de viver", o valor sacramental da experiência erótica e da beleza do corpo humano.[52]

Aqui, a escrita generizada de Eliade carrega uma ironia não intencional. Pela perspectiva dos homens conquistadores e governantes, a afirmação pode parecer válida. No entanto, o mesmo não pode ser válido para os que foram conquistados, escravizados e estuprados.

A interpretação que Eliade faz dos Deuses gregos se concentra em suas "valorizações" de temas que aparecem em suas argumentações da religião do período paleolítico e da Idade do Ferro. Ao discutir Apolo e o "simbolismo do arco", o autor elabora sua concepção do simbolismo da arma projétil.

> Graças a Apolo, o simbolismo do arco e da arcaria revela outras situações espirituais: o domínio da distância, e portanto o desapego do "imediato", da viscosidade do concreto; a calma e a serenidade que implica todo esforço de concentração intelectual.[53]

Aqui vemos a conexão entre a "valorização" de Eliade do simbolismo da arma projétil "acima de tudo" e sua concepção de religião como algo que proporciona alívio do "fluxo caótico e perigoso das coisas". Também podemos observar no arco de Apolo a "valorização" da calma e da serena "concentração intelectual" dos acadêmicos do século 20, que, enquanto escrevem sobre suas concepções de religião, tentam se distanciar do "'imediato', da viscosidade do concreto", apresentando a história da religião como se fosse uma questão de progressão de ideias, em vez de um aspecto (ao menos em parte) de lutas de certos grupos pelo domínio sobre outros.

Uma análise minuciosa e sistemática do trabalho de Eliade revelou que sua obra é moldada por suposições e paixões androcêntricas. A estrutura interpretativa está enraizada em sua teoria de que a religião está relacionada à transcendência, e foi moldada pela convicção de que religiões repetem os padrões simbólicos associados ao homem caçador, sua arma projétil e o Ser Supremo masculino. Considerando essas pressuposições, não admira que as mulheres e as Deusas sejam relegadas ao pano de fundo. Uma vez que esses vieses são desmascarados, jamais conseguimos voltar a ler as obras de Eliade, ou outras semelhantes, como uma narrativa completa, abrangente ou "objetiva" da história da religião.

Reconhecer que o trabalho de um homem como Eliade, cujas obras são consideradas incríveis por tantas pessoas, pode ser muito tendencioso quando se trata de compreender a história da Deusa e deveria nos deixar inclinados a suspeitar das obras de outras figuras importantes também. Críticas de outros pensadores seminais nos campos da religião, da arqueologia, dos clássicos e da história antiga provavelmente revelarão vieses parecidos no trabalho de suas teorias, estruturas interpretativas e conclusões.

A Deusa inconsciente

Como estudiosos dos clássicos e da religião fornecem tão pouca orientação na hora de desvendar a história da Deusa, muitos se voltaram para as teorias arquetípicas dos junguianos Erich Neumann e Joseph Campbell e do poeta e mitógrafo Robert Graves, que pelo menos dedicam atenção considerável às Deusas. Infelizmente, as obras de todos esses homens também são profundamente falhas, e a causa da acuidade histórica não é defendida quando as obras são citadas de forma acrítica.

Seguindo seu mestre, o psicólogo arquetípico Carl Jung,[54] Erich Neumann acreditava que convém mais à vida humana ter uma conjunção de princípios "masculinos" e "femininos". Para Neumann, assim como para Jung, os princípios masculinos representam a consciência, a racionalidade e a "luz" do ego, enquanto os femininos representam o inconsciente, o irracional, a "escuridão" e o estágio primitivo de (pré)consciência onde o ego ainda não emergiu do grupo.[55] Jung acreditava que o indivíduo saudável deve integrar aspectos "masculinos" e "femininos". O ego é estéril, a menos que seja animado pelo inconsciente; o inconsciente é uma fonte fértil, mas permanece irracional e perigoso a menos que esteja sob o controle da mente consciente ou do ego. Neumann concordava com a afirmação de Jung de que a sociedade ocidental moderna tinha se virado demais na direção do suposto masculino e precisava de uma infusão do suposto feminino para se equilibrar. Essa intuição deu origem à sua obra clássica, *A grande mãe*.[56] As muitas imagens nesse livro foram fontes importantes para o emergente ambiente da Deusa.

Assim como Jung, Neumann identificava o feminino e, consequentemente, as imagens das Deusas, com a mente inconsciente e com um estágio da consciência onde o ego ainda não havia emergido. Uma vez que os poderes da Deusa nascem do inconsciente incontrolado e incontrolável, a Deusa é uma figura perigosa cujo poder nutridor pode explodir em destruição a qualquer momento. Enxergando as Deusas através das lentes do pensamento dualista, Neumann distorce a imagem cíclica da Deusa do Nascimento, Morte e Regeneração ao polarizá-la no arquétipo da Grande e Terrível Mãe. Em *História das origens da consciência*, ele argumenta a necessidade de a era da Deusa chegar ao fim para que o ego e a luz da racionalidade pudessem emergir do caos e da escuridão do inconsciente.⁵⁷ No trabalho dele e em outros influenciados por Jung, a destruição das culturas neolíticas por guerreiros indo-europeus é vista como necessária para que a "civilização avançasse".

O livro *O herói de mil faces*, a trilogia *As máscaras de Deus*, sobre a história do mito e da religião, e o texto póstumo, *A jornada do herói*, do mitólogo junguiano Joseph Campbell, são moldados por teorias junguianas similares, que oferecem uma visão limitada e, em última análise, depreciadora da história das Deusas.⁵⁸ Aqui está uma afirmação característica:

> A mulher representa, na linguagem pictórica da mitologia, a totalidade do que pode ser conhecido. O herói é aquele que aprende. À medida que ele progride, na lenta iniciação que é a vida, a forma da deusa passa, aos seus olhos, por uma série de transfigurações.⁵⁹

Para Campbell, a Deusa (e a mulher) é o material inconsciente de pano de fundo para a jornada espiritual do herói masculino, que aos poucos vem a conhecer o que permanecerá sempre desconhecido (inconsciente) para ela. Perto do fim de sua vida, Campbell recordava com orgulho da resposta dada por ele a uma estudante que achava suas teorias limitantes: "A mulher é a mãe do herói; ela é o objetivo que o herói busca alcançar [...] O que mais você quer?".⁶⁰ É improvável que a admiração de Campbell pelo trabalho de Marija Gimbutas, expressada brevemente antes de sua morte, tenha o levado a reformular ideias básicas.⁶¹

Robert Graves também foi influenciado pelas teorias junguianas. Em sua obra clássica, *A deusa branca*, ele escreveu que via a Deusa como a inspiração da poesia.⁶² Não surpreende que ele entendesse o poeta como o ego masculino fertilizado pelo misterioso feminino. Graves oferece a própria versão da Deusa como Mãe Terrível ao descrever a religião da Deusa como algo que envolvia inevitavelmente o sacrifício do Filho à Deusa Mãe. Uma vez que essa prática não parece ter sido difundida na religião da Deusa, questiona-se qual é a fonte da teoria de Graves. Será que o poeta pensava em si mesmo como um sofredor por sua dedicação à arte, e gostava de se enxergar como um sacrifício no altar de sua musa? As predileções de Graves por submissão masoquista a mulheres dominantes elucidam um pouco mais essa questão.⁶³

O trabalho de Jung, Neumann, Campbell e Graves sobre as Deusas deve ser abordado com grande cautela. Eles descobriram informações importantes e as difundiram para uma grande audiência, mas distorceram a história da Deusa ao imporem teorias que parecem vê-La como um símbolo do inconsciente feminino. Nessa visão, jamais poderia haver uma "civilização" da Deusa, pois a civilização é considerada um produto da emergência do "homem" à "luz" da "racionalidade" e da "consciência". Tampouco poderia haver uma Deusa "consciente", pois a consciência é relacionada ao reino do ego masculino. Não se espera que mulheres, como representantes do inconsciente feminino, desempenhem qualquer papel que não seja de apoio e inspiração para o projeto masculino de cultura. Infelizmente, tais visões foram repetidas, de forma involuntária, em várias obras recentes escritas por mulheres sobre a Deusa, o que, por sua vez, levou críticos a verem o movimento da Deusa como algo que restringe as mulheres a papéis estereotipados.

Mudando o foco

Como teorias que dificultam o entendimento da história da Deusa são tão amplamente difundidas e estão tão profundamente arraigadas, não deve nos surpreender que a instituição acadêmica não tenha corrido para abraçar a hipótese da Deusa. Para isso, seria necessário fazer mais do que apenas admitir alguns poucos fatos e hipóteses (triviais e desimportantes) que ainda deixam teorias e estruturas de interpretação em geral intactas. Reconhecer os papéis das mulheres e a importância do símbolo da Deusa no tempo das origens religiosas exige o desenvolvimento de novas estruturas de interpretação: novas teorias sobre a natureza e a origem da religião, e novas metodologias para estudá-las. Tais teorias e métodos estão sendo desenvolvidos por pesquisadoras como Marija Gimbutas e outras, mas não devemos esperar que sejam prontamente aceitos. Estamos falando de uma revolução na consciência, de uma mudança de paradigma, de abrir mão de disposições e motivações poderosas, difundidas e duradouras. Podemos apenas torcer para que essa mudança aconteça. Até lá, podemos esperar que o trabalho de feministas sobre as mulheres, a religião e a Deusa continue a ser caracterizado como nada além de "uma fábula magnífica".

CAPÍTULO 5

O SIGNIFICADO DA DEUSA

Depois de termos uma ideia de quem a Deusa foi no passado, podemos começar a pensar no que ela significa hoje. Está cada vez mais evidente que a Deusa nos chama para transformar imagens e ideias poderosas, permeantes e duradouras a respeito de Deus. Fomos ensinados que Deus é homem, que ele transcende a terra e o corpo, e que é a luz brilhando na escuridão caótica do mundo natural. Já a Deusa é mulher; a terra, o corpo, a natureza são sua imagem; e as trevas, assim como a luz, são metáforas de seu poder. Não podemos compreender a Deusa a menos que questionemos as suposições dualistas e hierárquicas sobre a relação de Deus com o mundo cambiante surgido no rastro do assassinato da Deusa da Terra. Ao refletir sobre as limitações do Deus que conhecemos, podemos começar a imaginar meios mais holísticos de pensar sobre a Deusa, a terra e o nosso lugar nela.

A terra como o corpo da Deusa

Imagens da terra como o corpo da Deusa desafiam a visão tradicional de que Deus transcende a terra, o corpo e a natureza. A imagem da Deusa como terra também questiona as imagens tradicionais do feminino: fomos ensinados que o corpo feminino é frágil, delicado e vulnerável, mas as mais antigas imagens da Deusa retratam solidez e força (Ver Figuras 1 a 5). O hino homérico "À Gaia" reflete essa compreensão ancestral:

> Eu cantarei Gaia, a mãe de todos, a de firmes fundações,
> a mais antiga, a que alimenta tantos quantos vivem nela[1]

A Deusa como terra é a firme fundação da vida cambiante. Ela é a "pedra fundamental/plataforma rochosa que serve de fundação para tudo que cresce".[2] Um canto contemporâneo da Deusa expressa essa sensação de poder vital: "Não se pode matar o espírito, Ela é como uma montanha. Velha e forte, Ela continua de pé".[3]

Quando falamos da terra como o corpo da Deusa, imagens específicas nos vêm à mente: a terra não é uma abstração, mas o lugar onde vivemos. Na Califórnia, a Deusa é a sequoia mais alta e o menor dos colibris. Na Nova Inglaterra, ela é os intrépidos açafrões e a exuberante forsítia, lilases de cheiro doce e belos cornisos. No Meio-oeste americano, ela é campos abertos e ondas de grãos cor de âmbar. No Havaí, ela é Pele, o vulcão. Na Dinamarca e na Irlanda, ela é poços sagrados. Hera é a Deusa da planície argiva, enquanto Afrodite saiu da água no Chipre ou em Citera. Assim também a Virgem Maria e as santas são adoradas no topo de colinas e montanhas próximas, no abrigo de portos seguros, em lugares onde a água brota de debaixo da terra.

No entanto, embora nós conheçamos lugares específicos da terra, a imagem da terra inteira como o corpo da Deusa deve nos prevenir de relacioná-La primariamente ou exclusivamente com qualquer parte em particular da terra ou com qualquer interesse étnico, cultural, racial ou nacional. É importante que os alemães aprendam sobre as tradições da Deusa na Alemanha e que os ingleses aprendam sobre as tradições da Deusa na Inglaterra, enquanto se lembrem de que a Deusa está igualmente presente em lugares distantes e naqueles perto de casa.[4]

A imagem da terra como o corpo da Deusa oferece apoio a uma teologia ecológica. "E se ousássemos pensar no nosso planeta, e até no universo inteiro, como o corpo de Deus?",[5] escreve a teóloga cristã Sallie McFague. Tal metáfora nos inspiraria a "amar e honrar o corpo, o nosso próprio e o corpo de todas as outras formas de vida no planeta".[6] Tal imagem desafiaria a visão tradicional de que Deus está no paraíso e de que iremos para lá quando morrermos, e, por isso, não precisamos nos preocupar muito com a destruição do corpo terrestre. No entanto, McFague limita o poder iconoclástico da imagem da terra como corpo de Deus ao interpretá-la através da doutrina cristã da encarnação e da imagem do corpo de Cristo.[7] Sem insistir que a terra é (também) o corpo da Deusa, ela nos deixa livres para presumir (como nossa cultura nos ensinou a fazer) que "o corpo de Deus" é, de alguma forma, superior ao corpo feminino.

Quando a terra é o corpo da Deusa, as implicações radicais da imagem são percebidas de forma mais completa. O corpo feminino e a terra, que foram desvalorizados e dominados juntos, são ressacralizados. Nosso entendimento do poder divino é transformado quando sua presença é reconhecida de forma nítida dentro do mundo finito e cambiante. A imagem da terra como o corpo da Deusa pode nos inspirar a consertar os estragos causados ao planeta, às mulheres e a outros seres nas culturas de dominação.

Embora McFague tenha questionado se podemos pensar "no nosso planeta, e até no universo inteiro, como o corpo de Deus", é bem mais comum imaginar a Terra, e não o universo, como o corpo da Deusa. Porém, se a Terra é o corpo da Deusa, então todo planeta tem a própria deidade? Existe outra deidade cujo corpo seja o universo inteiro? Se não, então por que não nos referimos ao universo, em vez de à Terra, como o corpo da Deusa?[8]

Parece lógico *reconhecer* que o universo inteiro é o corpo da Deusa. Muitos adoradores da Deusa, antigos e contemporâneos, já encararam o firmamento estrelado, o Sol, a Lua e os planetas como o corpo da Deusa, e não apenas a terra. E certamente isso é verdade. No entanto, ao contemplar o universo com um todo, corre-se o perigo de nos abstrairmos da iminência concreta da nossa vida nesta terra. Assim, parece prático continuar a falar com mais frequência da terra (ou do mundo) como o corpo da Deusa, para mantermos o foco no solo sob nossos pés e nos seres com que compartilhamos este planeta.

O corpo feminino e o sustento da vida

Na linguagem da Deusa, o corpo feminino é uma metáfora importante para os poderes criativos do corpo terrestre. No entanto, embora a Deusa seja popularmente conhecida como Mãe Terra ou Mãe Natureza, a Deusa como grávida ou segurando uma criança não é a única ou sequer a mais comum nas imagens das tradições antigas. Marija Gimbutas insiste que a Deusa da Velha Europa não era primariamente a Mãe Terra.⁹ Dos três aspectos da Deusa como Doadora, Ceifadora e Renovadora de Vida, apenas o primeiro se refere à Deusa como Mãe. Além disso, a Deusa como Doadora de Vida é mais precisamente chamada de Criadora, uma vez que dá à luz plantas e animais, além de bebês humanos. A conexão de criação com maternidade "não é tanto o poder de dar à luz [...] mas o poder de fazer, criar, transformar".¹⁰

Ainda assim, não há como negar que, na linguagem da Deusa, o poder de dar à luz das mulheres, dos animais fêmeas e da terra em si é celebrado. E mesmo que as Deusas nem sempre sejam retratadas como grávidas ou segurando crianças, a nudez ou a ênfase nos seios, nádegas e triângulos femininos chamam atenção aos poderes de doação de vida do corpo feminino. A celebração do corpo feminino e do sustento da vida, na linguagem da Deusa, atrai muitas mulheres e muitos homens porque reverte milhares de anos de desvalorização.

Porém, algumas pensadoras feministas argumentam que se nossas teorias ou nossos símbolos reconhecerem quaisquer diferenças "essenciais" entre homens e mulheres (diferenças universais ou diferenças baseadas na biologia), isso inevitavelmente será usado (como no passado) para definir mulheres como subordinadas aos homens. Pensadoras "antiessencialistas" rotulam teorias que admitem diferenças biológicas significativas entre homens e mulheres como "essencialistas". Embora não neguem que mulheres dão à luz e homens não, elas atestam que esse fato biológico cumpre um papel pequeno comparado à construção social de gênero e papéis parentais. Elas temem que a ênfase na biologia feminina, no simbolismo da Deusa, acabe inevitavelmente se voltando contra as mulheres.¹¹

A sacerdotisa da Deusa Zsuzsanna Budapest encontra esse argumento com frequência, e a resposta é concisa:

> As pessoas vêm a mim e dizem: "Z., como você pode permitir esse retorno à fatalidade biológica? Você sabe no que isso deu antes". Eu respondo: "Desculpe, mas nós damos à luz, nós parimos pessoas, assim como a Deusa pariu o universo... Eu não vou simplesmente ignorar esse fato. É algo que as mulheres fazem, nós criamos pessoas".¹²

Embora eu não tenha a intenção de limitar as mulheres a papéis tradicionais, concordo quando Budapest argumenta que de nada vai nos ajudar desmerecer a importância do fato de que damos à luz e sustento a crianças e que isso é importante.

Suspeito que a visão antiessencialista não seja completamente corporificada, que aceite de modo implícito a visão ocidental de que o eu está localizado na mente e não no *continuum* corpo-mente. Claro que a mente das mulheres é tão boa quanto a dos homens, mas se nós somos nosso corpo,[13] então a localização das mulheres no corpo feminino deve moldar o modo como vivenciamos o mundo. Ignorar o fato de que mulheres dão à luz e dão sustento às crianças é negar a realidade física da vida da maioria das mulheres em todas as culturas existentes no mundo.

No mínimo, mulheres que têm filhos (a vasta maioria) compartilham o corpo com um bebê em crescimento por nove meses. Se amamentarem, desenvolvem uma relação especial com o bebê e com o próprio corpo da qual o pai da criança ou outros adultos não podem partilhar por completo. Além disso, gostemos ou não, mulheres ao redor do mundo cuidam de crianças. De acordo com a antropóloga Judith Brown, "em nenhum lugar do mundo a criação das crianças é uma responsabilidade primariamente masculina".[14] Muitas feministas já argumentaram que a igualdade das mulheres depende de os homens assumirem metade da responsabilidade pela criação das crianças. Eu acredito que esse seja um objetivo desejável, não apenas porque liberaria as mulheres para participarem de modo mais completo de outros aspectos da vida, mas também porque o profundo envolvimento no cuidado diário de uma criança ensinaria aos homens (como ensinou às mulheres) o valor de dar sustento a uma vida.

No entanto, os esforços feministas dos últimos 25 anos não tiveram sucesso em tirar o cuidado das crianças das mãos das mulheres. As que trabalham fora de casa e têm filhos enfrentam o que chamamos de "jornada dupla": uma jornada de trabalho completa no emprego e outra em casa. Mulheres como eu, que não tiveram filhos, geralmente assumem grandes responsabilidades na criação de irmãos, sobrinhas e sobrinhos, enteados ou filhos de amigos em algum ponto da vida. Mesmo que as feministas conseguissem fazer os homens assumirem mais responsabilidades no cuidado das crianças, as mulheres ainda devotariam grande parte de seu tempo à gravidez e ao cuidado do bebê. Não seria melhor que nossos símbolos e teorias admitissem os poderes criadores inerentes ao corpo feminino e ao sustento da vida?

As assim chamadas antiessencialistas apontam corretamente que teóricos homens já usaram supostos "fatos" biológicos, muitos agora comprovadamente falsos, para negar a completa humanidade das mulheres e sua igualdade aos homens. Porém, ao limitar as críticas a teorias que rotulam de essencialistas, as antiessencialistas deixam de reconhecer que todas as teorias podem ser usadas contra as mulheres. Nas sociedades modernas, por exemplo, a teoria (antiessencialista) de que todos os trabalhadores são iguais fez com que trabalhadores que são também os principais responsáveis pela criação das crianças (em geral mulheres) sofressem desvantagens no mercado de trabalho.

As mulheres devem participar igualmente na criação de símbolos e teorias. Se as teorias forem definidas de forma exclusiva pelos homens dominantes, provavelmente serão usadas para prejudicar as mulheres. No entanto, se o poder de nomear for compartilhado por mulheres e homens, então diferenças biológicas ou de outro tipo não precisarão ser interpretadas como definição de um sexo ser subordinado ao outro. De fato, antropólogos estão chegando à conclusão de que, em muitas culturas tradicionais, os papéis de gênero são distintos sem que um sexo tenha controle sobre o outro.[15] No contexto em que o renascimento da Deusa e o renascimento do movimento de mulheres se combinam, tanto a Deusa quanto a maternidade assumem significados diferentes daqueles apresentados em teorias masculinas.

A celebração do corpo e da sexualidade femininos, da capacidade de dar à luz e de dar sustento, em uma religião da Deusa criada por mulheres (ou criada igualitariamente por mulheres e homens), não vai trazer de forma mágica a igualdade às mães nas sociedades modernas, mas, se as mães fossem realmente valorizadas, seria improvável que as mulheres e suas crianças fossem as classes mais rebaixadas no mundo.

O corpo masculino

Será que a correlação das imagens da Deusa com o corpo feminino implica que os homens não são sagrados ou que não podem participar tão plenamente quanto as mulheres dos mistérios da vida? A religião da Deusa é tão injusta com os homens quanto a religião de Deus tem sido com as mulheres? Ao pensarmos nessas questões, é importante ter em mente que todas as imagens da Deusa são metáforas. Como diz Starhawk: "a Deusa não é 'ela' ou 'ele' — ou é as duas coisas —, no entanto a chamamos de 'ela' porque nomear não é limitar ou descrever, mas invocar".[16] Esse, porém, é um argumento conhecido, usado por tradicionalistas religiosos para justificar as imagens masculinas de Deus. Sabendo dos males causados pelas imagens masculinas de Deus, por que insistir em metáforas femininas? Devemos nos lembrar de que a Deusa está emergindo em um período em que as mulheres, o corpo feminino e a natureza vêm sendo desvalorizados e violados há séculos. Nesse contexto, a metáfora da Deusa tem o poder de destruir preconceitos e comportamentos culturais antigos sobre as mulheres e a natureza. A Deusa como metáfora traz cura à nossa situação histórica.

É verdade que o ressurgimento da Deusa tem sido um símbolo mais poderoso para mulheres do que para homens, mas um crescente número de homens está reconhecendo o poder Dela de trazer cura para suas vidas. Muitos nunca se sentiram confortáveis com a imagem que nossa cultura pinta de homens como heróis e guerreiros, dominadores das mulheres e da natureza. Embora algumas religiões e filosofias tenham tentado negar a conexão do homem com a mulher e a natureza, essa relação jamais pôde ser completamente esquecida. O corpo masculino também tem seus mistérios de geração e regeneração, que têm sido explicitamente celebrados em muitas religiões. A Deusa pode ajudar a reconectar os homens com sua fisicalidade, relembrando-os de sua participação nos ritmos de vida, morte e renascimento dentro da natureza. As imagens da Deusa podem ajudar os homens a aprender a valorizar o próprio poder de dar sustento.

À medida que a Deusa continua emergindo em nossos tempos, acredito que suas imagens se tornarão mais variadas e que serão complementadas por novas imagens de Deus como homem. Homens estão experimentando reclamar imagens que os conectam à natureza, como as de São Francisco de Assis,[17] do Homem Verde,[18] do Deus Chifrudo,[19] dos Gêmeos Navajo, de vários outros Deuses gregos e heróis,[20] e do João de Ferro.[21] Algumas dessas imagens são genuinamente curativas, enquanto outras parecem reiterar a antipatia do patriarcado ao feminino.

A doula e curandeira mulherista Ariska Razak propõe que as novas imagens de masculinidade de que precisamos não serão criadas por homens selvagens que se apartam das mulheres, mas sim por homens que participam de partos e se reafirmam como nutridores de vida:

> Nutrir não é um atributo geneticamente feminino. Lágrimas e risos não são jurisdições só das mulheres. Até onde sei, homens têm dutos lacrimais. Têm braços para segurar bebês. Eles se importam com os filhos. E choram durante os partos [...] Que a experiência compartilhada de dar à luz reclame a alma humana.[22]

À medida que os homens se envolverem mais no parto e no cuidado dos bebês, novas imagens de pais nutridores sagrados poderão emergir para complementar as imagens da Deusa parideira.

Criar ou descobrir novas imagens da sacralidade masculina é mais difícil do que se pode pensar a princípio, porque a maioria das imagens masculinas que conhecemos são de poderes dominantes e opressores. É lógico pressupor que novas imagens da terra e do corpo da deidade celebrariam falos tanto quanto úteros, e a paternidade tanto quanto a maternidade. É mais difícil imaginar isso na prática. No nosso mundo, a experiência com a figura paterna é de dominação e, com o falo, de instrumento de estupro. Parece razoável esperar que o processo de criação de novas imagens do corpo masculino e da experiência dos homens como cuidadores leve tempo. Novas imagens só poderão surgir conforme os homens e a cultura mudarem.

Luz e escuridão

As imagens das Deusas também nos convidam a transformar compreensões culturais profundamente arraigadas sobre luz e trevas. Quando a mulher negra na peça de Ntozake Shange cantou "encontrei deus em mim mesma / e a amei / a amei profundamente", ela não estava apenas dizendo que Deus é mulher, mas também que é negra. Quando uma mulher branca escuta as palavras de Shange, pode não as compreender por inteiro. Ela pode encontrar "deus em si mesma" como uma mulher branca sem entender que, para uma mulher negra, a branquitude de Deus pode ser tão ofensiva quanto sua masculinidade. Como já afirmado por várias mulheres negras, a imagem de uma Deusa "branca" esculpida em mármore, como as estátuas gregas clássicas, não é necessariamente libertadora para elas.

De acordo com a teóloga mulherista Delores Williams, uma das manifestações do racismo é a desvalorização da negritude:

> Na América do Norte, a cultura popular, a religião, a ciência e a política sempre trabalharam juntas para atribuir um valor negativo permanente à cor preta [...] Nesse tipo de consciência, nada preto pode ser violado, porque a negritude está associada à ilegalidade e ao desastre.[23]

Dentre os exemplos citados por Williams estão mercado negro, Segunda-feira Negra (o dia em que a bolsa de Nova York quebrou, em 1929), a associação de luz branca com o paraíso, de escuridão com o inferno, a nomeação do diabo como O Príncipe das Trevas. A essa lista podemos acrescentar a descrição da África como o continente escuro, o entendimento psicológico de que qualidades negativas representam nosso "lado negro", a ideia de que monstros malignos saem à noite, e imagens da salvação como luz brilhando na escuridão, ou es-clare-cimento.

Nesse contexto, o trabalho das teálogas não brancas Luisah Teish e Gloria Anzaldua, que recuperam e reivindicam imagens da Deusa como negra e marrom, é crucial.[24] Carol Lee Sanchez instiga feministas da Deusa a prestarem mais atenção às "muitas culturas nativo-americanas igualitárias e centradas nas mulheres que estão atualmente 'vivas e bem' nos Estados Unidos continental".[25] O trabalho de teóricos da cultura que documentam influências da África e do Oriente Próximo em muitas tradições chamadas de europeias também é importante.[26]

A conotação negativa da negritude e da escuridão é intensificada nas sociedades racistas modernas, mas sua origem remonta aos indo-europeus e seus deuses brilhantes do céu — em outras palavras, ao tempo do assassinato da Deusa Mãe Terra. Na Velha Europa, e em outras culturas tradicionais, o branco, a cor do osso, era a cor da morte, enquanto o preto, a cor da terra e do útero, significava transformação e renascimento.[27] Esse simbolismo foi invertido pelos indo-europeus. É provável que eles tenham usado o simbolismo da luz para justificar a dominação de povos mais "escuros". E, como já vimos, um dos fundamentos do pensamento dualista é a noção de que a "luz" da razão permite ao "homem" transcender a terra "obscura".

O contraste entre o pensamento da Velha Europa e o pensamento moderno ocidental fica evidente quando entendemos a conotação positiva do preto como um dos primeiros símbolos da Deusa.[28] Na tentativa de compreender as origens das Virgens Negras da França, Emile Saillens afirmou que a valorização do preto e da noite é uma das características da religião da Deusa. "A adoração da Mãe Terra é universal. Ela é a noite da qual surgem todos os seres vivos e para a qual eles desaparecem. Por isso as inúmeras deusas pretas."[29]

A visão positiva do preto na religião da Deusa também é expressa na compreensão de cavernas como o útero da terra. Na nossa cultura, cavernas evocam medo. Assim, entrar na escuridão de uma caverna pode evocar uma profunda mudança metafórica. Isso aconteceu comigo quando entrei sozinha na caverna de Skoteino, em Creta.[30] Enquanto adentrava a escuridão, tive medo, mas me lembrei de que cavernas eram vistas como o ventre da Deusa. Meu desejo de encontrá-La me impeliu a continuar. Depois de descer três níveis terra adentro, atravessei uma passagem estreita e não houve mais luz. Apaguei minha vela e me sentei na escuridão silenciosa. Mais tarde, soube que chamavam a Deusa de "Skoteiní", que significa "Escuridão" ou "a Escura". Nas minhas orações, frequentemente invoco Skoteiní e Photeiní (que significa "Luz" ou "Clara"). Começo a entender que, assim como noite e dia, trevas e luz estão entrelaçadas.

Desde aquela ocasião, minha forma de enxergar a relação de luz e escuridão mudou de maneiras que mal consigo explicar. Eu me pego atraída pela escuridão, considerando-a um lugar de transformação. Adentrar a escuridão se tornou uma metáfora para adentrar o desconhecido, o desforme, o informe. Entendo que, assim como uma semente precisa de um lugar escuro e fresco para brotar, também devo abraçar a escuridão no meu âmago para encontrar cura, transformação, vida nova. Poucos meses depois da minha jornada à caverna de Skoteino, finalmente consegui nomear e modificar a fonte do que agora enxergo como um desespero vitalício. Comecei a abandonar a necessidade de saber, de estar no controle. Estou aprendendo a confiar que encontrarei o caminho da minha vida e que não preciso saber o que me aguarda em cada esquina. Essa é uma profunda libertação de formas de pensar que estavam entranhadas em mim pela minha cultura. Essa nova compreensão é declarada em uma canção que entoamos nas cavernas durante as peregrinações da Deusa até Creta. A letra é simples: "Luz e escuridão, luz e escuridão, luz e escuridão". Cantar essas palavras repetidas vezes tem um efeito intenso na mente profunda.

Transformar as conotações que associamos à escuridão e ao preto é algo importante para todas as mulheres. Nas culturas patriarcais, a escuridão do útero é vista como um símbolo da irracionalidade, da ignorância e da perfídia da mulher, e é mais associada à morte do que à regeneração.[31] Reclamar a escuridão é, portanto, reclamar o corpo feminino.

A Deusa guerreira

Na psicologia "arquetípica" junguiana, na "história" da religião e em algumas tealogias feministas, a Deusa Guerreira é identificada como um aspecto da Deusa "Escura".[32] As Deusas Guerreiras, como as mesopotâmicas Inanna e Ishtar, a egípcia Sekhmet e as hindus Durga e Kali, são invocadas como imagens da Deusa "Escura". Diz-se que essas Deusas permitem que as mulheres expressem toda a sua raiva contra o patriarcado,[33] nos possibilitam aceitar nossa própria morte,[34] e podem até nos ajudar a aceitar a morte da espécie humana.[35]

Mas a imagem da Deusa guerreira não tem ocorrência eterna. A Deusa da Velha Europa representada como um abutre ou uma coruja é a Ceifadora de Vida, mas ela não está armada. Imagens de Deusas armadas refletem a transformação de Deusas mais antigas pelas sociedades guerreiras patriarcais. Na antiga Mesopotâmia, governada por reis guerreiros, a Deusa foi retratada em um selo com o pé sobre um leão e armas despontando de seus ombros.[36] É uma imagem muito diferente daquela da Deusa em Çatalhüyük, que descansava as mãos sobre dois leopardos enquanto dava à luz. Em um caso, a Deusa é parte da natureza; no outro, Ela a "conquista".

Em um hino chamado "Exaltação de Inanna", a Deusa é retratada se deleitando com as brutalidades da guerra:

> Na vanguarda da batalha,
> tudo você flagela.

> Minha Senhora [sobrevoa] com as próprias asas,
>   se alimenta [da carnificina].
> [...]
> Que você destrua a terra rebelde,
>   que todos saibam!...
> que você devore cadáveres como uma fera,
>   que todos saibam!
> [...]
> que você alcance a vitória,
>   que todos saibam![37]

De modo similar, a Deusa egípcia Sekhmet proclama: "Quando mato homens, meu coração se regozija";[38] a hindu Durga se alegra em abater demônios; Kali carrega uma espada e usa um cordão feito de cabeças humanas e uma saia de braços humanos decepados, e segura um crânio cheio de sangue.[39]

O aspecto de morte da Deusa deve ser reafirmado e faz parte da nossa compreensão da Deusa como Doadora, Ceifadora e Regeneradora de Vida. No entanto, acho contraditório criticar o aspecto guerreiro do Deus que conhecemos como um ser dominador para depois reafirmar a Deusa guerreira. Assim como as imagens dos Deuses guerreiros, as imagens das Deusas guerreiras passam a ideia de que a tomada irrestrita de vida em batalhas é um aspecto fundamental ou essencial da realidade. As Deusas guerreiras sanguinárias legitimam a guerra e a violência, o sacrifício de sangue em larga escala e uma visão dualista do bem e do mal. Mais que isso, considero racista relacionar a Deusa "Escura" principalmente com morte e destruição. Como já vimos, a Velha Europa entendia que preto é a cor da terra, do útero e da noite, e a escuridão, um lugar de transformação.

Transformando dualismos hierárquicos

À medida que novas imagens e metáforas de divindade começam a surgir, fica evidente que também precisamos reformular as compreensões filosóficas e teológicas de Deus encontradas nas tradições ocidentais. A mais fundamental dessas noções é a de que Deus transcende o mundo cambiante. Se a terra é o corpo da Deusa, então a Deusa não é transcendente à mudança, pois a mudança é a natureza da vida na terra.

Quando Mircea Eliade definiu o sagrado como algo oposto ao que chamou de "o fluxo caótico e perigoso das coisas", ele não estava expressando um preconceito íntimo ou idiossincrático; estava reafirmando uma ideia amplamente aceita e inquestionada sobre a natureza do divino. Mencionei essa visão em capítulos anteriores, mas é útil examinar sua fonte. Em O banquete, Platão escreveu que o maior bem é imutável:

> Verá um que [o belo], em primeiro lugar, é eterno, que não nasce nem morre, que não aumenta nem diminui [...] Beleza [...] que existe em si mesma e por si mesma, sempre idêntica, e da qual participam todas as demais coisas belas. Essas coisas belas, que participam da beleza suprema, ora nascem ora morrem; mas essa beleza jamais aumenta ou diminui, nem sofre alteração de qualquer espécie.[40]

Na visão de Platão, o imutável é muito superior ao que sofre mudanças. Portanto, para ele, o mundo físico é inferior ao mundo imaterial da beleza divina.

> Qual devemos pensar de um homem ao qual tivesse sido dado contemplar a beleza pura, simples, sem mistura, a beleza não revestida de carne, de cores, e de várias outras coisas mortais e sem valor, mas a Beleza Divina?[41]

A compreensão dualista da perfeição defendida por Platão se tornou o modelo para o entendimento filosófico e teológico cristão de Deus como mente ou espírito desencarnado, totalmente transcendente ao mundo, à natureza, à mudança. O corpo da mulher e sua natureza mutável se tornaram a imagem de tudo que é imperfeito, corrompido e físico. Esses conceitos se fixaram como completos opostos do pensamento dualista e hierárquico: o imutável é valorizado em detrimento do mutável; alma ou mente acima do corpo; espírito acima da natureza; racional acima do irracional; espiritual acima do sexual; masculino acima do feminino.

A ideia de que a Deusa está envolvida na mudança da vida é refletida na compreensão ancestral da Deusa como Doadora, Ceifadora e Regeneradora de Vida. A teóloga Hallie Iglehart Austen articula esse conceito:

> A unidade do nascimento, crescimento, morte e renascimento [...] é a base dos ensinamentos da Deusa. Eles nos são refletidos diariamente em ciclos de

noite e dia, acordar e adormecer, criar e desapegar. Assim, a Deusa é aquela que dá vida e, quando a forma não é mais viável, transforma-se por meio da morte. E então, por meio dos prazeres magníficos de criação e sexualidade, ela faz surgir nova vida.[42]

O conceito da Deusa como fonte de mudança nos ciclos de nascimento, morte e regeneração nos força a repensar nossas ideias de poder divino.

As imagens das Deusas nos convidam a rejeitar o dualismo hierárquico familiar que molda nossa compreensão não apenas de Deus, mas de nós mesmos e do mundo. Como os hábitos dualistas de pensamento estão tão profundamente arraigados, é tentador simplesmente invertê-los: reafirmar a natureza, o corpo, a sexualidade, o não racional e o feminino e negar ou desvalorizar o espírito, a mente, a racionalidade e o masculino. Embora pensar dessa forma por um tempo possa ser uma radicalização, os hábitos dualistas de pensamento não poderão ser transcendidos dessa forma.

Para transformar a forma como pensamos, precisamos encontrar alternativas aos hábitos dualistas e hierárquicos de pensamento. A filósofa e teáloga Mara Keller propõe três fundamentos sobre os quais construir uma filosofia não dualista e holística. O primeiro é a intuição da unidade do ser e da interdependência da vida; o segundo é o reconhecimento da tendência da mente humana a pensar em pares ou em dualidades que são "interativas e interdependentes" e que "juntas fazem parte de um todo maior"; e o terceiro é a apreciação da "pluralidade interminável [ou] diversidade infinita [...] [que é em si] parte de um todo maior".[43] Eu acrescentaria que pensar em dualidades é uma simplificação de uma realidade que é, no fim, unida e plural. Pensamentos simplistas podem ser úteis em alguns contextos, mas enganosos e perigosos em outros.

No pensamento corporificado e holístico, o espírito e a natureza, a mente e o corpo, a racionalidade e a não racionalidade não são entidades distintas ou categorias absolutas que ocupam posições hierárquicas opostas. Não são sequer polos em um *continuum* horizontal, porque isso implicaria que polos — ou seja, "pura mente", "puro espírito", "pura racionalidade" e suas antíteses — existem. Espírito e natureza, mente e corpo, racionalidade e irracionalidade são distinções artificiais criadas por nós: é mais correto dizer que essas são maneiras diferentes de olhar para a mesma realidade.

Quando a natureza é definida como contrária ao espírito, a suposição implícita é de que não pode existir sentido em uma vida que envolva mudança e que acabe em morte. No entanto, no pensamento holístico, espírito e sentido são encontrados na natureza. Cientistas tradicionais que operam dentro de uma estrutura dualista já argumentaram que, como nossos processos mentais e psicológicos têm correlações físicas, seres humanos nada mais são do que uma série de reações químicas. Mas, se pensarmos holisticamente, podemos aceitar a visão científica tradicional como evidência de nossa corporificação, mesmo reconhecendo que ela não leva em conta nossa consciência de que de fato pensamos e tomamos decisões. A neurocientista Candace Pert expressou uma visão mais holística da relação entre mente e corpo ao escrever: "A mente é um tipo de energia animadora [...] que permeia o cérebro e o corpo e permite que as células conversem entre si, e que o mundo exterior converse com todo o organismo".[44] De modo parecido, é apenas do ponto de vista de uma racionalidade estritamente definida que outras formas de pensar e sentir parecem irracionais. Os insights advindos do que a poeta Audre Lorde chama de nosso "conhecimento não racional mais profundo" não são irracionais se isso significa caóticos, confusos ou sem sentido. Uma vez que conhecemos nossos sentimentos profundos, aprendemos que eles têm os próprios padrões e lógicas, e que se encaixam nos sistemas de significado mais amplos que construímos.

Conforme tentamos renomear o mundo, devemos ter cuidado com a linguagem escolhida. Suposições dualistas e hierárquicas moldaram tanto as conclusões de teologias tradicionais quanto a forma como as perguntas são formuladas. À medida que começamos a articular a tealogia da Deusa, devemos encontrar novas formas de pensamento. As oposições binárias da teologia tradicional, incluindo a transcendência/imanência, o teísmo/panteísmo e o monoteísmo/politeísmo não descrevem com precisão o significado da Deusa.

Transcendência/imanência e teísmo/panteísmo

Nas tradições ocidentais, o pensar sobre Deus está muito preso às categorias dualistas de transcendência e imanência. Em termos filosóficos, *transcendente* significa "além", "eminente" ou "supremo", enquanto *imanente* significa "existir dentro". Em teologias tradicionais, a transcendência de Deus quer dizer que Ele está além, acima ou presidindo sobre a natureza e a natureza humana. Esse ponto de vista foi chamado de *teísmo*. A imanência de Deus significa que o que foi chamado de "Deus" é encontrado (total ou exclusivamente) dentro da natureza e da natureza humana. Essa compreensão foi chamada de *panteísmo*, significando que tudo é Deus, ou *humanismo*, significando que o "homem" é a medida de todas as coisas.[45]

Nas teologias teístas convencionais, a transcendência de Deus é refletida na ideia de que Deus, o Criador e Senhor da natureza, não está sujeito nem depende das leis naturais, e, em teoria, isso garante que Deus é livre. Em suas formas mais radicais, as teologias da transcendência de Deus afirmam que Ele é "Totalmente Outro", em nada "parecido" com a natureza ou "parecido" com a natureza humana. A raiz dessa ideia é, claro, a noção de Platão de que a beleza absoluta existe apenas "sem mistura", sem ser contaminada pelas "coisas mortais e sem valor".

Na compreensão teísta tradicional, as qualidades de Deus como onipotente, onisciente, benevolente e justo supostamente definem sua transcendência, que o diferencia por completo da natureza e da humanidade, de tudo que é finito e limitado. O teísmo tradicional define o poder de Deus como uma onipotência alheia às leis da natureza e da moralidade e acima ou além da história. Afirma-se que Deus pode fazer o que quiser, mas como ele é benevolente e justo, nunca escolhe fazer o mal. Além disso, diz-se que Deus é onisciente, que Ele sabe de tudo que vai acontecer e das consequências de tudo que permite acontecer. Se Ele permite terremotos, erupções vulcânicas, furacões, câncer, AIDS, guerra e genocídio é porque, de alguma forma, essas coisas fazem parte de seu plano e propósito maiores. Conceitos filosóficos do poder de Deus como transcendência hierárquica absoluta justificam e são justificados por imagens bíblicas de Deus como um outro masculino dominante: Rei, Senhor, Governante, Guerreiro e até mesmo Criador, Pai e Marido, quando compreendido como legisladores e figuras de autoridade patriarcais.

Tanto as tradições judaicas como as cristãs também reafirmam a imanência de Deus, embora em geral a subordinem à transcendência d'Ele. Teorias da imanência de Deus declaram que, como Ele é o Criador da natureza, seus propósitos se refletem nos processos naturais. A teologia católica romana da lei natural se baseia na premissa de que um estudo minucioso da natureza, inclusive da natureza humana, revela os propósitos e intenções de Deus. O teólogo Matthew Fox eleva essa escola de pensamento em sua reformulação da tradição cristã como Espiritualidade da Criação.[46] A teologia do processo também enfatiza a imanência de Deus e a conexão com o mundo.[47] Na tradição judaica, a relação de Deus com a natureza é expressa de forma eloquente na teologia de Martin Buber.[48] A teóloga feminista Rosemary Radford Ruether argumenta que teologias tradicionais que enfatizam a transcendência de Deus vêm sendo prejudiciais tanto para mulheres quanto para a natureza. Sua teologia cristã ecofeminista tenta restabelecer esse equilíbrio, assim como faz a visão feminista da renovação judaica de Lynn Gottlieb.[49]

No entanto, a teologia cristã da lei natural convencionalmente declara que, por causa do pecado, tanto a natureza quanto a natureza humana foram corrompidas, de modo que o conhecimento adquirido por meio de observação da natureza deve ser "complementado" e "corrigido" por revelações. E a tradição judaica afirma que a lei foi determinada para criar "uma cerca" ao redor da natureza, para que possamos aprender a controlar nossos "impulsos" naturais. As teologias judaicas e cristãs que enfatizam a relação de Deus com a natureza têm sido questionadas por autoridades tradicionais.[50]

Não admira que teálogas da Deusa tenham rejeitado as noções convencionais de transcendência divina junto com a imagética do ser masculino dominador que contribui para defini-las. Nelle Morton, por exemplo, declara:

> Quando falo da Deusa como imagem metafórica, não estou de forma alguma me referindo a uma entidade "no além", que surge miraculosamente feito uma fada-madrinha e transforma uma abóbora em carruagem [...] No sentido em que sou mulher, vejo a Deusa em mim, mas preciso de algo tangível, uma imagem concreta ou um evento concreto que capture minha atenção completa e me atraia para o processo metafórico.[51]

A entidade "no além" rejeitada por Morton é definida nos termos da polaridade tradicional entre imanência e transcendência. Para Morton, a Deusa parece uma figura transicional que apresenta a imanência: "Como a Deusa se mantém fora de cena, fica mais fácil mergulharmos por completo

em nosso legado, que nos unifica em nossos corpos, mentes e espíritos".⁵²
A imagem da Deusa é o catalizador que permite às mulheres se livrar do falso sentimento de autoaversão, da dependência e do pensamento dualista criados pela religião patriarcal. Uma vez que isso acontece, a imagem da Deusa não é mais necessária.

Starhawk cita de forma explícita o poder da Deusa como imanência:

> A espiritualidade baseada na terra está enraizada em três conceitos básicos que chamo de imanência, interconectividade e comunidade. O primeiro, a imanência, nomeia nosso entendimento primário de que a Terra, a Deusa, o Deus — chame como quiser — não se encontra fora do mundo, mas está dentro do mundo: é o mundo, e é a gente.⁵³

Em outro lugar, ela escreve: "A Deusa, os Deuses, são nosso potencial [humano]".⁵⁴ Compreender a Deusa como imanente é atrativo porque A diferencia radicalmente das noções do teísmo tradicional de Deus como transcendente. Em resposta à pergunta "Será a Deusa apenas outro nome para o Deus que já conhecemos?", Starhawk diz um contundente "Não!".

Porém, quando o poder da Deusa é definido como imanência, outras questões surgem. Se a Deusa é encontrada na natureza, será Ela apenas a imagem do resultado da soma de todos os processos naturais? Se a Deusa é encontrada no eu mais profundo, será Ela apenas uma imagem para o eu profundo? Então, será que nossa compreensão da Deusa é panteísta, afirmando que tudo é a Deusa? Ou humanista, afirmando que tudo está em nós? Estará sendo negado que a Deusa seja, em algum sentido, uma personalidade que se preocupa com o mundo? A linguagem de imanência parece sugerir que a resposta para essas perguntas é sim.

Se for esse o caso, Morton pode ter razão ao dizer que a Deusa "se mantém fora de cena" assim que o trabalho metafórico de romper as falsas compreensões for concluído. Por outro lado, pode-se afirmar que ter uma linguagem pessoal simbólica ou mítica para a divindade cumpre uma função na consciência humana que nunca iremos superar. Mesmo que não exista de fato uma Deusa ouvindo nossas orações e hinos, é importante que falemos como se houvesse. Essa talvez seja a posição de Starhawk, embora ela nunca elucide a questão por completo.⁵⁵

Mesmo achando as noções filosóficas de imanência e panteísmo atraentes, no final elas falham em fazer jus à minha experiência da Deusa. Como Starhawk e Morton, eu encontro a Deusa "na" natureza e "dentro" de mim. Vivencio a Deusa ao me conectar por inteiro com alguma árvore, montanha ou outra pessoa, ao não tentar me afastar de outras pessoas e seres vivos.

No entanto, para mim, a Deusa também é uma presença pessoal, um poder que invoco em orações e rituais. Quando pronuncio o nome d'Ela, acredito estar me conectando com um poder que se importa com a minha vida e com o destino do mundo. Quanto mais canto para a Deusa, rezo e invoco Seu nome em meu cotidiano, mais firme se torna essa convicção. Eu poderia atribuir esse sentimento à sugestividade, ou interpretar a voz dentro de mim e o poder que age em sincronia com meus eventos pessoais como meras projeções da minha própria experiência e do meu eu profundo. Porém faz mais sentido para mim entender a Deusa como uma espécie de pessoa, completamente incorporada ao mundo, com quem tenho uma relação. Para mim, a Deusa jamais "se mantém fora de cena"; pelo contrário, ela está cada vez mais presente na minha vida.

Pan-en-teísmo e o poder da Deusa

Se a Deusa é mais do que imanente, então ela é como o Deus transcendente do teísmo, afinal? Isso faz dela uma fada-madrinha com poder de transformar abóboras em carruagens? Ou, em uma veia mais séria, capaz de dar fim a ameaças de guerras nucleares, se assim desejar? A resposta a essas perguntas é não. Os termos imanência/transcendência e teísmo/panteísmo receberam seus significados dentro de estruturas teológicas e filosóficas hierárquicas e dualistas. Desse modo, não surpreende que nenhum desses termos em opostos polares seja adequado para definir a natureza do poder divino na espiritualidade da Deusa.

A teologia do processo fornece uma maneira de sair desse impasse criado pelas noções enraizadas no dualismo clássico.[56] A noção de "pan-*en*-teísmo" (tudo está *em* Deus) da teologia do processo provê um meio de entender Deus que vai além das polaridades de imanência e transcendência, de panteísmo (tudo é Deus) e teísmo (Deus está acima e além de tudo). Assim como as feministas da Deusa, a teologia do processo considera as noções de transcendência de Deus expressas no teísmo tradicional repreensíveis moral e espiritualmente. O Deus da teologia do processo não é onisciente ou onipotente e, mais importante, não é imutável e impassível, nem está alheio ao mundo. Na teologia do processo, Deus é completamente imanente dentro do mundo e dentro de nós. Para essa linha de estudo, metáforas de Deus como a base de todo ser e da terra como o corpo de Deus são apropriadas.

No entanto, a teologia do processo considera que Deus é tão transcendente quanto imanente, porque Ele é "mais" do que a soma de todos os pequenos seres no mundo. Assim como um organismo é mais do que o conjunto de suas células, como a mente é mais que uma coleção de reações químicas, "Deus" também é, por assim dizer, o "organismo" que unifica o corpo do mundo ou, em termos mais tradicionais, a "mente" ou a "alma" do corpo do mundo. Porém essas metáforas de células e organismos, mente ou alma e corpo, são compreendidas de forma não dualística. Assim como não é possível separar nossas mentes de nossos corpos, a mente ou alma de Deus também não pode ser separada do corpo do mundo. Em vez disso, "o corpo de Deus" e "a mente ou alma de Deus" são meios diferentes de se olhar para uma única realidade unificada. Modificando as palavras de Candace Pert citadas anteriormente, podemos dizer que a mente da Deusa é uma energia animadora que permeia o corpo do mundo e que permite que tudo, de células a plantas e animais, conversem entre si, e que indivíduos conversem com o todo.

A tealogia do processo diz que Deus está internamente relacionado a tudo no mundo. Isso significa que Ele é afetado no fundo de Seu ser por tudo que existe e por tudo que acontece no mundo. Deus sofre com nosso sofrimento e se regozija com nossa alegria. Totalmente incorporado e conectado ao mundo, o poder de Deus é limitado tanto pelas leis da natureza quanto pelo peso da história. Deus não pode acabar com a morte porque a natureza funciona por meio do processo de nascimento, morte e transformação. Deus também é afetado positiva e negativamente pelos eventos que acontecem no mundo. Quando o mundo sofre, Deus é diminuído. Quando o mundo se alegra, Deus é engrandecido.

Teólogos do processo falam que o poder de Deus afeta o mundo como um poder de persuasão, e não de coerção. No entendimento da teologia do processo, Deus está "em" todos os seres do mundo. Como base do ser e da vida, Deus tenta "persuadir" ou inspirar todos os seres a respeitarem outros seres e vidas e a buscarem a grande harmonia do todo. Deus, como base do ser, também está "dentro" daqueles que violam a teia da vida, mas Ele não inspira suas ações nem as tolera. Os violadores da teia da vida o fazem por ignorar ou negar a "persuasão" que Deus lhes oferece. Quando isso acontece, o corpo de Deus é diminuído. Ele sofre.

Usando a analogia da diferença entre um conjunto de células e um organismo unificado, os cientistas Lynn Margulis e James Lovelock propuseram a teoria de Gaia, nomeada em homenagem à Deusa grega, cujo nome significa "terra". A hipótese deles é de que a própria Terra funcione como um organismo unificado e autorregulado. As principais mudanças no ecossistema terrestre, como as eras do gelo, o aquecimento global e o ir e vir das espécies, podem refletir o sistema autorregulatório interno da Terra. Margulis e Lovelock tiveram o cuidado de afirmar que não estão falando de Gaia como Deusa, apenas como um sistema unificado.[57] Ainda assim, a teoria é compatível e provê uma base científica parcial para a visão de Deus da teologia do processo.

Considero a teologia do processo útil para nos ajudar a compreender a natureza e o poder da Deusa. Sendo imanente por completo, a Deusa é incorporada no mundo finito e cambiante. Ela é percebida nas rochas e nas flores e no coração humano, bem como dizem as tealogias de imanência. Como o organismo que une as células do corpo terrestre, a Deusa é a base sólida da vida cambiante. Como a mente, a alma ou a energia animadora do corpo do mundo, a Deusa é inteligente, consciente e viva, uma espécie de "pessoa" com quem podemos ter uma relação.[58] Assim, a Deusa pode "falar" conosco por meio do mundo natural, de relacionamentos humanos, de comunidades, de sonhos e visões, expressando o desejo de manifestar a vida de forma cada vez mais plena no mundo. E nós podemos "falar" com ela por meio de canções, meditações, orações e rituais, manifestando nosso desejo de nos sintonizarmos com seus ritmos, de vivenciarmos nossa união com o corpo da terra e com todos os seres que vivem nele.

A Deusa busca o bem maior para o maior número de seres, mas seu poder é limitado. Ela não pode mudar os ciclos naturais de nascimento, morte e renovação que formam o contexto de toda a vida porque a Deusa não está alheia às "leis da natureza". Os ciclos da natureza são os ciclos dela. A morte não é a inimiga; faz parte do ciclo da vida.

A relação da Deusa com a história das espécies e com a história humana é mais complexa. Aqui, seu poder é persuasivo, mas não coercitivo. Como base do ser, a Deusa está "em" tudo que acontece no mundo. E tudo que acontece no mundo se torna parte do corpo da Deusa. Nesse sentido, Ela não está alheia à história. Ela não pode apagar o peso do passado com o aceno de uma varinha mágica.

Ainda assim, tudo que já aconteceu na história do mundo não é "a vontade da Deusa". A Deusa está sempre tentando nos persuadir a amar de forma inteligente, concreta e inclusiva. Quando o fazemos, a "vontade da Deusa" é realizada e Ela se alegra. A Deusa, porém, só pode nos influenciar ou inspirar se nos abrirmos ao Seu poder. Ela deve trabalhar em e através de indivíduos finitos e limitados que podem resistir ao Seu poder, e dentro de comunidades por meio de histórias. Quando violamos a teia da vida, falhamos em reconhecer, ignoramos ou negamos as persuasões da Deusa. O corpo da Deusa é profanado. Ela sofre.

O poder da Deusa não é, portanto, onipotente nem onisciente, qualidades atribuídas ao Deus do teísmo por virtude de sua suposta transcendência à natureza e à história. O poder da Deusa é limitado e opera dentro de um mundo finito e em constante mudança. Ela não pode transformar a crise que o mundo enfrenta — injustiça histórica, destruição ambiental e poluição, a ameaça de catástrofe nuclear — sem a cooperação de todos que afetam e são afetados por ela. Uma vez que seu poder não é coercitivo, a Deusa depende de nós, como nós dependemos dela. Mas seu poder é real, e o nosso poder fica maior quando trabalhamos em conjunto com ela.

Amor inteligente corporificado como base do ser

O poder da Deusa é o amor inteligente corporificado, que é a base do ser.[59] Esse amor inteligente corporificado sustenta cada um de nós, incluindo plantas, animais e humanos, uma vez que participamos dos processos físicos e espirituais de nascimento, morte e renovação. Se o amor inteligente corporificado é a base do ser, então a inteligência, o amor, a corporificação, o relacionamento e a interdependência são a "essência da vida" e estão "na natureza das coisas".

A ideia de que o poder da Deusa é o amor inteligente corporificado está de acordo com a compreensão da Deusa como internamente relacionada com cada ser vivo no mundo. No entanto, por muito tempo hesitei em definir o poder da Deusa como "amor", porque a ideia de que "Deus é amor" já foi repetida tantas vezes na teologia cristã que me parece ter perdido todo o seu poder metafórico. Em um rascunho anterior deste manuscrito, eu usei a palavra *eros*, que defini como o sentimento de profunda conexão com outras pessoas e com todos os seres na teia da vida. Agora, acho que *amor* é uma palavra mais precisa e inclusiva para o poder que é a base do ser. Mas por que usar palavras como *eros* e *amor*, afinal? Por que não usar palavras mais neutras, como *relação*, *conexão* e *interdependência*?

Minha resposta é que a minha experiência é essa, uma experiência compartilhada por outras pessoas, e que está, acredito, disponível a todos. Quando minha mãe faleceu, tive um insight místico: uma revelação do amor como a base do ser. Comecei a entender que estou, e sempre estive, cercada por uma grande matrix de amor.[60] A experiência mística da base do ser como uma grande matrix de amor foi também vivenciada pela personagem Shug em *A cor púrpura*, de Alice Walker. A compreensão de Shug começa com uma sensação de conexão profunda com todos os seres na teia da vida.

> Meu primeiro passo pra longe do velho homem branco foi as árvore. Depois o ar. Depois os pássaro. Depois as outra pessoa. Mas um dia quando eu tava sentada bem quieta e me sentindo uma criança sem mãe, o queu era mesmo, eu senti: aquele sentimento de ser parte de tudo, de num ser separada de nada. Eu vi que se eu cortasse uma árvore meu braço ia sangrar. E eu ri e chorei e corri em volta de toda a casa. Eu sabia exatamente o que era. Na verdade, quando isso acontece, você percebe na hora o que é.[61]

Conversando com sua amiga Celie, Shug chama o vínculo profundo entre todos os seres de o poder do "amor".

> Deus ama tudo que você ama — e uma porção de coisa que você num ama. Mas mais do que tudo o mais, Deus ama a adimiração.
> Você tá dizendo que Deus é vaidoso? eu perguntei.

Não, ela falou. Num é vaidoso, só quer repartir uma coisa boa. Eu acho que Deus deve ficar fora de si se você passa pela cor púrpura num campo qualquer e nem repara.

E o que ele faz quando tá fora de si? eu perguntei.

Ah, ele faz outra coisa. As pessoa acham que agradar a Deus é tudo que interessa a ele. Mas qualquer idiota no mundo pode ver que ele sempre tá é tentando agradar a gente de volta.

[...]

É, Celie, ela falou. Todo mundo quer ser amado. A gente canta e dança, faz careta e dá buquê de rosa, tentando ser amado. Você já reparou que as árvore fazem tudo que a gente faz pra chamar atenção, menos andar?[62]

Todo mundo quer ser amado: o amor é a base do ser, o poder que sustenta e motiva as pessoas, as flores e as árvores, e até mesmo Deus. Como Martin Buber, Shug comete o que tem sido chamado de a "falácia patética" ao atribuir sentimentos a árvores e flores. De um ponto de vista tradicional, ela também erra ao imaginar que Deus precisa de alguma coisa. Eu, porém, acredito que a visão de Shug revela o mistério da vida.

A grande matrix de amor que sustenta a vida é "corporificada", "inteligente" e "o poder do ser". Dizer que o amor da Deusa está "corporificado" significa que uma relação concreta é a base do ser. O amor corporificado é fundamentado nos sentidos, em ver, ouvir, provar, tocar e cheirar, e nas emoções e paixões que brotam deles. O amor corporificado não é a preocupação moralista imparcial às vezes identificada como amor cristão ou amor de Deus. Amor corporificado é baseado em sentimentos profundos: nesse sentido, é erótico.

Porém, sendo "inteligente", o amor não é uma emoção "cega". Nossa relação com outros seres, nossa interdependência, não é um sentimento efêmero, passageiro, irracional. O "profundo sentimento de conexão com todos os seres na teia da vida" se reflete na natureza da realidade. Em termos filosóficos, é um insight ontológico, uma revelação do ser. Dizer que o amor que é a base do ser é "inteligente" é também reconhecer inteligência em todos os seres.

Quando entendemos o amor inteligente corporificado como a "base do ser", sabemos que somos interdependentes com todos que estão na teia da vida. Amores específicos, como pelo próprio filho, pelas flores no quintal de casa, acontecem no contexto do todo da vida. Portanto, devemos nos esforçar sempre para ampliar o escopo do nosso amor. Quando amamos de forma concreta, inteligente, em nossos corpos, e nos preocupamos com toda a teia da vida, estamos dando ouvidos à persuasão oferecida pela Deusa, cujo amor inteligente corporificado é a base do ser.

Monoteísmo ou politeísmo?

As Deusas mais conhecidas vêm de tradições geralmente chamadas de politeístas. Porém, como muitas outras pessoas, eu falei tanto "a Deusa" quanto "Deusas" neste livro. Isso levanta uma questão: a Deusa deve ser compreendida dentro de uma estrutura monoteísta ou politeísta? Em teoria, o monoteísmo significa a adoração de um único Deus, enquanto o politeísmo significa a adoração de muitos Deuses e Deusas. As três religiões monoteístas são o judaísmo, o cristianismo e o islamismo; alguns definem todas as outras religiões como politeístas, mas uma visão da unidade do ser é encontrada na maioria, senão em todas.

Embora a palavra *monoteísmo* não seja encontrada na Bíblia hebraica, as raízes do monoteísmo com frequência são atribuídas ao mandamento dado a Moisés de não fabricar imagens de Deus e não adorar a outros Deuses. Ainda assim, o monoteísmo refletido na Bíblia hebraica poderia ser mais precisamente chamado de monoteísmo tribal, porque assevera que a tribo hebraica deveria adorar o Deus que os tirou do Egito, o Deus cujo nome é Yahweh. Acadêmicos já apontaram que o primeiro mandamento não nega a existência de outros Deuses ou Deusas nem o direito de outros povos de adorá-los. E, aparentemente, o povo hebreu costumava adorar outros Deuses e Deusas, incluindo Baal, El, Asherah e Astarte. Mesmo assim, a Bíblia hebraica é cheia de afirmações de que outras deidades não têm o poder de Yahweh. Com o tempo, o monoteísmo da tribo hebraica fez alegações mais universais. Os profetas ridicularizaram outras deidades, chamando-as de meros pedaços de madeira, enquanto em Isaías 60:2-3 é previsto que "todas as nações" verão a glória de Yahweh.

O monoteísmo bíblico proibia a criação de imagens de Deus, mas essa proibição não era praticada de forma consistente na religião hebraica, conforme testemunham os discursos dos profetas.[63] O cristianismo tradicional também não aderiu a ela. Feministas argumentam que a proibição não foi nem um pouco obedecida, uma vez que a imagem verbal de Deus, tanto no judaísmo quanto no cristianismo, é solidamente masculina.[64] De acordo com as feministas, o monoteísmo hebraico, judeu e cristão poderia ser mais precisamente chamado de monoteísmo masculino.

Quando tradições de base hebraica entraram em contato com a filosofia grega, o monoteísmo foi definido como "a experiência religiosa e a percepção filosófica que enfatizam Deus como um criador único, perfeito e imutável, que criou o mundo a partir do nada, está alheio ao mundo, é personificado e passível de ser adorado por todas as criaturas".[65] Essa definição incorpora muitas das ideias de divindade associadas à compreensão dualista de transcendência divina; não deve ser confundida com visão da unidade do ser.

Os defensores do monoteísmo argumentam que ele é a fonte de um sistema ético superior, baseado na única lei revelada pelo único Deus. Nos últimos anos, foi asseverado que o Deus do monoteísmo clama que a humanidade reconheça a relatividade de lealdades familiares, étnicas e nacionais.[66] Monoteístas costumam afirmar que o politeísmo, por incorporar muitas deidades e assim ter muitos valores conflitantes, é incapaz de sustentar uma visão ética unificada. Outros respondem que, na prática, sociedades monoteístas não tiveram mais sucesso que outras em erradicar a injustiça, e apontam que o monoteísmo facilmente pode se tornar fonte de discriminação, perseguição e guerra religiosas, já que afirma conhecer "o único caminho certo".

Politeístas também já declararam superioridade ética ou religiosa. Porém a visão politeísta costuma ser mais propícia à tolerância do que a monoteísta. Quando confrontados com um novo Deus ou Deusa, os politeístas questionam: "O que ela pode fazer?". E, se ela atende a uma necessidade na vida das pessoas, eles a adotam em seu panteão. Politeístas estão menos preocupados do que os monoteístas com o nome dado a uma deidade. São os monoteístas que asseveram que "só existe um Deus e seu nome é Yahweh... Cristo... ou Alá" (excluindo nomes e imagens femininas). Os politeístas tendem a responder: "Seu Deus se parece com aquele que chamamos de Grande Pai, mas por que insistir que é o único?". Como comentou Karen McCarthy Brown em reconhecimento a esse fenômeno: "Só os monoteístas parecem ter a necessidade de contar".[67]

Muitas das pessoas que são atraídas para as Deusas emergentes vêm de experiências monoteístas coercitivas. Aquelas que foram ensinadas a acreditar em um dogma revelado, ou a praticar uma lei revelada, não importa o que lhes diga a consciência, têm motivos para desconfiar do monoteísmo. A teóloga e psicóloga arquetípica Christine Downing argumenta fortemente contra a compreensão das Deusas dentro de uma estrutura monoteísta.[68] Ela correlaciona o monoteísmo a uma compreensão monolítica do eu e a conceitos excessivamente rígidos de moralidade, e sente que é perigoso juntar as várias imagens da Deusa em uma única figura da Grande Deusa. Fazer isso poderia sugerir que só há uma maneira de viver "à sua imagem"; por exemplo, dando à luz crianças, como a Deusa deu à luz o mundo. Downing propõe que as muitas imagens das Deusas correspondem às muitas facetas do eu. As variadas figuras das Deusas e os diferentes mitos associados a cada uma delas fornecem um retrato mais completo e rico do eu do que uma única imagem da Grande Deusa poderia fornecer. Ter imagens e histórias específicas de Deusas específicas nos permite prezar por diferentes escolhas de vida e estilos éticos dentre as mulheres e, ainda mais importante, a reconhecer que cada uma de nós não é uma, mas muitas.

Escrevendo de uma perspectiva judaica feminista, Marcia Falk critica o monoteísmo exclusivamente masculino, mas argumenta a favor de uma noção expandida do monoteísmo que abrace a pluralidade de imagens. Falk aponta que as feministas judias que fizeram a mudança relativamente pequena de usar o pronome feminino *ela* para se referir a Deus foram acusadas de "heresia" ou "paganismo", de boicotar o monoteísmo da tradição judaica.[69] Ao rejeitar o argumento de que o monoteísmo significa que podemos ter apenas uma imagem masculina de Deus, Falk se questionou o que o monoteísmo de fato significa. E concluiu:

> O monoteísmo significa que, mesmo com todas as nossas diferenças, eu sou mais parecida do que diferente de você. Significa que todos nós compartilhamos a mesma fonte, que um único princípio de justiça deve nos governar igualmente [...] Assim, parece que a expressão autêntica de um monoteísmo autêntico não é uma singularidade de imagem, mas uma unidade abrangente de uma multiplicidade de imagens, tantas quantas forem necessárias para expressar a diversidade de nossas vidas individuais.[70]

Aqui, Falk declara uma visão de unidade subjacente à diversidade ao mesmo tempo que concorda com Downing e com outras estudiosas a respeito da necessidade de uma multiplicidade de imagens.

A espiritualidade contemporânea da Deusa parece se encaixar no modelo de Falk. Embora as Deusas sejam invocadas sob diversos nomes e sejam representadas em uma variedade de imagens, o uso da expressão *a Deusa* na liturgia e nas orações, bem como em reflexões, sugere que a multiplicidade não é a palavra final. Uma intuição de unidade é expressa em um dos cânticos mais populares do movimento da Deusa: "Todos viemos da Deusa e a ela retornaremos, como uma gota de chuva fluindo para o oceano".[71] A intuição de unidade do ser recebe formato filosófico na ideia de que a Deusa é a base do ser.

Isso significa que deveríamos definir a religião da Deusa como monoteísta? Eu argumentaria contra isso, porque tradições monoteístas carregam muitos fatores negativos. Não acredito que o monoteísmo possa ser separado de seu histórico de se apartar e se opor a outras fés, e em particular de se opor à adoração da Deusa. Isso se tornou evidente para mim anos atrás, na Turquia, onde vi pela primeira vez três antigas cópias da imagem de Ártemis de Éfeso, que possui vários seios (Ver Figura 12). Levantei espontaneamente a mão para uma delas, abrindo a palma. O poder inundou meu corpo. Horas depois, em um bazar em Esmirna, entrei em uma mesquita. Não havia imagens lá. Alguns homens prostravam-se diante de nichos vazios na parede. De repente, entendi: a proibição de imagens é uma proibição da Deusa. Se imagens fossem permitidas, não seria possível impedir a mente humana e a mão humana de criarem figuras de poder feminino.

Já foi apontado que "o monoteísmo frequentemente surge em antagonismo a outras visões de realidade divina".[72] Fés monoteístas não apenas separam seu Deus de outros Deuses e Deusas, mas também do que as Deusas supostamente representam, ou seja, as mulheres, o corpo, a natureza, a sexualidade e o suposto fluxo perigoso das coisas. É por isso que acusações de idolatria, paganismo e heresia são repetidas por judeus e cristãos sempre que imagens femininas são usadas para representar Deus. Devido às suas origens, duvido que o monoteísmo possa algum dia ser tão inclusivo quanto Marcia Falk espera.

A religião contemporânea da Deusa é politeísta na prática, admitindo uma multiplicidade de nomes e imagens das Deusas e mesmo dos Deuses. Porém isso não significa que o culto contemporâneo da Deusa deva ser entendido através da definição filosófica de politeísmo, que afirma que "a essência do politeísmo é a noção de *theoi*, indivíduos divinos dentro da natureza e da sociedade [...] O funcionamento da natureza é visto como a operação de uma pluralidade de vontades, e essa pluralidade e conflito são estendidos à vida humana e à sociedade".[73] Em outras palavras, o politeísmo nega a visão de unidade subjacente à pluralidade de imagens. Por essa definição, politeístas negariam que "mesmo com todas as nossas diferenças, compartilhamos a mesma fonte". Mas vale lembrar que o termo *politeísmo* não faz parte da autodefinição de religião nenhuma. Muitas religiões definidas como politeístas incorporam a visão de unidade por trás de uma multiplicidade de imagens.

Parece, então, que nem o monoteísmo nem o politeísmo são descrições apropriadas para a religião contemporânea da Deusa. Isso não surpreende, dado que ambos os termos são produtos de debates monoteístas. Na conclusão de sua intrépida defesa do politeísmo da Deusa, Christine Downing escreve que "precisamos da Deusa e das Deusas".[74] Eu concordo. Precisamos "da Deusa" como uma reafirmação da visão de unidade do ser subjacente à multiplicidade da vida. E precisamos de uma multiplicidade de "Deusas" (e Deuses) para refletir por inteiro nossas diferenças e nos lembrar das limitações de qualquer imagem única.

CAPÍTULO 6

A TEIA DA VIDA

Entendermo-nos como parte desta terra é entender nossa profunda conexão com todas as pessoas e seres. Todos os seres são interdependentes na teia da vida. Esse é a distinta concepção de natureza e do nosso lugar nela encontrada na religião da Deusa. Imagens das Deusas que combinam formas femininas humanas e formas animais passam uma sensação mística da conexão de toda a vida no planeta. Embora já tenha sido defendido que o pensamento racional permitiu à humanidade evoluir para além dessa sensibilidade ancestral, concordo com Marija Gimbutas que a visão da antiga religião da Deusa nunca se perdeu por completo. Sentimos bem lá no fundo de nós que somos parte de tudo que existe, mas devemos aprender a falar sobre essa certeza. Também temos ciência de que participamos por inteiro dos ciclos de nascimento, morte e regeneração da terra, embora algumas pessoas tenham tentado negar essa verdade.

Uma sensação mística de conexão

O insight fundamental de conexão com todos os seres na teia da vida é vivenciado por crianças, poetas, místicos e, suspeito, por todos nós, embora possa nos faltar vocabulário para expressar esse sentimento. Quando comecei a estudar teologia, queria falar da minha sensação de conexão mística com o mundo natural, mas me disseram que eu ainda não tinha aprendido a pensar com clareza e que as pessoas cujas palavras eu citava (mesmo Martin Buber e Paul Tillich!) estavam "confusas". Buber, Tillich e eu não entendíamos as "diferenças fundamentais" entre Deus, o homem e a natureza.

Sei como pode ser difícil articular um senso de conexão profunda com todos os seres na teia da vida diante do criticismo arraigado no pensamento dualista. Por isso, acho importante dar reconhecimento àqueles que me ensinaram. Embora nem todos usem o nome da Deusa, as ideias e imagens dos pensadores que discuto abaixo fornecem lentes através das quais entendo a natureza e nosso lugar nela. Saboreie tais palavras, como eu saboreei. Deixe que assentem em seus ossos.

O teólogo judeu Martin Buber escreveu de forma eloquente sobre sua relação Eu-Tu com uma árvore:

> Eu considero uma árvore.
> Posso apreendê-la como uma imagem. Coluna rígida sob o impacto da luz, ou verdor resplandecente repleto de suavidade pelo azul-prateado que lhe serve de fundo.
> Posso senti-la como movimento: filamento fluente de vasos unidos a um núcleo palpitante, sucção de raízes, respiração das folhas, permuta incessante de terra e ar, e mesmo o próprio desenvolvimento obscuro.
> Entretanto pode acontecer que simultaneamente, por vontade própria e por uma graça, ao observar a árvore, eu seja levado a entrar em relação com ela; ela já não é mais um isso. A força de sua exclusividade apoderou-se de mim.[1]

Para Buber, momentos de relacionamento puro com uma rocha, uma árvore, um cavalo e com outras pessoas são "o berço da verdadeira vida",[2] uma revelação do mistério do ser.

Buber foi questionado por pessoas cujas suposições sobre a diferença entre a humanidade e a natureza as impediam de compreender uma relação mútua com um parceiro "menos que humano": "Teria então a árvore uma consciência semelhante à nossa?". A essa questão, Buber respondeu: "Não posso experienciar isso".[3] Com essa resposta simples, o autor declarou que não precisamos ter uma explicação completamente racional da natureza da relação de uma árvore conosco para sabermos que a conexão existe. A árvore pode ter uma consciência "semelhante" à nossa, ou pode ter um modo diferente de se relacionar conosco.

A escritora e mística nativo-americana Paula Gunn Allen fala de maneira emocionante sobre nossa conexão com a terra, argumentando que a consciência dessa conexão é a compreensão básica da espiritualidade nativo-americana:

> Nós somos a terra. Até onde consigo compreender, essa é a ideia fundamental que permeia a vida nativo-americana; a terra (Mãe) e o povo (mães) são a mesma coisa. Como disse Luther Standing Bear de seu povo, os Lakota: "Nós somos do solo e o solo faz parte de nós". A terra é a fonte e o ser do povo, e nós somos igualmente o ser da terra. A terra não é um lugar alheio a nós, onde performamos o drama de nossos destinos isolados [...] A terra não é apenas uma fonte de sobrevivência, à parte das criaturas que sustenta e do espírito que nos insufla, nem deve ser considerada um recurso inerte do qual nos utilizamos para manter nosso eu ideológico funcionando [...] Em vez disso, para os nativo-americanos [...] a terra é um ser, como todas as criaturas são seres: consciente, palpável, inteligente, viva.[4]

Allen tem dificuldade de expressar seu entendimento de que "nós somos a terra", porque a ideia de que a terra é apenas um "lugar" onde nós por acaso vivemos, apenas um "recurso material" que "exploramos" para sobreviver, está profundamente entranhada não somente no pensamento dualista, mas também nas idiomas ocidentais. Para Allen, os seres humanos são tão fundamentalmente parte da terra que ela nos é tão íntima quanto nosso próprio corpo. Não poderíamos viver, não poderíamos existir, sem nosso fundamento na terra.

Em seu livro clássico, *Woman and Nature*, a poeta e filósofa Susan Griffin dá nome ao profundo sentimento de conexão com a terra enquanto, ao mesmo tempo, desafia as suposições da filosofia dualista:

> Sei que sou feita desta terra, como as mãos de minha mãe foram feitas desta terra, como os sonhos dela foram feitos desta terra, e tudo que conheço, conheço nesta terra, o corpo do pássaro, esta caneta, este papel, esta língua falando, tudo que conheço fala comigo através desta terra e eu anseio por lhe dizer que você é terra também, e escute *conforme compartilhamos o que sabemos: a luz está em nós.*[5]

Na prosa que se transforma em poesia, Griffin evoca a sensualidade da vida material. Em uma alusão explícita e em contraste com filósofos e teólogos tradicionais, ela afirma que os seres humanos são da terra. Mesmo nossos "pensamentos", defende ela, passam pelo corpo e são expressos em matéria. A matéria não é "coisas mortais e sem valor", como diz Platão. A "luz", símbolo de transcendência na alegoria da caverna de Platão,[6] não brilha de fora da terra, mas está "em nós", que "somos terra".

Muitos escritores expressaram seu senso de conexão mística com a terra e com outros seres através de uma linguagem sensual e erótica. Acredito que seja porque a experiência de conexão pode ser intensamente física — a respiração pode acelerar ou desacelerar, a pele pode formigar, uma empolgação ou uma paz profunda pode tomar o corpo. Todos esses sentimentos são reminiscentes da experiência sexual. De fato, a sexualidade pode ser uma maneira de vivenciar profundamente nossa conexão com outro ser e com a força vital.

Em uma passagem endereçada a "This Earth", Susan Griffin escreve ao mesmo tempo sobre seu amor pela Terra e por uma mulher, evocando o mistério da travessia de uma caverna marinha e o corpo feminino:

> Conforme entro nela, ela perfura meu coração. Enquanto penetro mais fundo, ela me desvenda. Quando chego ao seu âmago, estou chorando abertamente. Eu a conheci a vida inteira e, no entanto, ela me revela histórias, e essas histórias são revelações, e eu sou transformada. Cada vez que a busco, nasço desse jeito. Sua renovação me inunda infinitamente, suas feridas me afagam.[7]

O corpo da Terra e o corpo da amante se tornam metáforas que refletem e interpretam uma à outra. Conforme Griffin aprende a apreciar uma, sua apreciação pela outra se aprofunda. Tanto a Terra quanto a amante são sagradas, curativas, transformadoras. As duas nos ensinam como somos profundamente conectados à vida que segue fluindo dentro de nós e fora de nós.

Em uma linha um pouco diferente, a memorialista Alix Kates Shulman descreve uma consciência de conexão que aconteceu no metrô de Nova York:

> Eu estava sentada sozinha no trem, indo buscar as crianças na aula de música depois da escola [...] Então, de repente, a luz fraca no vagão começou a brilhar com uma lucidez excepcional, até que tudo ao meu redor estava cintilando com uma aura indescritível, e eu vi na fila de diferentes passageiros parados

na minha frente a miraculosa conexão de todos os seres vivos. Não senti; vi. O que começou como um pensamento desconexo se tornou uma visão ampla e unificadora, na qual todas as pessoas no vagão, que rumavam juntas para o centro da cidade, inclusive eu, assim como todas as pessoas no planeta, que rumavam juntas ao redor do sol — nosso bando vivo inteiro —, formaram uma única família, conectada de modo indissolúvel pelo raro e misterioso acidente da vida.[8]

Embora não tenha acontecido na natureza selvagem, essa também é uma experiência da profunda conexão e interdependência na teia da vida.

Uma percepção de grande beleza é um aspecto importante dessa experiência da conexão. Shulman vê tudo "cintilando com uma aura indescritível". Shug, de Alice Walker, diz a Celie que Deus quer que a gente admire um campo florido com a cor púrpura. No final de sua prosa poética "This Earth", Susan Griffin escreve:

> Esta Terra é minha irmã; eu amo sua beleza cotidiana, seu silêncio ousado, e como eu sou amada, *como admiramos essa força uma na outra, tudo que perdemos, tudo que sofremos, tudo que sabemos: ficamos maravilhadas com essa beleza*, e eu não esqueço: o que ela é para mim, o que eu sou para ela.[9]

Ficar "maravilhada" com a beleza da Terra é mais do que uma apreciação "estética". Pode ser descrito como um insight ontológico, um sentimento de admiração causado por uma revelação do milagre da vida. No entanto, isso não significa querer negar que a experiência que temos da Terra e de seus seres é de grande *beleza*.

Os Navajo do sudoeste dos Estados Unidos expressam essa noção da beleza do mundo em seus cânticos rituais. Existem diversas canções no movimento da Deusa inspiradas nos cânticos dos Navajo. Uma delas é:

> Com beleza atrás de mim,
> com beleza diante de mim,
> com beleza ao redor de mim,
> na beleza eu caminho.
> Com beleza abaixo de mim,
> com beleza acima de mim,

com beleza dentro de mim,
na beleza eu caminho.¹⁰

Esse cântico, repetido sem parar em um contexto ritualístico, até que crie raízes na mente consciente e inconsciente, define uma postura de grande respeito, atenção e apreciação direcionada a todos os seres na teia da vida.

Quando comecei a articular a sensação mística de conexão com a terra e com a vida que estou descrevendo aqui, busquei teorias que expressassem meu entendimento. Para minha surpresa, descobri que grande parte da literatura sobre misticismo fazia uma grande distinção entre formas "superiores" e "inferiores". Nas supostas formas superiores de misticismo, a terra e o corpo eram transcendidos. De acordo com o pensamento dualista, minhas experiências e as outras descritas neste capítulo recaem na categoria "inferior". Assim, fui forçada a criar uma nova teoria para nomear as vivências que eu sentia que não tinham sido compreendidas de forma adequada. Em *Diving Deep and Surfacing*, chamei o tipo de experiência mística retratada neste capítulo de "misticismo natural", "misticismo sexual" e "misticismo social".¹¹

Quando eu palestrava sobre a minha compreensão do misticismo, algumas pessoas costumavam me procurar e dizer algo do tipo: "Então aquela sensação que eu tive dois anos atrás, enquanto fazia uma trilha pela floresta, foi uma experiência mística? Pareceu importante na época, mas de lá para cá eu meio que esqueci o assunto". Acho que a maioria de nós já teve "aquela sensação" não uma, mas várias vezes na vida, porém não tínhamos as palavras para nomeá-la como espiritual. E assim essa experiência não moldou nossa compreensão de nós mesmos e do nosso lugar no universo.

A terra como inteligente, consciente, viva

Ao escrever que "nós somos a terra", Paula Gunn Allen fala da terra e das criaturas como "conscientes, palpáveis, inteligentes, vivas". Ela reconhece que essa não é a visão ocidental tradicional (dualista) e explica que

> muitas pessoas que não são nativo-americanas acreditam que os seres humanos possuem a única forma de inteligência no fenômeno da existência (e muitas vezes em qualquer forma de existência). Os nativo-americanos, mais abstracionistas e menos intelectualmente vaidosos, enxergam a inteligência

humana como fruto da própria natureza do ser, que é necessariamente inteligente em si mesma.[12]

Segundo Allen, apenas a consciência hierárquica característica do pensamento ocidental poderia imaginar que os seres humanos possuem a única forma de inteligência no universo. Quando Allen diz que todos os seres possuem "inteligência", está dizendo que todos os seres têm uma sabedoria particular e maneiras de comunicá-la. Seres humanos não duram tanto quanto as montanhas, não voam como pássaros nem penetram os recantos mais profundos da terra com a facilidade das cobras. Podemos aprender com plantas e animais, com o mar e as pedras, não apenas por meio de observação, mas também ao sentirmos nossa conexão com eles.

Susan Griffin também admite que a Terra é "inteligente", "consciente" e "viva" em sua escrita de "This Earth":

> Eu provo, eu sei, e eu sei por que ela continua, sob grande peso, com essa grande sede, na seca, na fome, com cada ação inteligente ela sobrevive ao desastre.[13]

Para Griffin, a Terra, como uma amante, como ela mesma, é uma "irmã" que sofreu, mas que, com grande inteligência, sobreviveu.

Para a ecofeminista e filósofa da ciência Elisabeth Sahtouris, a inteligência do corpo terrestre pode ser vista no processo de evolução. Partindo da hipótese de Gaia, dos cientistas Lynn Margulis e James Lovelock, Sahtouris imagina que a inteligência que guia a evolução não está alheia à natureza, mas incorporada nela como a "sabedoria corporal" da terra. O "grande ser Gaia se conhecia do mesmo modo que nossos corpos se conhecem, tendo a sabedoria corporal para cuidar de si e continuar evoluindo".[14] Sahtouris defende que um princípio similar inerente de inteligência ou sabedoria pode ser visto na auto-organização de todos os seres. Ela critica a visão neodarwiniana de que "acidentes aleatórios e seleção natural são os únicos 'mecanismos' de evolução", argumentando que "muitas evidências apontam que criaturas saudáveis e bem-organizadas e seus ecossistemas são produzidos por auto-organização".[15] Sahtouris descreve a auto-organização de todos os seres, desde os menores organismos microscópicos aos humanos e aos ecossistemas, como essencialmente cooperativos, e não competitivos.

> Em cada ecossistema de Gaia, podemos considerar cada criatura como algo semelhante a uma célula em nosso corpo, cada espécie como um tipo de órgão. Cada ecossistema é um corpo ecologicamente equilibrado, evoluindo como um todo. Deveríamos na verdade falar sobre coevolução, em vez de evolução, para nos lembrarmos de que nenhuma espécie pode ou de fato evolui sozinha.[16]

Segundo Sahtouris, a vida é interdependente. Cada forma de vida precisa de outras, não apenas como fonte de alimentação, mas para dar continuidade aos ciclos de crescimento, morte e regeneração no ecossistema maior em que vive. Sahtouris acredita que, em vez de enxergarmos apenas competição cega e brutal podemos aprender a ver cooperação e inteligência no modo como algumas flores se agarram à face de rochas nuas, atraindo abelhas, formando a camada superficial do solo, permitindo que outras plantas criem raízes, armazenando água no que antes era um terreno seco e árido, criando as condições para que outras formas de vida floresçam.

A autora nota que a visão darwiniana da natureza como competitiva, brutal, cega e operante segundo leis "mecânicas" surgiu em conjunto com a mudança da sociedade para uma "produção industrial competitiva e exploradora".[17] E foi no mesmo período da última (cega e brutal) expansão europeia pelas Américas, África, Ásia e Austrália, quando os europeus justificavam suas conquistas como "sobrevivência do mais apto". Agora pode-se perceber que essa visão é uma ameaça à sobrevivência da raça humana e de outras espécies, uma vez que estamos destruindo uns aos outros e o ecossistema do qual somos interdependentes. Sahtouris espera que a imagem de Gaia como inerentemente sábia e o modelo de coevolução cooperativa possam nos ajudar a encontrar caminhos para resolver as crises social e ecológica que criamos com a negligência pela nossa conexão essencial uns com os outros e com a natureza.

Diferença e diversidade na natureza

Viver consciente da profunda conexão entre todos os seres na teia da vida não significa absorver tudo em uma unidade onde a diferença é negada. A diferença e a diversidade são os grandes princípios da natureza. A sensação da nossa conexão com todos os seres na teia da vida é também uma percepção da diferença, uma consciência da singularidade de outros seres. Susan Griffin reconhece esse fato ao escrever:

> O melro-de-asa-vermelha voa em nós, em nossa visão interior. Vemos o arco de seu voo. Medimos a elipse. Prevemos o ápice. Ficamos maravilhados. Emocionados. Voamos. Vemos suas asas negociando com o vento, com a essência do ar, com seus elementos e os elementos daqueles elementos, e contamos aqueles elementos encontrados em outros seres, no espinho do ouriço-do-mar, na tinta, neste papel, nos nossos ossos, na carne de nossa língua, com a qual falamos "melro", nos ouvidos com os quais escutamos, nos olhos que seguem o arco do voo dele. E ainda assim o melro não voa em nós, mas em outro lugar fora de nossas mentes, e agora até fora de nossa vista, voa segundo a própria vontade.[18]

Sentimos nossa conexão com o melro e nos deleitamos com sua habilidade de voar, ao mesmo tempo em que reconhecemos que nunca voaremos daquele jeito, pois o voo que acontece em nossa mente não é o voo que acontece em seu corpo de penas pretas, circulando como nós nunca circularemos acima de um lago ou de um campo. Podemos chamá-lo de "melro", mas isso não significa que seja igual a outros seres que chamamos de "pássaro": não é o gavião ou a coruja, a andorinha ou o beija-flor. É singularmente ele mesmo. Sentimo-nos conectados à sua graça, sua beleza, seu poder, sua energia, ao mesmo tempo em que reconhecemos que cada um de nós é único. Se nos abrimos à vida, poderemos experimentar uma alegria similar no poder de cada ser no universo, nos pássaros que cantam do lado de fora das nossas janelas na cidade, nas árvores floridas, nas flores desabrochando, na risada de uma criança, no abraço de alguém amado.

Martin Buber também declara que se relacionar significa reconhecer a diferença, não se perder em uma unidade mística. De sua relação com uma árvore, ele escreve:

> Tudo o que pertence à árvore, a forma, o mecanismo, a cor e as substâncias químicas, a "conversação" com os elementos do mundo e com as estrelas, tudo está incluído numa totalidade.

> A árvore não é uma impressão, um jogo de minha representação ou um valor emotivo. Ela se apresenta "em pessoa" diante de mim e tem algo a ver comigo e eu, se bem que de modo diferente, tenho algo a ver com ela.
>
> Que ninguém tente debilitar o sentido da relação: relação é reciprocidade.[19]

O pensamento de Buber é holístico: a visão científica da árvore não se perde quando a relação é estabelecida. Além disso, o pensamento dele é completamente relacional: a árvore não é um aspecto da subjetividade de Buber, uma criação de sua alma artística. Como uma tradução anterior da obra de Buber descreveu de forma mais literal, a árvore está "com o corpo contra o meu".[20] O autor não está dizendo que o eu e o outro estão sempre em oposição, mas declarando a realidade do relacionamento com um outro que é diferente do eu.

Elisabeth Sahtouris aborda a questão da diferença e da diversidade na natureza de uma perspectiva científica.

> Lugar algum na terra hoje, nem mesmo o pico mais árido de montanha ou a parte mais profunda do oceano, tem menos do que mil espécies de variados reinos [sic] — monera, protista, fungi, plantas e animais. Ainda assim, o que nós humanos vemos como seres vivos são apenas as plantas e animais maiores, seres do tamanho de insetos, moitas e baleias beluga, criaturas na nossa escala de tamanho. No entanto, a vasta maioria das criaturas da terra continua sendo monera e protistas microscópicas.[21]

A variedade de seres na natureza é muito superior ao que a maioria de nós é capaz de imaginar. Cada ser desempenha um papel vital no corpo de Gaia. Do ponto de vista científico, cada um é necessário para a sobrevivência da Terra como a conhecemos.

Uma tealogia que imagine a Terra como o corpo da Deusa reconhecerá, valorizará e celebrará a ampla diversidade de vida no corpo terrestre. Podemos não amar todas as coisas que a Deusa ama, mas, se não conseguimos amar todos os seres na teia da vida, talvez possamos ao menos começar a reconhecer que cada um possui uma função importante na criação das coisas que de fato amamos.

Um senso de lugar

Embora reflitamos sobre as infinitas variedades no corpo terrestre, a percepção de que o solo em que pisamos é sagrado é uma vivência concreta.[22] A filósofa, poeta e mística nativo-americana Carol Lee Sanchez declarou que a conexão com um lugar é um elemento fundamental nos ritos formais e na vida cotidiana de seu povo.[23] Um senso de lugar é celebrado em meu lar adotivo, a Grécia. Todos que têm a oportunidade viajam até a região da Grécia onde nasceram seus ancestrais para celebrar os rituais primaveris de morte e renascimento. O foco da Páscoa grega é assar e comer o cordeiro pascal ao ar livre, na natureza. O outro grande festival do ano, a Dormição da Mãe de Deus, que acontece em 15 de agosto, na época da colheita de verão, também é celebrado, se possível, no lugar de origem. Outros festivais importantes celebrados em comunidade na natureza são Clean Monday, no início da Quaresma, quando as crianças soltam pipas, e o May Day, quando todos vão para o campo colher flores e fazer coroas. Ao ouvir sobre o costume grego do May Day, uma amiga norte-americana escreveu: "Obrigada por me contar sobre esse feriado nacional em que se colhe flores e se faz coroas. Apenas saber que existe um lugar assim na terra me deixa muito feliz!".[24]

Sanchez questiona se "euro-americanos gastam os recursos e destroem o meio ambiente nas Américas porque não têm um *mythos* ou origens lendárias com raízes nessa terra".[25] Os gregos que têm tal *mythos* também desperdiçam recursos e destroem a terra conforme ambições capitalistas superam as sensibilidades tradicionais que sustentaram a vida por séculos. Mesmo assim, mitos e rituais podem criar um ambiente em que certos modos de ação se tornam mais prováveis. Sanchez estimula os euro-americanos a criarem histórias, mitologias e rituais que celebrem uma conexão espiritual com a terra americana. Desnecessário dizer que tais histórias não seriam sobre conquista e posse (como na ideia de que a América é a terra prometida por Deus a um grupo específico de europeus brancos), mas sobre o dom da vida interdependente em um lugar específico. O ritual de celebração do equinócio de primavera, em que se cria uma coroa de flores para o corpo terrestre, descrito por Charlene Spretnak, é um dos muitos exemplos de tal começo.[26] No entanto, vários aspectos na vida moderna nos afastam da natureza nos lugares em que vivemos. Escrevo essas palavras em um dia cinzento e chuvoso, trancada sozinha em meu apartamento, em uma cidade onde a maior parte do solo foi coberta por concreto e o ar é poluído por gases tóxicos, fumaça e emissões industriais. Acho que um passeio pelo campo me faria bem, mas não há nenhum por perto. Poderia andar até um local da cidade onde haja árvores ainda agarradas à encosta de uma colina, mas parece longe demais. E eu ainda estaria sozinha. Embora haja pouca incidência de violência contra mulheres nas ruas onde moro, tenho medo de caminhar sozinha por uma encosta sombreada. É evidente que, se quisermos celebrar nossa conexão com a terra cotidianamente, uma das coisas que devemos fazer é mudar a forma como vivemos alienados da natureza e uns dos outros.

Embora algumas pessoas tenham proposto que nos mudemos das cidades, Carol Lee Sanchez imagina uma vida na cidade consciente e alerta de nossa conexão com a natureza:

> Imagine uma cidade inteira acordando e se levantando às cinco ou às seis da manhã, e a primeira coisa que as pessoas fazem é cantar — de corpo, mente e espírito — para começar o dia [...] Eles emanam [...] uma boa vontade amável enquanto visualizam todas as criaturas, as plantas e os elementos, e em especial todos os micro-organismos (bactérias, vírus, moléculas e átomos) dos quais plantas, criaturas e humanos dependem para manter o maquinário equilibrado e funcionando [...] Imagine, se quiser, essa cidade toda cantando para os Espíritos das águas de córregos e riachos, de rios felizes e risonhos cheios de vida aquática, de mares salgados e oceanos cheios de vida marítima.[27]

Cantar para a natureza toda manhã pode nos encorajar a plantar árvores e flores em nossas varandas na cidade e a termos mais consciência do nosso consumo diário de água e eletricidade. Como uma comunidade que compartilhasse esse ritual, poderíamos trabalhar juntos para reflorestar as colinas próximas, criar mais parques e passeios na cidade, suprir as necessidades da vida urbana com uma consciência que não destruísse o ecossistema. E se a terra é de fato um organismo vivo, nossos rituais talvez tenham o poder de ativar sua sabedoria de autocura.

A negação da nossa conexão com a terra

Enquanto muitos já celebraram nossa conexão com a terra, ela continua a ser negada nas filosofias e teologias dualistas. De acordo com o teólogo protestante Gordon Kaufman, separar o divino e o humano da natureza foi uma das características decisivas do monoteísmo.[28] Nas filosofias e teologias que sucedem a vitória do monoteísmo, "a natureza não é vista primariamente como nosso lar e fonte de sustento do nosso ser".[29] A separação entre a divindade e a humanidade da natureza levou, por sua vez, a filosofias nas quais "Deus", "o homem", e "a natureza" são vistos como categorias isoladas e distintas.

Mas se a Deusa é um poder inteligente que está totalmente corporificado no mundo, então a noção de que a divindade, a natureza e a humanidade sejam três categorias totalmente distintas é arruinada. Se a Deusa, como amor inteligente corporificado, é a base do ser, então faz sentido falar que inteligência e amor brotam da própria natureza do ser, e considerar todos os seres inteligentes e permeados de amor. A inteligência humana e nossa capacidade de amar não nos apartam da natureza. Em vez disso, tudo que somos brota da natureza do ser, da nossa base na terra. Se a Deusa está completamente corporificada na terra e é influenciada por tudo que existe e tudo o que acontece, então pode-se dizer com precisão que Ela está ferida, em sofrimento, e ainda assim é muito forte, uma sobrevivente. Se o mundo é o corpo da Deusa e nós somos parte do mundo, então é evidente que experimentamos seu amor em nossos corpos, incluindo a nossa sexualidade. E se tudo isso é verdade, então as experiências místicas discutidas neste capítulo refletem uma compreensão ou revelação ontológica da natureza do ser.

Finitude e morte

Então por que tantos filósofos e teólogos ocidentais negam que sejamos parte da natureza? Talvez seja porque nos identificarmos como parte da terra é vivenciar não apenas um senso de conexão com toda a natureza, mas também uma profunda dependência e limitação. Nascemos do corpo de uma mãe e necessitamos de amor e de sustento de outras pessoas e da própria terra para sobreviver. Somos atraídos pelos outros e, no entanto, na nossa experiência, todas as relações acabam em morte.

Alguns psicanalistas afirmam que o ser humano teme a dependência, a limitação e a morte de forma inata.[30] No entanto, a visão da religião da Deusa (tanto a ancestral quanto a moderna) sugere que esse não é necessariamente o caso. Um ponto de vista histórico argumenta que ter alcançado certo nível de controle tecnológico sobre a natureza, além de sucesso em dominar outras pessoas pela força, fez surgir a ideia de que "o homem" (ou alguns homens) podia exercer controle sobre tudo que o tornava limitado e dependente.

A ideia de que podemos controlar as condições de nossas vidas se reflete na crença moderna de que os humanos são definidos por uma moralidade individual. Essa visão está codificada no sonho americano, que diz que, se trabalharmos o suficiente, alcançaremos o sucesso. O sucesso prometido em troca do trabalho árduo não é apenas financeiro, mas também físico, moral e espiritual. A ideia de controle se arraigou na nossa consciência de maneiras insidiosas e muitas vezes irreconhecíveis. Mesmo aqueles que rejeitaram os aspectos materialistas mais óbvios do sonho americano muitas vezes ainda acreditam que, através da força de vontade, vão encontrar saúde e bem-estar físico, espiritual e social.

Há pouco tempo, recebi um exemplar de uma publicação de uma Deusa da Nova Era que incluía uma "Afirmação [dos princípios básicos] da Espiritualidade Feminina". Essa declaração via a Deusa como imanente no corpo e no corpo da terra:

- Que a Deusa ou energia vital está dentro de mim;
- Que devo vir a entender os ritmos cíclicos, positivos, da terra, e sempre agir com amor para com plantas e animais.

Também declarava sabedorias não racionais:

- Que meus instintos e intuição podem ser usados como guias;
- Que devo aumentar minha sabedoria, força e entendimento.

A diversidade dentro da comunidade humana era tratada de forma positiva:

- Aceitar e compreender as pessoas que possuem etnia ou histórico racial, classe econômica ou social, aparência ou orientação sexual diferentes da minha.

Embora as autoras dessas afirmações certamente acreditassem que estavam rejeitando tradições dualistas de controle racional e de dominação, elas declararam que podemos controlar as condições de nossa vida por meio da prática espiritual correta:

- Que eu posso criar minha própria realidade e que emanar uma expectativa positiva vai trazer um resultado positivo;
- Que devo transformar tudo [que é] negativo em meu ambiente;
- Assumir a responsabilidade por mim mesma e por minhas ações e saber que, consciente ou inconscientemente, atraí as situações.[31]

Nas filosofias da Nova Era, a visão de que "criamos nossa própria realidade" é comum.

Acredito que a ideia de que criamos nossa própria realidade seja uma meia verdade perigosa e enganadora. É verdade que emanar expectativa positiva *pode* trazer um resultado positivo. É verdade que podemos transformar *parte* da energia ruim em nosso ambiente. É verdade que, consciente ou inconscientemente, *podemos* atrair certas situações. Porém acreditar que temos o completo controle do ambiente e de todas as coisas positivas e negativas que acontecem em nós, conosco e ao nosso redor é negar a natureza corporificada e social da realidade. O poder de nossas mentes de controlar a realidade física é limitado por nossos corpos e por nossa imersão em um mundo finito e cambiante. Nossas vontades individuais estão inseridas em uma teia de relações na qual não somos os únicos atores importantes. Posso ser capaz de me fazer pensar positivo (embora, na minha experiência, isso nem sempre seja possível), mas não posso fazer com que todos no mundo ajam da mesma forma. Outras pessoas são afetadas não apenas por mim, mas pelos próprios corpos e experiências. O mundo social composto por sistemas simbólicos, instituições e memórias históricas em que vivemos afeta cada um de nós profundamente. O poder de qualquer pessoa de mudar todos esses sistemas é limitado.

Nem toda a boa energia que há em mim vai impedir o envenenamento da água que bebo, a menos que a sociedade comece a mudar drasticamente o critério a respeito do que é "um nível aceitável de poluição". Se eu decidir comer alimentos saudáveis, praticar exercícios e relaxar mais, poderei manter meu sistema imunológico forte o bastante para combater alguns tipos de câncer. Mas, se eu tiver alguma predisposição genética ou existirem muitos agentes cancerígenos no ambiente onde trabalho ou vivo, ainda posso desenvolver um câncer. Se me sinto cansada e vulnerável ao caminhar por uma rua escura, posso atrair um estuprador ou um ladrão (mas apenas se vivo em uma sociedade governada pela violência). Porém, se a sociedade estiver em ruínas e houver violência por todo lado, posso sofrer uma agressão mesmo tomando precauções, emanando boas energias e caminhando pela cidade em plena luz do dia. A ideia de que criamos nossa própria realidade se torna ridícula e obscena quando aplicada a mães e crianças passando fome na África ou em cidadezinhas no interior dos Estados Unidos. Acreditar que estamos em completo controle da nossa vida é nos mantermos atrelados à tentativa cultural de escapar das condições de finitude. Só absorveremos por inteiro o significado de finitude e de vida interdependente quando abrirmos mão da ilusão de controle.

Se critico algumas tendências da espiritualidade feminista da Nova Era é porque descobri dentro de mim uma tendência a acreditar que posso controlar minha vida. Sou filha de um pai que possuía capacidade limitada de afeto. Passei muitos anos buscando a aceitação dele, ganhar sua aprovação. Eu acreditava que estava em meu poder influenciar os sentimentos e comportamentos dele a meu respeito. Minha mãe dizia que se eu fizesse tal coisa, ou se deixasse de agir de certo modo, conseguiria conquistar o amor e a admiração do meu pai. No entanto, não importava o que eu fizesse, ele sempre me criticava. Por fim, dei-me conta de que ele provavelmente não mudaria, independente de como eu agisse. Eu não havia atraído, consciente ou inconscientemente, a situação de nascer com um pai emocionalmente limitado. Também não havia, ainda criancinha, feito nada para receber sua rejeição. E provavelmente não havia nada que eu jamais pudesse fazer para que ele me amasse incondicionalmente. Fui a filha dependente e vulnerável de um ser humano limitado. Sofri muito. E nada podia mudar isso. Para mim, aceitar essa limitação foi libertador, enquanto a constante luta para mudar uma situação fora do meu controle não era.

Morte

A teologia cristã tradicional nega que a morte faça parte do ciclo da vida. Uma interpretação clássica da história de Adão e Eva é que a morte adentrou o mundo por causa do pecado. O preço do pecado é a morte. Cristo veio ao mundo para vencer o pecado e derrotar a morte. Salvos por Cristo, nós ganharemos a vida eterna.

Na religião da Deusa, a morte não é uma punição pelo pecado. O grande mistério é que a vida e a morte estão entrelaçadas. A regra fundamental da natureza é que tudo nasce, tudo morre e tudo se transforma. A vida que nos foi dada não é absoluta, mas dependente da vida de outros seres, e é finita. Nem todas as sementes caem em solo fértil; algumas brotam, mas não recebem água, outras florescem e morrem. Algumas sementes se tornam árvores que vivem mais do que nós. Muitos óvulos humanos não são fertilizados no útero; alguns óvulos fertilizados acabam sofrendo um aborto espontâneo, alguns humanos nascem e morrem ainda bebês, alguns na infância, alguns na juventude, alguns na maturidade, alguns na velhice.

Um dos meus irmãos morreu ainda recém-nascido. Uma das minhas avós escolheu morrer aos 78 anos, enquanto a outra morreu aos 60, seu corpo e mente devastados pelo câncer. Um dos meus avôs teve um derrame que o deixou desamparado e acamado por muitos anos. Da perspectiva da religião da Deusa, nenhuma dessas mortes foi errada ou injusta.[32]

A morte do meu irmão foi quase insuportavelmente triste. Ainda não consigo entender por que ele morreu depois de apenas cinco dias de vida, mas sei agora que, se escolho amar uma vida finita e corporificada, então preciso aceitar a morte dele e de outros. A morte do meu irmão é uma das razões por que estudei teologia, mas mesmo que eu escreva um livro importante, isso não vai justificar seu falecimento nem o sofrimento da minha mãe ou o meu. Assim como outras coisas na vida que estão fora do nosso controle, a morte do meu irmão é simplesmente um fato.

Minhas experiências com a morte me levaram à compreensão de que a vida é uma dádiva que se renova a cada dia. Nem nossa própria vida nem a de nossos filhos, amigos, amantes ou pais têm garantia de durar qualquer quantidade específica de tempo. Não há como possuir outro ser humano. Podemos apenas amar as pessoas pelo tempo em que elas estiverem conosco.

Fomos ensinados a pensar que a vida humana é eterna ou, pelo menos, que é um assunto sob nosso controle, mas isso não é verdade. Acreditar que a Deusa está corporificada na terra significa aceitar que nós e aqueles que amamos podemos morrer a qualquer momento. Não existe promessa de que uma vida humana deva durar determinado número de anos, ou de que deva ser vivida sem sofrimento.

Pais adotivos que cuidam de crianças à beira da morte talvez possam nos ensinar algumas lições sobre amar de forma menos possessiva. Eles cuidam de crianças doentes pelo tempo que elas estiverem vivas — apenas porque as crianças precisam de amor —, cientes de que as perderão para a morte.

Reconhecer que morrer faz parte da vida não significa que a morte não seja triste ou que não devamos sofrer. O sofrimento também faz parte do ciclo da vida. As lágrimas libertam a dor e abrem o caminho para a renovação da vida. Quando minha mãe faleceu, fiquei um ano inteiro triste. Chorava quase todo dia enquanto lavava a louça, conversava com amigos ou assistia a filmes na televisão. Depois de um ano, meu luto intenso chegou ao fim, embora eu ainda pense na minha mãe com frequência. A cultura grega que adotei tem rituais de morte os quais, acredito, teriam ajudado a estruturar meu período de luto. Além do funeral, há outros rituais depois de três dias, nove dias, quarenta dias e um ano, que ajudam no processo de relembrar e desapegar. As mulheres usam roupas pretas e os homens usam uma braçadeira preta por um período, dependendo do grau de proximidade com o falecido.[33] Quando minha mãe morreu, senti-me isolada de outras pessoas que não estavam passando pela mesma perda. Teria sido reconfortante usar preto por um tempo, para que outros entendessem de imediato que eu estava passando por um ritual de transformação.

Vivemos em uma época em que a morte não é apenas uma questão de perda pessoal. Muita gente está passando fome ou morrendo na guerra, espécies estão entrando em extinção e a humanidade está à beira da aniquilação. É muito triste perceber que somos parte de uma espécie que ataca seus pares e cuja expansão pelo planeta está impedindo várias outras espécies de sobreviver. Ainda tenho esperanças de que, de algum modo, a humanidade acorde a tempo de salvar a si mesma e a outras espécies, mas sei que isso não é garantido. Mesmo que consigamos nos salvar, o mundo será um lugar menos rico e diverso do que era no dia em que cada um de nós nasceu. Quando encaro o desespero causado por esse pensamento, acho necessário assumir a dor, o luto e a raiva. Joanna Macy criou rituais para nos ajudar a lidar com o desespero a respeito da destruição da vida, libertando sentimentos que reprimimos e empoderando os participantes a trabalhar pela mudança.[34]

Também considero útil uma visão a longo prazo. Por milhões de anos, espécies surgiram e sumiram da face da Terra, mas a Terra em si sobreviveu. Se o tempo da espécie humana e o de muitas outras se encerrar, o corpo de Gaia será diminuído, mas algumas espécies, por menores e poucas que sejam, permanecerão. O corpo de Gaia sobreviverá. Os processos de nascimento, morte e renovação continuarão. Novas espécies surgirão e muitas delas também chegarão ao fim. É assim que funciona o corpo de Gaia.[35]

Vida se alimenta de vida

Uma das maneiras como vida e morte estão interligadas é pelo fato de que precisamos matar para sobreviver. Sejam plantas, animais ou as duas coisas, tiramos a vida de outros seres. Se não fizermos isso, morreremos. Os animais podem ou não ter consciência de que matam outros seres para viver, mas nós temos. E quando não negamos esse conhecimento, ele se torna tanto uma fonte de desconforto quanto motivo de gratidão.

Acredita-se que muitos dos rituais ancestrais se baseavam nesse fato e na consciência dele. Os povos antigos abordavam o ato de tirar vidas com muita restrição. Agradeciam aos espíritos das plantas e dos animais que davam a vida a eles, rezavam para que os indivíduos que mataram fossem substituídos, para que a espécie sobrevivesse, e eram gratos à terra pelo sustento da vida deles e de todos os outros seres.

De acordo com a antropóloga Ruth M. Underhill, uma mulher nativo-americana do povo Papago agia com reverência mesmo ao pegar barro da terra para fazer um recipiente. "Ela disse ao barro: 'Só pego o que preciso. É para cozinhar para os meus filhos'. Em troca, deixou um presente."[36] Em sociedades agrícolas, as oferendas de frutas e as libações de água, vinho e azeite são uma forma de reconhecer o dom da vida. O costume muito difamado, mas profundamente significativo, de dar graças antes das refeições é um resquício desses rituais tradicionais.

Em sociedades pastoris, alguns dos cordeiros (em geral os machos, porque não produzem leite) são mortos para que a mãe possa ser ordenhada. Se esses cordeiros permanecessem com as mães, não haveria leite sobrando, iogurtes, queijos. Se fossem soltos no campo, morreriam de fome ou acabariam por comer toda a grama e exaurir o ecossistema. Pastores desenvolveram o ritual de um banquete comunitário para dar graças ao cordeiro por lhes prover vida. O costume de jejuar antes de o cordeiro ser abatido (ainda parte da tradição grega de Páscoa) reflete a compreensão de que tirar uma vida é uma coisa séria. (A ideia de que Cristo nos deu a vida para que aqueles que desfrutam de sua carne e sangue possam viver é uma interpretação simbólica do sacrifício literal do cordeiro.)

Os cultos de sacrifício de sangue feitos nas religiões patriarcais tiveram origem na ideia de devolver um presente à terra em troca de tudo que ela nos oferece. O sacrifício patriarcal, porém, viola a noção de tomar e doar apenas o que é necessário. Em vez disso, o número de sacrifícios aumenta a reputação de quem faz a oferenda e, por analogia, o prestígio do Deus ou da Deusa a quem a oferenda é feita.

É uma verdade profunda que estamos todos vivos porque outros deram suas vidas por nós, e que vamos todos morrer para que outros possam viver. Isso não é altruísmo nem sacrifício, apenas o modo como as coisas são. Acredita-se que na Çatalhüyük neolítica, os corpos dos mortos eram deixados para alimentar os abutres, um lembrete explícito de que a morte de um traz vida a outro. Um dia, nossos corpos também retornarão à terra, fornecendo alimento para outros seres.[37] Espero que a religião da Deusa desenvolva novos rituais que nos ajudem a reconhecer a conexão entre vida e morte, morte e vida.

Desastres e doenças

A finitude também é negada nas filosofias dualistas que chamam fenômenos naturais, como furacões, enchentes, incêndios, terremotos, erupções vulcânicas e doenças de "desastres naturais". De um ponto de vista dualista, os "desastres naturais" são um dos motivos para a humanidade buscar superar a "natureza". No entanto, do ponto de vista do corpo de Gaia, furacões, enchentes, incêndios, terremotos, erupções vulcânicas e até mesmo doenças fazem parte do ciclo de nascimento, morte e renovação. No Egito Antigo, a enchente anual do Nilo era celebrada em mitos e rituais porque entendia-se que, por meio desse processo, as terras agrícolas eram renovadas. Fenômenos naturais são vistos como malignos apenas porque os seres humanos aprenderam a acreditar que deveríamos ser capazes de controlar todas as condições da vida.

Durante um terremoto em São Francisco, uma amiga minha estava no escritório quando uma enorme estante de metal desabou. Ela não se machucou, mas levou meses para se recuperar da experiência. Um terremoto é assustador, e é compreensível e saudável que cause certo nível de trauma, mas acredito que minha amiga tenha sofrido por tanto tempo porque o terremoto acabou com sua ilusão de estar no controle da vida, e ela estava lutando para recuperar esse senso de controle. Na verdade, como todos nós, ela nunca esteve no controle da própria vida. Vivia, como todos nós, em interconexão e interdependência com outros humanos e seres na teia da vida.

Uma vez que nos damos conta, como nossos ancestrais, de que a vida não diz respeito apenas a nós, começamos a enxergar que furacões, enchentes, incêndios, terremotos e erupções vulcânicas não são desastres, e sim um meio do corpo da terra se renovar.

Doenças também são parte da vida. São o modo de sobrevivência de outros seres na teia da vida e uma expressão de regeneração e renovação. Quando o corpo humano está saudável e funcionando perfeitamente, tem grande capacidade de resistir e suportar doenças. Além disso, desde tempos imemoriais, mulheres sábias e curandeiras descobriram na natureza remédios (os antecessores de muitos medicamentos modernos) que ajudam o corpo a manter a saúde e a prevenir doenças. Reconhecer que a doença é parte da vida não é aceitar que o corpo humano deva simplesmente sucumbir a ela. Mas não devemos acreditar que, como nos ensinou a medicina moderna, toda doença (e talvez até a própria morte) pode ou deve ser "vencida".

Quando uma amiga minha foi diagnosticada com câncer de mama em estágio inicial, ela ficou em choque. O prognóstico de recuperação era ótimo, mas ela viu o câncer como uma ameaça à sua crença de que estava no controle da própria vida. Enquanto avaliava os possíveis tratamentos, ela repetia: "Não tenho tempo para isso. Preciso seguir com a minha vida". Ela não admitia que a doença era parte de sua vida.

Perdas irreparáveis e tragédias

Aceitar a nossa finitude significa compreender perdas irreparáveis como uma condição da vida.[38] Aceitar a finitude não quer dizer negar, tentar racionalizar ou superar o sofrimento. Gestar um bebê por nove meses e perdê-lo no nascimento é triste. O bebê não está melhor assim e nós não necessariamente nos tornamos melhores por termos sofrido. Uma pessoa que perde a casa em uma enchente ou um terremoto não necessariamente se torna mais forte. Nem uma pessoa que morre após enfrentar uma batalha longa e dolorosa contra uma doença. A reação adequada a uma perda irreparável é o luto. Lamentamos nossas perdas e então seguimos em frente, sabendo que a morte não é o ponto-final. Renascimento e renovação virão em seguida, a seu tempo.

Tragédias causadas por humanos também produzem perdas irreparáveis. Uma criança abusada sexualmente durante anos não aprende, necessariamente, algo com o que viveu. E, não importa o que ela aprenda, nada poderá compensar a perda de sua infância. Pessoas que passam pela violência da guerra ou pela violência institucionalizada da pobreza também sofrem de maneiras que não podem ser racionalizadas. A reação apropriada a tais sofrimentos é uma combinação de luto e ações que previnam que essas coisas voltem a acontecer.

Quando falamos em perdas irreparáveis, é importante separar dores que podem e que não podem ser evitáveis. Guerra, poluição e comportamentos dominadores não fazem parte da condição de finitude. No entanto, mesmo que curássemos o meio ambiente, compartilhássemos os recursos da Terra, aprendêssemos a tratar uns aos outros com amor inteligente corporificado e acabássemos com as guerras, a vida finita ainda envolveria dores e perdas irreparáveis. Se existe vida após a morte, ela não explica nosso sofrimento nesta vida.

Aceitar que a vida envolve perdas irreparáveis não é o mesmo que dizer que ela é essencialmente trágica. A visão de que a vida é trágica afirma que perdas e sofrimentos definem a natureza da existência, superando vida e amor.

Durante grande parte da minha existência, acreditei nisso. Cresci sem me sentir amada, vivenciei a morte de cinco parentes próximos na adolescência, vi minha mãe passar por um luto que parecia não ter fim, e depois aprendi na faculdade sobre os horrores do século 20, então estava pronta para acreditar que a vida é trágica. Porém, quando minha mãe morreu e eu experimentei a grande matrix de amor, minha perspectiva mudou. Agora acredito que, se o amor não fosse maior que a perda e o sofrimento, a espécie humana não teria sobrevivido. Isso me estimulou a repensar (de modo mais histórico) a visão de mundo trágica adotada durante meus anos de faculdade.

A visão de mundo trágica deriva da percepção das limitações do ideal heroico. Ela é um produto da sociedade guerreira patriarcal da antiga Grécia. Os escritores de tragédias declaravam que o cosmos era frio e indiferente, alheio aos esforços heroicos dos homens. "Tudo é impermanente. Até os grandes cairão", gostava de repetir o coro trágico.[39] Na minha opinião, os escritores de tragédias na Atenas clássica estavam certos em apontar as limitações da jornada heroica. O status alcançado pelo herói antigo que acreditava poder dominar a mulher, a natureza e outros homens com sua força de vontade, inteligência e armas era de fato impermanente. Como ele violava os vínculos de interdependência que são a base da vida, o corpo terrestre sacudia o chão onde ele se encontrava. Do ponto de vista do herói, a "natureza" era indiferente porque não apoiava suas tentativas de controlar a realidade. Do ponto de vista de todos os seres na teia da vida, a queda do herói era justa.

Os grupos subjugados na Atenas clássica — esposas, escravos estrangeiros, meretrizes, tanto homens quanto mulheres, rapazes obrigados a servir sexualmente a homens mais velhos, e soldados — talvez enxergassem a vida como trágica. Podem ter visto a queda do herói como vingança pelo que os homens dominantes tinham feito a eles. No entanto, a visão de mundo trágica não dava a eles chance para resistir ao sofrimento, apenas lhes dizia que ele era inevitável.

Os escritores de tragédias clássicas só conseguiam representar a natureza como uma fronteira, um limite às pretensões do herói. Pelo ponto de vista de nascimento, morte e renovação, as tragédias interrompem a ação no momento da morte. Talvez as peças de comédia e sátira que as seguiam completassem o ciclo, mas as tragédias por si só são incompletas.

Escritores de tragédias não podiam ou não queriam representar os prazeres de uma vida vivida em interdependência com a natureza e com outros seres humanos como alternativa à conquista e à dominação. Em *A Ilíada*, o herói, Aquiles, precisa escolher entre uma vida simples como agricultor ou a morte certa no campo de batalha, que o levará a se tornar um herói célebre. Embora Homero questione a sabedoria da escolha de Aquiles e lamente os horrores da guerra, ele não consegue imaginar uma alternativa à norma.[40] A menos que aceitemos a visão do guerreiro de que as estruturas de dominação são uma parte inevitável da vida, a tragédia clássica não deve ser tomada como fonte de entendimento essencial da condição humana.

O sistema educacional de base europeia, fundamentado nos "clássicos", afirmou que os gregos da Atenas clássica são os primeiros "homens racionais" a fornecer as bases para a cultura ocidental moderna. Sem fazer uma crítica aos valores das culturas guerreiras, os cursos da "civilização" ocidental apresentam o "herói trágico" como um modelo eterno da natureza humana. Somos ensinados (de maneira sutil e muitas vezes sem reconhecer o que estamos aprendendo) que o sofrimento causado pela guerra e pelas estruturas de dominação é uma das condições da finitude. E não recebemos ferramentas para compreender a diferença entre o sofrimento inevitável e o causado pelo homem.

Vida após a morte

A religião da Deusa nos aconselha a aceitar a morte como parte do ciclo da vida. A morte é compreendida como um retorno à terra, ao útero que nos deu à luz. Isso significa que ela não nos separa da teia da vida nem do poder da Deusa. Nossos corpos serão transformados, fornecendo nutrientes para a terra e para outras criaturas. Nossos espíritos seguirão na vida daqueles que se lembrarem de nós. Nossos corpos e almas (como o de todos os seres) permanecerão na memória do corpo de Gaia.[41] Isso é tudo que eu sei.

Existe, além disso, uma sobrevivência pessoal após a morte? Comunicações com os ancestrais em sonhos, visões e experiências de quase morte sugerem que talvez exista. Poucas horas antes do falecimento da minha mãe, senti que a mãe e o pai dela, sua irmãzinha que havia morrido e seu próprio bebê falecido estavam esperando por ela.[42] Anos depois, tive um sonho vívido em que minha mãe me pedia perdão por não ter me contado a verdade a respeito do que meu pai sentia por mim. Será que isso significa que minha mãe e seus parentes sobreviveram à morte?

Experiências como essas já foram interpretadas como uma comprovação da ideia cristã de vida eterna, mas, na verdade, elas não nos dizem nada sobre a eternidade. Se forem mais do que projeções, as experiências de vida após a morte nos falam do momento da morte e de comunicações com aqueles que morreram. Não nos dizem por quanto tempo ou em que forma nós sobrevivemos à morte. Minha sugestão é que as experiências de vida após a morte sejam interpretadas como indícios de uma sobrevivência condicional e finita após a morte.[43] A sobrevivência após a morte dependeria de uma conexão contínua com os vivos. Sobreviveríamos e teríamos a capacidade de influenciar o presente e o futuro enquanto os vivos se lembrassem de nós. Quando já não formos mais lembrados pelos vivos, nossa presença pessoal no mundo desaparecerá. Para aqueles que desenvolveram uma forte conexão com outras pessoas durante a vida, a transição para a morte definitiva não seria abrupta, mas gradual.

Essa visão é congruente com a ideia da vida como interdependente, e combina com a noção de muitos povos tradicionais que acreditam que seus ancestrais sobrevivem enquanto seus túmulos forem cuidados. Também explica a influência contínua dos santos que supostamente cuidam daqueles que visitam seus santuários. A ideia de que sobrevivemos à morte contanto que os vivos se lembrem de nós é consistente com a minha experiência e meu entendimento, mas vejo-a como uma possibilidade, não uma certeza. Estou disposta a viver na dúvida a respeito de coisas que não tenho como saber.

Muitos adeptos da religião contemporânea da Deusa acreditam em reencarnação. Na minha opinião, a reencarnação é uma interpretação plausível do significado do símbolo da Deusa como Doadora, Ceifadora e Renovadora de Vida. Certamente nossos corpos são re-en-carnados (voltam à carne) quando se tornam comida para outros seres na teia da vida. Nossos espíritos seguem, para o bem ou para o mal, na memória e na vida daqueles que se lembram de nós. Há também uma percepção de que compartilhamos memórias comunais dos tempos, eventos e povos passados. Nesse sentido, a reencarnação é muito consistente com o entendimento da vida como conectada, interdependente e corporificada.

As teorias de reencarnação muitas vezes vão além, declarando que nossa individualidade, personalidade ou alma renasce em outro corpo. Não tenho experiências que indiquem que isso seja verdade. Nunca tive experiências de "vidas passadas", nem busquei tê-las. Acho que tenho memórias suficientes da infância enterradas para passar o resto da vida escavando. Estou inclinada a enxergar as histórias de vidas passadas que outras pessoas me narraram como recontos metafóricos de sentimentos ou experiências desta vida. E embora não rejeite por completo a ideia de existir algum tipo de reencarnação pessoal, considero-a uma interpretação menos convincente da minha experiência do que a ideia de sobrevivência condicional à morte.

Suspeito de teorias de reencarnação que são apresentadas como racionalizações do sofrimento humano. Da minha perspectiva, a visão de reencarnação da Nova Era muitas vezes parece uma tentativa de afirmar que estamos no controle de cada aspecto da nossa vida. Noções populares de reencarnação afirmam que nossa posição nesta vida é uma recompensa ou uma punição (ou, numa versão mais amena, uma oportunidade de aprendizado) determinada pelas nossas ações em outras vidas. Seguidores das filosofias da Nova Era muitas vezes afirmam que nós "escolhemos" nascer em situações humanas específicas; insistem que, se sofremos incesto ou abuso na infância, ou se passamos fome ou se nascemos em um país devastado pela guerra, nós "escolhemos" aquela situação porque ela nos oferece uma "lição" que precisamos aprender. Quando tais teorias são usadas para fornecer uma explicação para o nosso sofrimento, parecem-me uma tentativa de negar que somos de fato finitos, interdependentes, e que não temos pleno controle das condições da nossa vida. Quando usadas para fornecer uma justificativa para o sofrimento dos outros, acredito que se tornem perniciosas.

A religião da Deusa, tal como a compreendo, exige humildade. Há muitas coisas na vida que não podemos controlar ou mudar; também há muitas coisas que não compreendemos nem sabemos. Contanto que aproveitemos a vida que nos foi dada, sejamos cautelosos com a tomada de outras vidas e aceitemos a morte como o fim inevitável da vida em nosso corpo, não acredito que precisemos saber a forma exata de nossa renovação e regeneração após a morte.

CAPÍTULO 7

A HUMANIDADE NA TEIA DA VIDA

E nós somos a natureza. Somos a natureza diante da natureza. Somos a natureza com um conceito de natureza. Natureza chorando. Natureza falando de natureza para natureza.[1]

A principal verdade sobre seres humanos é que somos parte da natureza. Assim como outros seres, os humanos são relacionais, interdependentes e corporificados. Como muitos outros animais, somos comunais e sociais. A capacidade de refletir e de agir, apontada como o que nos diferenciava da natureza, deve agora ser usada para moldar um novo lugar para a humanidade na teia da vida.

Nós somos natureza

Qualidades e habilidades antes vistas como exclusivamente humanas de modo algum nos separam dos outros seres na teia da vida, nem nos colocam "acima" ou "à parte" da natureza. Nossa inteligência não nos destaca; na verdade, é apenas uma expressão da inteligência que existe na natureza.[2] Rochas e árvores, rios e montanhas, podem nos comunicar sua sabedoria se estivermos dispostos a ouvir. Humanos não são os únicos animais capazes de expressar sentimentos: os cachorros choramingam, os gatos ronronam, os cavalos relincham. Não somos os únicos animais capazes de criar tecnologias: aranhas tecem teias, pássaros constroem ninhos, castores montam represas e outros primatas usam "ferramentas" como gravetos e pedras para coletar alimentos e prepará-los. Não somos os únicos animais a ter comportamentos simbólicos: pavões abrem a cauda para chamar atenção, cachorros se deitam de barriga para cima para indicar que não querem brigar, macacos exibem os dentes quando se sentem ameaçados. Humanos não são nem os únicos animais capazes de aprender a usar a linguagem humana, uma vez que já ensinaram chipanzés e gorilas a se comunicar conosco usando sinais e outras linguagens. Já foi dito que os animais têm um senso de moralidade.[3] Um grupo de cientistas australianos e neozelandeses propôs uma revisão do gênero *Homo* para incluir gorilas e chipanzés devido à proximidade do DNA deles e do humano.[4]

Porém, embora nossa inteligência tenha origem na natureza, até onde sabemos, seres humanos são as únicas criaturas com a habilidade de desenvolver um conceito de natureza, a única espécie que tenta controlar a natureza, a única que pensa na relação com outros seres na natureza, que reflete sobre as consequências de nossas ações. De fato, somos capazes de contemplar não apenas as consequências de nossas atitudes, mas também as consequências da nossa maneira de pensar. Essa é nossa singularidade como seres humanos, assim como a habilidade de voar é a singularidade de criaturas com asas. Embora não sejamos "melhores" nem "superiores" do que outros seres, somos diferentes em algum nível.

Compreender a natureza humana como parte da natureza inspira maior respeito pela diversidade da experiência humana do que definir a natureza humana primariamente pela nossa capacidade racional. Se dizem, como se faz em boa parte da tradição ocidental, que a particularidade do ser humano é a consciência racional, a autorreflexão racional, a capacidade de tomar decisões morais racionais baseadas em princípios universais, então fica difícil evitar a conclusão de que alguns humanos, especialmente homens brancos com certo nível de instrução, são mais humanos do que certas camadas da humanidade. Essa visão muitas vezes levou à ideia de que "o outro" — mulheres, crianças e grupos étnicos, culturais e raciais — está mais próximo da natureza, de que são "bárbaros" e "selvagens". Porém, se a particularidade do ser humano for amar de forma inteligente outras pessoas e todos os seres na teia da vida, e regozijar-se na vida finita e corporificada que nos foi dada, então (homens brancos) intelectuais não são de modo algum obviamente superiores. Na verdade, talvez seja exatamente o oposto.

Seres humanos relacionais e interdependentes

Seres humanos são essencialmente relacionais e interdependentes. Estamos ligados uns aos outros desde que nascemos até o dia de nossa morte. Nossa existência depende do apoio e do sustento da teia da vida, do corpo terrestre, mais do que podemos sequer imaginar. O primeiro dom que recebemos como seres humanos é o nascimento, o segundo é o alimento, tanto comida quanto amor. Sem esses dons, não estaríamos aqui, não sobreviveríamos. Amor inteligente corporificado *de fato é* a base do ser.

Somos interdependentes de maneira tão fundamental que, como diz Martin Buber, não existe "Eu" sem um "Tu", não existe um eu que não seja criado em relação com outro.

> A palavra-princípio Eu-Tu só pode ser proferida pelo ser na sua totalidade. A união e a fusão em um ser total não pode ser realizada por mim e nem pode ser efetivada sem mim. O Eu se realiza na relação com o Tu; é tornando Eu que digo Tu.
>
> Toda vida atual é encontro.[5]

Eu me torno um "Eu", um "ser na sua totalidade", apenas quando digo "Tu", apenas em um relacionamento. Buber afirma que é errado dizer que primeiro nós "somos" e depois nós "entramos em" relações:

> Ao contrário, o instinto de relação é primordial, como a mão côncava na qual o seu oponente possa se adaptar. [...] No princípio é a relação, como categoria do ente, como disposição, como forma a ser realizada.[6]

Como não existe um eu isolado da relação, os pais têm o poder de criar seus filhos para serem inteligentes e amáveis ao tratá-los com amor inteligente. O psicoterapeuta J. Konrad Stettbacher reconhece esse fato ao escrever:

> Como você nasceu é como você viverá. Se foi realmente desejado por sua mãe e seu pai, será capaz de amar. Vai querer viver e aproveitar a vida. Se foi respeitado pelos seus pais, você vai respeitar a vida.[7]

Parece simples, mas é verdade. Aprendemos a amar porque somos amados. Aprendemos a respeitar a vida porque a vida em nós é respeitada. O eu é criado em relação.

Dessa perspectiva, o eu independente das filosofias e teologias tradicionais pode ser visto como uma ficção. Muitos filósofos já retrataram o "homem" como um indivíduo racional e moral isolado, que precisa "abrir mão" de parte de sua "independência" para estar em um relacionamento. Alguns filósofos falam até mesmo de uma "oposição" intrínseca entre "o eu" e "os outros", que são vistos como uma "usurpação" da "liberdade do eu". No entanto, se nossas vidas são fundamentalmente interdependentes e nossa noção do eu é criada em relação com os outros, então esse entendimento é falso.

Em contraste, a feminista e antropóloga de religião Karen McCarthy Brown aponta que em muitas culturas tradicionais "desenvolver uma noção forte do eu não leva à autossuficiência, mas a vínculos sociais mais intensos e sustentáveis". Se adotássemos essa visão como normativa, poderíamos concluir que "é justamente em uma relação responsiva e responsável com os outros que uma pessoa adquire o mais nítido e estável senso do eu".[8]

Rompendo os laços da vida

Compreender que relações criam, nutrem e sustentam o eu também significa reconhecer que relações podem abalá-lo e destruí-lo. Quando o amor inteligente corporificado é retido ou negado, a teia da vida é rompida. Uma criança que não é amada se torna carente e deseja morrer. Stettbacher escreve: "'Eu não posso viver se você não me quer e não consegue me amar' é o refrão inevitável de toda criança indesejada e, por consequência, mal-amada".[9] Como esse sentimento é muito doloroso, as crianças tentam reprimir essa primeira experiência de rejeição. Em vez de enfrentarem o passado, as crianças que não são amadas passam a acreditar que o mundo é um lugar sem afeto e que elas não são dignas de serem amadas.

Acredito na teoria de Stettbacher por experiência própria. Durante meus vinte, trinta e quarenta e poucos anos, passei por períodos de depressão grave, normalmente desencadeados pelo que eu via como a rejeição de parceiros, amigos, familiares ou colegas. Nesses momentos, eu repetia sem parar: "Ninguém me ama, ninguém nunca vai me amar, eu queria morrer". Quando mergulhava na depressão, sentia-me vulnerável, não sabia como sair daquele desespero e não entendia a causa do meu sofrimento.[10]

Embora possa soar um pouco melodramática, a descrição que Stettbacher faz de uma criança traumatizada retrata com precisão os subtons da minha vida, ainda mais no que diz respeito ao drama que envolvia, de maneira inevitável, meus relacionamentos amorosos mais íntimos. "Nós não amaremos a vida. Vamos suportá-la, incapazes de aceitar a nós mesmos e ao mundo. Tudo que fizermos será angustiante. Nosso mundo será ofuscado pela ansiedade, nossa vida, tiranizada pelo medo."[11] Embora eu nem sempre sofresse de forma consciente, vivia em uma nuvem contínua de medo de que meus sentimentos de inutilidade fossem engatilhados justamente pelas relações de que eu mais precisava.

Recentemente, aceitei que meu pai era incapaz de amar seus filhos completa e abertamente sem tentar controlá-los. Eu sofria porque ele não conseguia reconhecer a minha individualidade. E, confirmando a teoria de Stettbacher (embora eu tenha lido seu livro depois desse importante avanço), a maneira de dar sentido à minha dor foi compreendê-la. Quando entendi que meu sofrimento tinha uma causa e que essa causa não era minha inutilidade intrínseca nem a ausência de amor no universo, respirei aliviada. E, conforme respirava, o vazio que sempre senti começou a ser preenchido por vida e amor. Desde então, consegui entender que sou e sempre fui merecedora de amor. Sobrevivi à rejeição do meu pai porque fui amada pela minha mãe e pelas minhas avós. Agora consigo aceitar mais facilmente o amor que me é oferecido porque não preciso ampliá-lo para preencher um buraco em mim. A rejeição dos outros já não é uma ameaça porque não tem o poder de me fazer sentir que talvez eu não mereça ser amada, afinal.

Considerar a ideia de que não fomos amados nem desejados pode parecer muito doloroso, mas, para aqueles de nós que não fomos amados, a dor que já experimentamos é pior. Muitos estão sofrendo, muitos sentem um vazio, muitos encontram pouca alegria na vida, e se perguntam por quê. Acredito que a razão mais básica para isso seja que não fomos amados, desejados e aceitos por inteiro durante a infância.

Alice Miller, psicoterapeuta e teórica, alega que a violência infantil está incorporada nos métodos tradicionais de criação dos filhos considerados comuns nas nossas culturas. A ideia de que crianças devem ficar sempre quietas e obedecer, agindo de acordo com a vontade dos pais, as priva de toda a espontaneidade, individualidade e da própria vida. A ideia de que não bater na criança vai deixá-la mimada legitima a violência como um modo de exercer controle parental. Mesmo pais que não batem nos filhos costumam tentar controlá-los de maneiras mais sutis. Crianças que crescem com essa pedagogia tóxica aprendem que não têm direito à própria vida e, em uma tentativa desesperada de agradar aos pais, reprimem sentimentos e sensações, o poder da força vital dentro delas. O preço que pagam é a perda de qualquer alegria. E, a menos que tenham a chance de entender e curar a própria dor, é provável que inflijam dor a outros.[12]

Concentrarmos na cura e na dor que podem ser causadas às crianças pequenas dentro da família não significa que não sejamos profundamente afetados por outros relacionamentos também. A possibilidade de cura para os traumas da infância só enfatiza a importância de todas as nossas relações. Todas têm o poder de nos tornar amáveis, responsivos e responsáveis. Todas têm o poder de romper nossos vínculos com os outros e com a teia da vida.

Independência relacional

Embora seja verdade que não existe um eu isolado da relação, o feminismo chamou atenção para o perigo de "nos perdermos" em relacionamentos. Muitas mulheres foram definidas ou se definiram tão exclusivamente por meio de seus maridos, familiares ou amantes que não têm qualquer senso de individualidade e valor. Além disso, muitas já sofreram violência e assédio em seus relacionamentos, tanto emocional quanto físico, incluindo incesto e agressão. Ao reconhecer as dimensões problemáticas dos relacionamentos, as feministas argumentam que mulheres, como todos os seres humanos, precisam desenvolver uma noção do eu forte o bastante para resistir à violência. Além disso, as feministas insistem que os relacionamentos são mais ricos quando entramos neles com uma noção mais definida do eu.

No entanto, na busca por reafirmar a individualidade e o valor femininos, muitas pensadoras erram ao adotar de forma acrítica o modelo do "eu independente" das tradições literárias e filosóficas ocidentais. A visão ocidental dominante de que relacionamentos são essencialmente limitadores da liberdade do eu é encontrada na peça clássica de Henrik Ibsen, *Uma casa de bonecas*. A protagonista, Nora, afirma sua independência ao fechar a porta e abandonar o marido e os filhos. A ação dramática nos diz que uma mulher precisa escolher entre seu "eu" e sua família. Nora se tornou um modelo para a heroína feminista. Em seu influente livro *Política sexual*, a teórica feminista Kate Millet escreveu: "Nora Helmer, de Ibsen, é a verdadeira instigadora da revolução sexual".[13] No início do movimento feminista do final do século 20, muitas feministas acreditavam que casamento e filhos eram incompatíveis com a liberdade da mulher. Um das razões pelas quais não tive filhos foi o fato de que aceitava essa ideia.

A teóloga mulherista Delores Williams criticou as feministas brancas por incitarem mulheres a buscarem "liberdade" às custas de seus relacionamentos e de suas responsabilidades para com a família e a comunidade. De acordo com Williams, mulheres negras norte-americanas, como grupo, nunca tiveram a liberdade financeira e psicológica para abandonar os laços familiares. Apenas dentro de sua família e comunidade pessoas negras encontram os recursos para combater o racismo da sociedade em geral. Williams cunhou o termo *independência relacional* para nomear a compreensão de que, para mulheres negras, a liberdade pessoal deve ser encontrada no contexto de laços e obrigações para com os outros.[14]

Embora o modelo de independência relacional de Williams tenha raízes na luta particular da autora como mulher negra em uma sociedade racista e sexista, ele é adequado a todos nós, negros, brancos, amarelos ou pardos, mulheres ou homens. A junção dos termos *independência* e *relacional* expressa a percepção de que relacionamentos são necessários à vida humana e de que relações nutridoras promovem a independência das duas partes. Nesse modelo, o eu não é conquistado ao se tornar independente de relações, mas ao aprender a viver de forma independente e interdependente com elas. Relações que promovem independência nem sempre precisam ser baseadas em uma noção de igualdade. Muitos relacionamentos, como o de pais com um bebê ou de um professor com um estudante, não são mútuos nesse sentido.

Mas, em tais relações, o objetivo deveria ser as duas partes alcançarem a independência relacional, uma noção forte do eu.

Porém não se deve negar que pode ser difícil para as mulheres alcançar a independência relacional nas sociedades modernas. Minhas amigas que têm filhos falam de anos em que, como Nora, sentiram ter perdido a independência do eu dentro das relações. Talvez isso seja especialmente real na inconstante classe média, onde laços de vizinhança, de apoio familiar e de amigos foram rompidos e um ou ambos os pais tem um emprego que não lhes permite tempo para participar de forma integral da criação das crianças. Como a expectativa da sociedade é de que a mãe seja a principal responsável pelo cuidado dos filhos "dela", as mulheres com frequência sentem que devem lidar sozinhas com demandas e responsabilidades esmagadoras. É evidente que a independência mútua poderia ser mais facilmente alcançada por mães e filhos se os empregos permitissem a todos nós (homens e mulheres, pais e outros) tempo para passar com as crianças, e se mães e pais tivessem uma rede de familiares, amigos e apoio da comunidade com a qual pudessem contar.

O modelo de independência relacional também se aplica aos que vivem sozinhos por períodos mais longos ou mais curtos. Independência relacional não significa que só estamos completos se casados ou vivendo em "um" compromisso com um parceiro ou um filho. Como muitas outras pessoas solteiras ou divorciadas, já fui torturada pela expectativa social de que alguém só pode encontrar plenitude dentro de "uma" relação. Em relacionamentos baseados na suposição de que mulheres devem ceder mais do que os homens, é difícil para elas alcançar a independência relacional. Nestes tempos de mudança nas expectativas de papel de gênero, nem todas nós conseguimos encontrar um parceiro que apoie nossa independência dentro da relação, mas é fato que, assim como aquelas que vivem com parceiros ou familiares, as mulheres que vivem sozinhas são criadas, moldadas e nutridas em relações.

Não importa se vivemos sozinhas ou com outras pessoas, precisamos aprender a reconhecer e a valorizar todas as relações, não apenas aquelas sancionadas pelo sistema jurídico ou pelas expectativas sociais. Durante um período em que quis ter um filho, uma mulher que eu mal conhecia me disse que não sabia se um dia eu teria uma criança biológica, mas que já tinha muitas filhas espirituais.[15] Nos últimos tempos, comecei também a nomear e valorizar os sete anos que servi "como segunda mãe" para o meu irmão mais novo, Kirk, desde que ele nasceu, quando eu tinha dez anos, até o momento em que saí de casa para fazer faculdade.

Para celebrar esses vínculos nem sempre reconhecidos, lésbicas e gays criaram cerimônias de compromisso.[16] Pelos últimos vinte anos, mais ou menos, houve conversas clandestinas entre mulheres casadas, solteiras, lésbicas, que admitem a importância das nossas amizades e que imaginam viver perto e cuidar umas das outras na velhice. Talvez possamos desenvolver muitos tipos de novos rituais para reconhecer, celebrar e aprofundar os vínculos nutritivos que estão começando a funcionar para nós como novos modelos de família, família agregada e comunidade. Duas das minhas amigas mais próximas e eu compartilhamos rituais nos quais nos adotamos como irmãs.[17] Quando, mais tarde, uma dessas relações passou por um conflito, nós duas sabíamos que nosso compromisso uma com a outra era, como uma de nós escreveu em uma carta, "para com a minha irmã, haja o que houver".

Nutrindo a vida

Dar à luz e nutrir crianças são expressões importantes da vida relacional, interdependente e corporificada. A imagem da Deusa celebra o corpo feminino e seus poderes, inspirando um senso de respeito por mães e pela maternidade que se perdeu nas sociedades patriarcais, especialmente em culturas modernas. A religião da Deusa fornece um antídoto importante para a difundida visão (muitas vezes promulgada por instituições "de ensino", incluindo universidades) de que o "sucesso" é encontrado na realização pessoal e na independência de relações.

Por outro lado, ter um filho biológico não é o único jeito de corporificar o poder da Deusa como nutridora de vida. Irmãs e tias, madrastas e padrastos, professores etc. estão muitas vezes tão envolvidos na criação de crianças quanto pais e avós. Animais e plantas também são filhos da Deusa. Todo mundo que já cuidou de um jardim, teve um animal de estimação ou trabalhou na preservação de rios e córregos se engajou no sustento da vida e no crescimento.

Nestes tempos em que os seres humanos representam uma grande ameaça à sobrevivência de plantas, animais e do corpo da terra, a decisão de ter filhos (para aqueles de nós que podem escolher) não é sempre a mais sábia. Métodos anticoncepcionais e o aborto são consistentes com a preocupação pelo sustento da vida. Ao contrário do que dizem algumas noções contemporâneas, os métodos anticoncepcionais e o aborto não são invenções modernas. Mulheres sábias de muitas culturas tradicionais conheciam ervas que preveniam a concepção ou causavam abortos prematuros. Uma das principais acusações às mulheres julgadas por bruxaria no *Malleus Maleficarum* (*O martelo das feiticeiras*) era a habilidade de causar ou impedir o nascimento.[18] Essa acusação provavelmente era baseada em fatos.[19] Muitos anos atrás, contei a alguns alunos que tinha lido em um jornal feminista radical que certas ervas causavam aborto. "Ah, é", respondeu uma jovem católica mexicana-americana. "*Rosamaria*, chá de alecrim. Minha avó diz que faz descer uma menstruação muito atrasada."

O uso responsável de métodos contraceptivos pode nos proteger de doenças sexualmente transmissíveis e da concepção de crianças que não estamos preparados ou que não somos capazes de sustentar. Quando o anticoncepcional falha, quando não temos acesso a ele ou não entendemos sua importância, o aborto pode ser a melhor opção. A psicóloga arquetípica Ginette Paris fez a declaração radical de que "é um pecado contra a vida, a criança e a coletividade não abortar quando necessário. Como é a falha do anticoncepcional que leva ao aborto, e como errar é humano, é desumano não aceitar o aborto". Em oposição aos que se dizem contrários ao aborto, ela argumenta que, na maioria dos casos, o aborto não é egoísta, mas altruísta, não é egocêntrico, mas responsável. Reconhecendo que a vida é interdependente e relacional, Paris afirma que forçar alguém a ter uma criança que não deseja é um grande erro tanto com a mulher quanto com o feto.

> Como o vínculo entre mãe e filho é o mais íntimo de todos, obrigar uma mulher a ter e criar uma criança contra sua vontade é um ato de violência. Isso força e degrada o vínculo mãe-filho, semeando rancor onde deveria haver apenas amor, receptividade e acolhimento.[20]

Eu vejo o aborto como a tirada de uma vida em potencial. Qualquer tomada de vida deve ser abordada com muita restrição. Devemos tomar apenas o necessário do corpo da terra, e o aborto não deve ser feito de forma leviana. Na religião da Deusa, abortar, assim como matar para garantir alimento, deveria ser um ato marcado por um ritual que reconheça que só tomamos o necessário, que honre a vida que foi tirada, que agradeça à teia da vida por tudo que nos deu e, se possível, que oferte um presente.[21]

Conflitos e sofrimentos nas relações

Dizer que o amor inteligente corporificado é a base do ser e que o eu é formado com base em relacionamentos não significa dizer que dá para evitar conflitos e sofrimentos. Assim como não podemos viver sem tirar a vida de outros seres para o nosso sustento, o conflito também é inevitável em todas as relações humanas. Nascemos vulneráveis e dependentes de outras pessoas para sermos alimentados, confortados e cuidados e, no entanto, aqueles de quem dependemos têm as próprias necessidades, algumas das quais não têm nada a ver conosco. Haverá momentos em que o choro de um bebê vai interromper a necessidade legítima dos pais de dormir, comer, conversar com amigos, ficar a sós ou trabalhar.

À medida que crescemos, nós nos tornamos menos dependentes, mas nunca superamos a necessidade de amor e conexão. No entanto, nas relações humanas, é comum que uma pessoa precise de coisas que a outra não pode dar, ou que só pode dar a um grande custo pessoal. Como somos diferentes, tanto limitados quanto enriquecidos por nossas histórias e perspectivas pessoais, nem sempre veremos as coisas da mesma forma que os outros. Portanto surgirão conflitos de opiniões e julgamentos.

Karen McCarthy Brown encontrou um reconhecimento da inevitabilidade do conflito na sensibilidade das comunidades haitianas que estudou. Ela afirma que "surge um senso moral [...] que, se nem sempre aprecia os conflitos da vida, ao menos os aceita como uma verdade profunda e inevitável".[22] Tal realismo é um importante corretivo aos ideais cristão e da Nova Era de amor altruísta e incondicional, que nos levam a imaginar que podemos viver em perfeita harmonia uns com os outros. Quando se reprime conflitos porque eles não se encaixam em um ideal de comportamento amoroso, a relação pode acabar envenenada.

Na infância, a raiva que eu sentia era sempre contida, até que se tornou crítica e punitiva. Em contraste, na cultura da Grécia moderna, a raiva é expressa com facilidade. Quanto mais vivo na Grécia, mais aprendo a apreciar uma expressão direta e simples de raiva, que sinaliza que uma relação está passando por um conflito. Isso pode levar as duas partes a buscarem uma solução. A reconciliação pode ser menos complicada se a raiva e o conflito forem vistos como parte natural do ritmo de um relacionamento. Porém, enquanto uma expressão simples e direta de raiva pode levar à cura, uma raiva acumulada ou usada para punir ou destruir o outro é tóxica. A diferença é que a raiva evidente diz "Pare, isso me magoa", enquanto a raiva tóxica diz "Como você pôde fazer isso, seu lixo inútil?".

Como somos limitados, também é inevitável que a gente, sem perceber, cause sofrimento aos outros. Isso costuma acontecer nos relacionamentos quando dores mal resolvidas nos tornam egocêntricos e nos impedem de enxergar como nosso comportamento afeta o outro. A reação adequada, quando nos damos conta de que magoamos alguém, é assumir a responsabilidade e pedir desculpas. Quando nos desculpamos, a dor do outro não é agravada pela dúvida do que ele fez para merecer nossa atitude. Assumir a responsabilidade também significa tentar entender e transformar o sofrimento que causamos aos outros e a dor mal resolvida dentro de nós. No entanto, se reconhecemos que o sofrimento é inevitável nas relações humanas, não vamos nos culpar em demasia por sermos humanos.

Nossos corpos por nós mesmas

Seres humanos não são apenas interdependentes e relacionais, mas também corporificados. Nossos corpos não são lares imperfeitos para nossas almas racionais, nem é a carne uma "corrupção" de uma natureza "mais perfeita". Pelo contrário, devemos tomar nossos corpos por nós mesmas,[23] como nosso modo de ser neste mundo. Tudo o que sabemos, sofremos, fazemos, acontece no e por meio do nosso corpo. A imagem da terra como o corpo da Deusa é um símbolo poderoso da vida corporificada. Até mesmo a Deusa se conhece e se faz conhecer por meio de seu corpo.

Nossa mente não é separada do corpo. Sensações e sentimentos não são a antítese do pensamento: são ingredientes essenciais para nossa sabedoria. A eticista cristã feminista Beverly Harrison expressa bem esse fato:

> Todo conhecimento tem raiz na nossa sensualidade. Conhecemos e valorizamos o mundo, se o conhecemos e valorizamos, por meio da nossa habilidade de tocar, ouvir, ver. *A percepção* é o fundamento da concepção. A ideias dependem da nossa sensualidade. O sentimento é o ingrediente corporal básico que media nossa conexão com o mundo. Todo poder, incluindo o poder intelectual, tem raízes no sentimento. Se ele é afetado ou interrompido, nosso poder de imaginar o mundo e de agir nele é destruído.[24]

Quando somos alienados dos sentimentos e sensações, perdemos o poder de pensar com clareza. O corpo é, como diz Adrienne Rich, "a base material da nossa inteligência".[25]

Nossos hábitos dualistas de pensamento, porém, levam muitas pessoas a considerar o sentimento e a sensação menos importantes que o pensamento. Embora essa atitude não seja prevalescente na contracultura criada pelo movimento de psicologia humanista, mantém-se entranhada no sistema educacional e de trabalho. A negação do sentimento é um aspecto importante da ética protestante e do espírito do capitalismo. "Manter a compostura" é uma parte essencial da socialização, especialmente para os homens do norte da Europa e da América do Norte. O psicoterapeuta J. Konrad Stettbacher aponta e desafia essa visão ao escrever:

> *Sentimentos e sensações não são tão importantes. É melhor esquecê-los o mais rápido possível. Uma pessoa que pensa desse jeito é uma criança daquele tempo. Vivemos em uma era em que o virtuosismo intelectual e a inteligência brilhante são adoradas, respeitadas e recompensadas. Geralmente não se repara no fato de que, em termos evolutivos, essa posição de importância pinacular do intelecto é relativamente recente.*

Stettbacher argumenta que sentimentos e sensações deveriam receber atenção e ser valorizados, pois são os "guardiões da vida":

> Por milhões de anos [...] foram sentimentos e sensações que guiaram e direcionaram a vida. [...] São os guardiões da nossa espécie, da vida em si. Portanto, são nossos recursos mais valiosos. [...] Se prestarmos atenção, eles nos mantêm no caminho certo em relação a todos os aspectos de nossa existência.[26]

Dar ouvidos às sensações e aos sentimentos nos aterra ao corpo e às relações e nos põe em contato com as energias básicas da vida.

Nas sociedades modernas, porém, somos muito alienados de nossos corpos e da sabedoria advinda de nossos sentimentos e sentidos. Embora muitos rejeitem a visão de que o corpo é uma fonte de pecado e tentação, poucos aprenderam a valorizar e a ouvir por completo o próprio corpo. Ao optarmos por morar em cidades e subúrbios, nos privamos do contato renovador com plantas, animais, ar puro e água limpa, e muitas vezes com outros humanos também. Trabalhamos tanto que nosso corpo fica estressado, cansado, apático. Quando chegamos do trabalho, é comum que não queiramos interagir com ninguém. Esperamos que as crianças fiquem quietas, que nossos parceiros não nos peçam nada. Usamos televisão, drogas e álcool para abafar nossos sentimentos. O culto da aparência física, embora seja preferível à alienação na frente da TV, muitas vezes não é uma comunhão genuína com o físico. Em vez de fazer uma trilha, nadar em um lago ou plantar uma horta, vamos para academias e nos exercitamos em máquinas ou acompanhados por música alta. Em vez de aceitarmos a singularidade de cada corpo físico, inclusive o nosso, tentamos remodelá-los, deixá-los magros ou musculosos, seguindo padrões que nos são apresentados de fora do eu.

Passei muitos anos em um emprego que me deixava frustrada e insatisfeita ao fim de quase todo dia. Então eu pegava um trânsito intenso na volta para casa, conversava com meu marido sobre o dia, jantava e tomava uma taça de vinho, depois assistia à televisão até pegar no sono. Só quando comecei a passar os verões em uma vila grega onde podia ver o Sol todo dia e a Lua toda noite, caminhar o quanto eu quisesse e nadar no mar, foi que me dei conta de quão pouco eu me permitia aproveitar meu corpo na vida cotidiana.

Mesmo assim, levou anos para que eu desse ouvidos ao que meu corpo estava dizendo. Tinha sido condicionada a acreditar que o estilo de vida norte-americano era muito superior a qualquer outro, e que a minha vida era "a melhor possível". Afinal, eu tinha um bom emprego, uma casa grande e bonita (com uma enorme hipoteca), um carro vermelho e cintilante (com um financiamento longo). O sonho americano. E, ainda assim, meu corpo me dizia que algo estava errado, que a alegria que eu havia vivenciado quando meus sentidos estavam inteiramente despertos não estava presente em minha rotina.

O poder do erótico

Em seu ensaio inovador "Uses of the Erotic: The Erotic as Power", a poeta e teórica mulherista Audre Lorde chamou "o erótico" de um poder capaz de nos despertar da alienação embotada do nosso corpo. De acordo com Lorde, podemos vivenciar o poder do erótico na paixão sexual, bem como em qualquer troca "física, emocional, psíquica ou intelectual". É "um sentimento íntimo de satisfação, e, uma vez que o experimentamos, sabemos que é possível almejá-lo", e que "diz respeito à intensidade e à completude do que sentimos no fazer".[27]

Lorde declarou que, ao suprimir o erótico, nossa cultura nos afasta da nossa mais profunda fonte de conhecimento não racional. Ela argumentou que só estamos vivos por completo quando permitimos que nossos sentimentos e sensações mais intensos aflorem:

> Quando passamos a viver de dentro para fora, em contato com o poder erótico que existe dentro de nós, e permitindo que esse poder oriente e ilumine nossas ações no mundo ao nosso redor, é que começamos a ser responsáveis por nós mesmas no sentido mais intenso. Pois conforme passamos a reconhecer nossos sentimentos mais profundos, é inevitável que passemos também a não mais nos satisfazer com o sofrimento e a autonegação, e com o torpor que frequentemente faz parecer que essas são as únicas alternativas na nossa sociedade.[28]

O erótico é um poder transformador porque fomos ensinadas que não devemos esperar sentir prazer. Uma vez que reconhecemos ter direito à satisfação e à alegria, começamos a mudar a maneira como vivemos em "sofrimento e autonegação" ou em "torpor".

Como somos afastados do erótico na nossa vida cotidiana, muitos de nós identificam o erótico principalmente como expressões sexuais espontâneas, mas o poder do erótico pode ser sentido ao nadar no mar, ver o pôr do sol, rir com os amigos, segurar alguém no colo, acariciar um gato, pintar uma parede, cozinhar uma refeição, em qualquer trabalho bem-feito. Conforme aprendemos a vivenciar o poder do erótico em tudo que fazemos, entendemos que sexualidade é apenas uma das muitas portas à satisfação física e espiritual. Apesar disso, a sexualidade pode ser uma expressão poderosa de nossa conexão com outros e com todos os seres na teia da vida. A energia sexual pode ser uma força quase irresistível que nos leva a nos conectar com outro corpo humano. A experiência sexual pode ser extasiante, nos tirar do ordinário, dar abertura a nossos sentimentos mais profundos, nos conectar à alma e ao corpo de outra pessoa, expandir os limites do ego. A sexualidade pode nos deixar muito conscientes da nossa imersão nos ritmos do universo, de nossos laços com toda a teia da vida. Para nós, a sexualidade também pode ser um veículo de comunicação profunda, uma expressão intensa do amor inteligente corporificado. Todas as relações sexuais, sejam homossexuais ou heterossexuais, monogâmicas ou não monogâmicas, têm esse potencial. Mas quando usamos nossa sexualidade para dominar ou violentar, tiramos prazer sem nos preocuparmos com o outro, quando geramos crianças das quais não podemos cuidar, rompemos a teia da vida.

Teóricas feministas já apontaram que o controle da sexualidade feminina é uma das exigências da família patrilinear, onde o nome e a herança são passados pelo pai. Um homem só pode ter certeza de que é o pai biológico dos filhos de sua esposa se a mulher fizer sexo exclusivamente com o marido. Em um sistema patrilinear, a sexualidade feminina é uma ameaça à dominação e ao controle masculinos. Com a ascensão do dualismo, a sexualidade feminina também passou a ser vista como uma ameaça à tentativa "do homem" de se libertar das amarras da natureza. A existência de corpos femininos chama atenção ao fato de que homens não brotam já adultos da cabeça de Zeus. Como o pensamento dualista surge dentro de sociedades patriarcais, não surpreende que a mulher seja demonizada e que sua sexualidade seja vista como "a porta do inferno" ou a causa para o "impulso maligno" no homem. Enquanto essas visões forem normativas, a violência contra a mulher parecerá justificada, e tanto mulheres quanto homens serão alienados do corpo e da sabedoria que ele carrega.

Mulher e homem

A diferenciação sexual é um dos fatos óbvios da nossa existência corporal. No entanto, embora essa diferença seja reconhecida em todas as sociedades, o significado atribuído a ser mulher ou homem é um produto das culturas. Nas sociedades de pequena escala e que não são altamente militarizadas, os papéis femininos e masculinos em geral são complementares: mulheres e homens são reconhecidos por suas contribuições para a tribo ou o clã, e a maternidade e o cuidado das crianças são valorizados.[29] Em contraste, nas sociedades bélicas e patriarcais, o papel do homem dominante é mais valorizado: o papel das mulheres é definido pela maternidade, e a maternidade é vista como menos importante do que a carreira militar, intelectual, espiritual, ou outras atividades masculinas. Na teologia cristã, afirmava-se que a mulher deve tentar ser "feito um homem" (o que, nesse caso, significa mais "racional" ou "espiritual" do que é de sua "natureza") para poder se relacionar com Deus (que é visto como racional, espiritual e "homem"). De acordo com Adrienne Rich, tais visões fizeram do corpo "um problema tão grande para as mulheres que com frequência parece mais fácil se livrar dele e vagar como um espírito desencarnado".[30]

Mulheres e homens diferem de maneiras significativas, mas os valores dados às nossas diferenças no dualismo clássico são falsos. Além disso, as diferenças entre mulheres e homens não são tão grandes quanto se costuma pensar. Mulheres têm seios, vaginas, ovários e úteros, enquanto homens têm pênis e testículos. Tirando essas diferenças sexuais biológicas óbvias (ou "primárias"), cientistas não entraram em um consenso a respeito de nenhuma outra característica que distinga por completo a mulher e o homem. E mesmo aí o assunto não é tão evidente. Embora apenas mulheres possam dar à luz, nem todas as mulheres têm essa capacidade ou fazem essa escolha. E embora nenhuma mulher possa dar à luz sem a contribuição de um homem, nem todo homem pode gerar ou de fato gera uma criança. A afirmação de diferenças sexuais primárias entre homens e mulheres é ainda mais complicada pela existência de indivíduos cuja morfologia e/ou identidade de gênero não é evidentemente feminina ou masculina.

Todas as características sexuais "secundárias" recaem em um *continuum*. Em geral, homens têm mais testosterona (o assim chamado hormônio masculino), enquanto mulheres têm mais estrogênio (o assim chamado hormônio feminino) desde a puberdade até a meia-idade. Porém todos nós possuímos estrogênio e testosterona, e, antes da puberdade e após a meia-idade, os níveis desses hormônios não são significativamente diferentes em homens e mulheres. Outras diferenças, como força física e altura, também caem em um *continuum*. Geralmente, os homens são mais altos que as mulheres, mas algumas mulheres (como eu) são mais altas que a maioria dos homens. De modo similar, algumas mulheres têm maior força física que a maioria dos homens. As supostas diferenças de temperamento relacionadas a sexo, como homens serem "mais agressivos" do que as mulheres, ou as mulheres serem "mais carinhosas" do que os homens, são ainda mais difíceis de definir e testar, e estão muito sujeitas a condicionamento cultural. Elas não foram comprovadas de forma definitiva e são assunto de intenso debate acadêmico e científico. Todos nós sabemos que algumas mulheres são mais agressivas que alguns homens, e que existem homens mais carinhosos do que muitas mulheres.

É importante afirmar que todas as diferenças entre mulheres e homens, exceto aquelas (ou talvez inclusive aquelas) estritamente biológicas em nossos sistemas reprodutores, caem em um *continuum*. No entanto, se somos nosso corpo, as diferenças em nossos corpos provavelmente têm algum efeito na maneira como vivenciamos o mundo. O fato biológico de que as mulheres engravidam e dão à luz, combinado ao fato cultural-biológico de que mulheres são em geral as principais responsáveis pelo cuidado de bebês e crianças, pode facilitar que elas entendam que a vida é corporificada, relacional e interdependente, e reconheçam a conexão humana com a natureza. Tais diferenças de percepção e sabedoria corporal, se existem mesmo, são sutis, difíceis de mensurar, e não são absolutas. Se quisermos facilitar para que os homens compreendam que também são corporificados, relacionais, interdependentes e conectados com a natureza, podemos possibilitar que eles estejam presentes no nascimento dos filhos[31] e que dediquem tempo considerável ao cuidado das crianças e de outros seres vivos.

Reconhecer que existem ou podem existir diferenças entre homens e mulheres não é negar as qualidades básicas que compartilhamos. Ambos são corporificados. Ambos são relacionais e interdependentes. Ambos dão e recebem amor e sustento. Ambos criaram tecnologias. Ambos refletem a respeito de suas vidas e das vidas de outros seres. Essas qualidades não são femininas nem masculinas. Nos pontos mais importantes, somos iguais.

A orientação sexual também parece cair em um *continuum*. A "preferência" sexual pode ser dividida em três componentes: comportamento social, sentimento erótico e sexualidade genital. A maioria das pessoas no mundo, incluindo as que mais se opõem à homossexualidade, são predominantemente homossociais, o que significa que convivem majoritariamente com pessoas do mesmo sexo. Sociedades tradicionais dividem o mundo entre esferas masculinas e femininas, e a maioria das pessoas passa a maior parte do tempo com outras do mesmo sexo. Na família norte-americana convencional, os homens jogam ou assistem a esportes juntos, vão a bares ou clubes para beber e socializar entre si. Já as mulheres fazem parte de grupos na igreja, coletivos de cuidadoras e clubes femininos. Nas reuniões de família, mulheres se juntam para conversar sobre cuidados com a casa e os filhos, enquanto homens vão para outro cômodo discutir esportes, política e maneiras de ganhar dinheiro. Embora as mulheres estejam cada vez mais inseridas no mercado de trabalho, mulheres e homens ainda parecem ter estilos de comunicação e interesses díspares. A maioria das pessoas é tanto homoerótica quanto heteroerótica, o que significa que têm sentimentos profundos e expressam afeto físico por pessoas do mesmo sexo e do sexo oposto. Até mesmo a expressão sexual genital cai em um *continuum*. Muitas pessoas preferem o sexo oposto, algumas preferem o mesmo sexo, e outras ficam em algum ponto no meio disso. O importante é expressarmos amor inteligente corporificado em todas as nossas relações.

Comunidades e sociedades, culturas e instituições sociais

As relações humanas estão inseridas em comunidades e sociedades, culturas e instituições sociais. Idealmente, comunidades são grupos de pessoas que se unem para se apoiarem no trabalho, no lazer e nas celebrações do sentido da vida. Sociedades são comunidades em grande escala.

Comunidades são as criadoras de significados culturais. Nas comunidades humanas primitivas, coletores e caçadores viajavam juntos em pequenos grupos, compartilhando o trabalho de cuidar das crianças, coletar comida, e se unindo nas caçadas. Eles tinham símbolos, rituais e histórias que os ajudavam a entender os padrões de seu modo de vida, articular valores e se orientarem em relação aos grandes poderes do universo. Ou seja, eles tinham religião, cultura e estruturas sociais e econômicas elementares.

Depois que os povos se assentaram e aprenderam a cultivar a terra, símbolos, rituais e histórias continuaram a guiar suas vidas, que agora eram centradas no processo de cultivar alimento no solo fértil, pastorear animais, fazer cerâmica e tecelagem. Em grupos pequenos, as tradições eram passadas oralmente no curso da vida cotidiana, e às vezes em celebrações ritualísticas comunais. Conforme as comunidades evoluíram para sociedades maiores e mais complexas, os valores foram codificados em instituições culturais: registros escritos, leis, religião, educação, política, economia, medicina, arte, comunicação e forças militares.

A cultura e as instituições sociais moldam nossas vidas desde o nascimento, orientando-nos se quem deve ser a primeira pessoa a segurar um bebê é a mãe, a avó, a parteira, a médica, a enfermeira, o pai, a babá, a irmã. Quando alguém fala com um bebê pela primeira vez, usa uma linguagem codificada com construções culturais. A linguagem nos diz o que significa ser um eu, como nos relacionamos com os outros e com a natureza, o que significa ser homem e mulher. A língua inglesa, por exemplo, determina que a gente fale e aja diferente com meninos e meninas. Meninas são doces e delicadas e com elas devemos falar baixinho. Elas gostam de bonecas, coelhinhos e livros. Meninos são mais fortes e ativos. Gostam de barulho e de serem sacudidos. Preferem bolas, luvas de beisebol e armas. Os pais e outras pessoas que tentam romper esses estereótipos enfrentam dificuldades. Quando meu sobrinho tinha dois anos, minha mãe e eu o presenteamos com um boneco no Natal e ele adorou. Porém, depois que ele foi botar o boneco na cama, meus irmãos usaram a linguagem para zombar dele. "Você é uma menininha", disseram. Ele nunca mais brincou com o boneco.

Os estudiosos de linguística descobriram que os idiomas ocidentais enfatizam a separação do eu de maneiras que outros idiomas não fazem. Quando Susan Griffin escreve que "nós somos a natureza chorando" ou Paula Gunn Allen escreve que "nós somos a terra", ficamos confusos porque essas construções não são familiares em nossas línguas. Fomos ensinados que a natureza deve ser controlada pelo homem e que a terra é o lugar onde vivemos. Quando ouvimos que "Ela é uma nova criação", ficamos chocados porque as convenções da nossa língua dizem que Deus é homem. O poder da linguagem tem sido um tema frequente neste livro, mas a linguagem é apenas um exemplo das formas como nossas vidas são moldadas por instituições sociais e culturais. Outras instituições, como educação, economia, política, medicina, lei, arte, comunicação e forças militares, além, lógico, da religião, codificam valores culturais, dizendo-nos quem somos e como devemos viver.

A Revolução Industrial e a sucessiva migração para as cidades levaram ao colapso as comunidades tradicionais que tinham sustentado a vida por milênios. Muitos daqueles que vivem nas cidades modernas e em subúrbios estão tão alienados da comunidade quanto da natureza. A mobilidade da vida moderna, considerada um símbolo de liberdade, causou solidão e isolamento. Mesmo em democracias políticas, muitos sentem que elites indiferentes tomam as decisões importantes que afetam a vida social. Conforme as cidades colapsam e a falta de moradia e a violência se expandem, alguns anseiam pela segurança da comunidade de cidades pequenas.

É importante não romantizar o passado. Cresci em uma cidade pequena onde havia um senso de vizinhança e comunidade. Quando nos mudamos para lá, a cidade estava absorvendo um grande fluxo de forasteiros se mudando para os condomínios construídos no lugar dos laranjais. Meus irmãos e eu brincávamos de mestre mandou e jogávamos bola com as outras crianças da rua, e minha família conhecia todas as famílias do quarteirão e a maioria dos outros moradores da cidade. Mas também presenciei a mentalidade estreita e os preconceitos de uma cidade pequena. Embora não questionasse essas coisas na época, não aprendi nada de positivo sobre os mexicanos que moravam em uma cidade vizinha. O único grupo de escoteiras da escola rejeitava novas integrantes, inclusive eu. Como a garota mais esperta e mais alta da turma, eu nunca "me encaixei" no cenário social da minha escola. Suspirei de alívio ao sair daquela cidade. Amigas que cresceram em vilarejos na Grécia também falam das restrições de uma vida em pequenas comunidades.

Não poderíamos voltar ao passado mesmo que quiséssemos, mas ainda precisamos de uma comunidade para sobreviver e prosperar como seres humanos. Não podemos viver sozinhos. Algo muito básico se perde quando tememos andar pelas ruas do nosso bairro. Precisamos de comunidades que nos deem apoio no trabalho e no lazer, e nos ajudem a criar as crianças. Nós nos sentimos melhor quando estamos inseridos em um grupo que compartilha uma linguagem, valores, e nos ajuda a compreender nosso lugar no universo. Devemos trabalhar com outras pessoas se quisermos ter influência sobre decisões sociais. Tudo isso ressalta a necessidade de criar comunidades para substituir as que foram perdidas.

Diversidade e diferença na comunidade humana

Uma das maiores tentações da vida humana é limitar nosso amor e nosso interesse a nós mesmos e aos que estão mais próximos, como membros da nossa família, da comunidade ou da sociedade. No idioma grego moderno, por exemplo, as palavras *ksénos* e *kséni*, que significam "estranho" ou "estrangeiro", podem ser aplicadas a qualquer um que não seja da mesma vila que você, ou mesmo aqueles da vila com quem você não compartilha laços familiares. Os gregos são famosos pela tradicional hospitalidade com "estranhos".[32] Por outro lado, o estranho fica à parte do sistema de deveres e obrigações éticas que cabe aos "mais próximos". A maioria dos grupos, comunidades e sociedades não inclui "o outro" em seus sistemas de valores éticos.

No pensamento ocidental tradicional, a maneira de expandir nossos limites de interesse é substituir o pensamento "particularista" por valores "universais". Dizem que, se conseguirmos reconhecer que todos compartilhamos uma natureza humana universal, então poderemos superar nossas diferenças sexuais, étnicas, culturais e históricas. Recentemente, essa maneira de pensar tem sido criticada por mulheres e membros de grupos étnicos que não acham boa ideia abrir mão das singularidades e diferenças de nossas identidades. Argumentamos que os valores "universais" que nos pedem para abraçar se parecem muito com os dos homens brancos dominantes.

A tealogia da Deusa afirma que viemos todos da mesma fonte, enquanto declara que a diversidade é o grande princípio do corpo terrestre. Nessa visão, a diferença não é contrária à unidade. Somos diferentes e interligados na teia da vida. Não apenas a diferença entre espécies, mas entre culturas e grupos étnicos, pode ser vista como uma contribuição à riqueza do corpo terrestre. Seria tedioso demais se existisse apenas um tipo de canto de pássaro, apenas uma estação, apenas uma cultura.

Entretanto fomos ensinados a temer as diferenças humanas. Esse medo é em parte uma herança das culturas de dominação que definiram os povos conquistados como inferiores, selvagens, bárbaros. Se os opostos superior e inferior, civilizado e selvagem, são as únicas opções para a interpretação da diferença, então não surpreende que a temamos. Se aqueles que são diferentes são "incivilizados" ou "bárbaros", então devem ser violentos, e nosso medo é justificado. Se nos permitirmos apreciar a alteridade do outro enquanto mantemos uma estrutura dualista, então devemos negar a nós mesmos. Surge um senso de autoaversão e culpa, que por sua vez evoca uma reação defensiva de autoafirmação.[33] Assim, cria-se um ciclo vicioso.

Se pudermos aprender a apreciar as diferenças na natureza sem categorizá-las entre superior ou inferior, melhor ou pior, talvez possamos também aceitar e apreciar as diferenças entre e dentre nós mesmos como seres humanos. Audre Lorde sugeriu que "o poder do erótico" é capaz de nos ajudar a apreciar essa diferença: "Compartilhar o gozo, seja ele físico, emocional, psíquico ou intelectual, cria uma ponte entre as pessoas que dele compartilham que pode ser a base para a compreensão de grande parte daquilo que elas não têm em comum, e ameniza a ameaça das suas diferenças".[34] Isso nos remete aos aldeões gregos tradicionais com os quais começamos essa discussão. Embora eles errem ao não incluir o outro em seus sistemas de valores e obrigações éticos, o prazer que sentem em compartilhar comida, bebida, conversa, música e dança com estranhos pode nos ensinar muito sobre como aprender a enxergar as diferenças como enriquecedoras.

Tecnologia

A tecnologia humana advém da natureza e é um aspecto da nossa cultura. Durante milênios, as tecnologias humanas tiveram um impacto limitado na teia da vida.³⁵ Porém, há milhares de anos, as tecnologias humanas já possuem uma capacidade muito maior de alterar o curso da vida do que as criadas por outros animais. Essa verdade tem se tornado cada vez mais evidente desde a Revolução Industrial. Nos últimos tempos, as tecnologias humanas também contribuíram para um senso de alienação da natureza e de outros seres na teia da vida.

As primeiras ferramentas humanas foram gravetos e pedras usados para cavar, caçar e preparar comida, abrigo e roupas. Essas tecnologias permitiram que seres humanos sobrevivessem, mas não proporcionam grandes modificações no ambiente. Na revolução neolítica, foram descobertas novas técnicas de plantio e de colheita, a cerâmica e a tecelagem, e animais pecuários foram domesticados. Agricultores desenvolveram sistemas de irrigação, arados e técnicas para fundir metais: primeiro cobre, depois bronze. Essas invenções começaram a mudar a relação humana com a teia da vida. Ainda assim, a religião enfatizava o lugar dos seres humanos nos ciclos naturais.

A domesticação do cavalo, a invenção da roda e a forja de armas de bronze e de ferro permitiram que a guerra (e com ela o controle da terra e de humanos) se tornasse um fator significativo da cultura humana. Muitos séculos depois, a Revolução Industrial produziu a fábrica moderna, o motor a vapor, a eletricidade, o telefone, o rádio e a televisão, o computador e a energia nuclear. Com a Revolução Industrial, o senso de alienação da teia da vida foi intensificado. Na verdade, muitos passaram a acreditar que a tecnologia permite que os humanos "conquistem", "controlem" e "superem" a natureza.

No entanto, os seres humanos e as tecnologias criadas por eles são parte da natureza. Tudo que fazemos e tudo que criamos tem uma consequência na teia da vida. Se mudamos o curso de um rio para construir nossas casas onde um dia esteve o leito, podemos esperar que um dia o rio volte e inunde nossa residência. Se construímos vasos sanitários, não podemos despejar o esgoto em rios e mares sem que uma hora isso afete a vida das criaturas que vivem neles, sem poluir a água da qual dependemos. Se construímos cidades sobre falhas tectônicas, podemos esperar sentir os efeitos dos terremotos, não uma, mas várias vezes.

Quando reconhecemos que nossa tecnologia, assim como nós, está inserida na natureza e não à parte dela, compreendemos que precisamos transformar radicalmente nossa consciência no que diz respeito aos propósitos e aos limites tecnológicos. Devemos abandonar a ideia de que a tecnologia nos permite "controlar a natureza" e, consequentemente, escapar da finitude. Precisamos admitir que toda intervenção tecnológica traz vida para alguns seres e morte para outros. Precisamos pesar cada uma de nossas tecnologias em uma balança que inclua todas as criaturas no círculo da vida.

Filhos da violência

Os seres humanos que vivem nos tempos de hoje são profundamente influenciados pela violência de nossa história coletiva. Como escreveu a filósofa e romancista Doris Lessing, os nascidos no século 20 são filhos da violência, "concebidos, criados, alimentados e crescidos na violência".[36] Nosso mundo está perpetuamente em guerra, um mundo que já passou por genocídios. Negar a conexão com outros humanos e com todos os seres na teia da vida é essencial para o combate, e os soldados voltam para casa com essa visão, que se manifesta nas famílias e nas relações sociais. Os nativo-americanos dizem que são necessárias pelo menos quatro gerações para que os efeitos da guerra sejam extirpados de uma sociedade.[37] A sociedade europeia, entretanto, está maculada pela violência da guerra há milhares de anos.

Nossa capacidade de amar e de compreender são afetadas pela violência que já experimentamos. Não surpreende que sociedades violentas produzam seres humanos violentos. Também não surpreende que sociedades nascidas da violência produzam cidadãos que perpetuam ou fazem vista grossa para a violência institucional da pobreza, do racismo, do sexismo, da homofobia, da guerra, do genocídio e da destruição da ecosfera.

A violência vivida no passado está codificada em símbolos e instituições culturais que definem nosso senso de realidade e de valor, moldando nossas vidas desde muito antes de compreendermos as alternativas. Nenhum leitor deste livro inventou o racismo, o sexismo, o classismo, a homofobia, o nacionalismo, o imperialismo ou o especismo — nem os nossos pais, avós, professores ou líderes políticos. Porém mesmo aqueles que foram ensinados pelos pais a amar a vida são profundamente afetados pela violência estruturada em símbolos e instituições culturais.

Assim como as pessoas, as culturas podem mudar, e quando as condições e as vontades são fortes o bastante, temos a capacidade de transformar nossos sistemas e instituições simbólicos e criar alternativas. Atualmente, começaram a ser levantadas questões relacionadas aos sistemas de valores e às instituições que antes eram vistas como necessárias e inevitáveis.

Reflexão e ações morais: razões para ter esperanças?

Seres humanos têm grande capacidade de curar e de ferir, ou, em termos convencionais, de fazer o bem e o mal. Os poderes humanos de reflexão e ação morais, que muitos dizem serem os responsáveis por nos distinguir da natureza, devem agora ser usados para criar um novo lugar para os seres humanos na teia da vida. Embora pensar e agir (de modo equivocado) tenha criado muitos dos problemas que nós e o corpo de Gaia enfrentamos atualmente, a esperança humana repousa apenas na nossa capacidade de pensar e agir de modo diferente sobre nosso lugar na teia da vida.

Na religião da Deusa, a fonte de moralidade é o sentimento profundo de conexão com todas as pessoas e criaturas na teia da vida. Agimos moralmente quando vivemos conscientes e responsáveis para com o valor intrínseco de cada ser com quem compartilhamos a vida na Terra. Quando fazemos isso, incorporamos o amor que é a base do ser. De acordo com a historiadora social Lucia Chiavola Birnbaum, "a justiça é o principal valor que surge de estudar a [religião da] mãe terra".[38] Os atenienses fundaram seu primeiro tribunal em um rochedo próximo à colina da Acrópole, conhecida como Areópago, por causa do entendimento ancestral de que os princípios de justiça vêm da fundação sólida da terra. Essa noção também levou os gregos a adorar Têmis como a deusa da ordem social.

Nas tradições monoteístas, a fonte de moralidade é a lei revelada por um Deus que supostamente está além da natureza e da história. Segundo as convenções dualistas racionalistas, a razão humana deve ascender sobre o corpo e a natureza para contemplar princípios éticos transcendentes. A religião da Deusa, em contraste, não possui qualquer lei revelada ou princípio transcendente de moralidade. Algumas pessoas argumentaram que, sem uma base transcendente para a ética, não pode haver qualquer "princípio crítico de justiça", mas essa visão se baseia em um pensamento dualista: se a natureza é brutal e cega, então a moralidade não pode ser fundamentada na natureza. No entanto, se a natureza é inteligente e amorosa, se nossa capacidade para o amor e para o julgamento moral são fundados na natureza, então não precisamos nos sujeitar a uma lei de amor transcendente.

É um temor comum que a ética baseada no sentimento humano seja "limitada", "egocêntrica", "narcisista" e "hedonista". Pensa-se que, se os humanos forem encorajados a seguir seus sentimentos, nós iremos atrás de interesses egoístas às custas dos outros. Por essa perspectiva, o eu ético é um indivíduo isolado que deve ser motivado externamente a entrar em uma relação responsável com outros: uma fonte transcendente precisa evocar uma noção de "dever" ou "obrigação", fazendo com que nos tornemos "altruístas", "generosos" ou "abnegados". Porém, se nossos interesses são realmente interdependentes com os interesses de outras pessoas e seres, não precisamos abrir mão de nossas vontades pessoais, apenas expandir nosso entendimento delas.

Desafiando a ideia de que a moralidade deve estar enraizada em valores transcendentes, a filósofa Simone de Beauvoir escreve: "Se não amamos a vida por nossa conta e por meio de outrem, é vão procurar uma maneira de a justificar".[39] Para ela, a moralidade surge da vida, e seu propósito é tornar a nossa existência e a dos outros melhor. Isso significa que a tomada de uma decisão ética sempre acontecerá no contexto das ambiguidades da vida finita. De Beauvoir argumenta que as pessoas que declaram que a moralidade deve vir de uma fonte transcendente muitas vezes infligem grande mal em nome de uma "lei superior". Ao acreditarem serem motivadas por princípios abstratos de certo e errado, essas pessoas afirmam que quaisquer meios são justificados para se alcançar o objetivo. Cristãos, marxistas e terroristas do século 20 que declaram agir em nome de Deus têm causado grande mal em nome de princípios absolutos. A autora questiona: não seria melhor basear nossa ética na vida que conhecemos?

Concordo quando De Beauvoir afirma que a ética deve ser fundamentada no nosso amor pela vida. Quando estamos em contato com nossos sentimentos, sabemos que nossa alegria de viver só pode existir em interdependência com a alegria de outras pessoas e de todos os seres. Se tenho uma sensação de paz ou de júbilo quando vejo as cores do pôr do sol, ou quando sou envolvida pelo mar, também me sinto violada quando o céu é eclipsado por poluição marrom-amarelada ou o mar em que nado está cheio de sacolas plásticas. Se fico feliz quando estou em harmonia com corpo-mente-alma, também me sinto diminuída quando outras pessoas não entram em contato com suas forças vitais. A vida envolve conflito, dor e perda, mas cada um de nós vivencia uma grande sensação de bem-estar quando os outros estão realizados. Somente quando nossos sentimentos estão reprimidos que sentimos prazer com a dor do outro.

Porém, se isso é verdade, o que deu errado? E quanto a Hitler e as outras pessoas que cometeram genocídios? Por que a guerra é considerada a maneira de resolver conflitos? Por que nossas ruas estão cheias de violência? Por que o racismo persiste? Como podemos passar indiferentes por pessoas em situação de rua? Por que tantos dos nossos relacionamentos mais íntimos são definidos por violência física e psicológica? Por que a sociedade moderna está repleta de pessoas que acreditam ter o direito de tomar qualquer coisa de que precisem, usando quaisquer meios necessários? Por que continuamos a construir armas nucleares? Por que nações ricas exploram o povo e os recursos de nações mais pobres? Por que poluímos o planeta? Por que destruímos nossos corpos com cigarros, álcool, drogas e excesso de trabalho?

Parece bobo dizer que, quando não somos amados, não amamos, e que quando a vida em nós não é respeitada, não respeitamos a vida nos outros. No entanto, acredito que isso seja a verdade. Abusos físico, psicológico e sexual de crianças acontece no mundo todo. Pais violentos não são criados pelo diabo ou por algum princípio maligno dentro deles; são criados pelos próprios pais e pelas sociedades. O *ethos* de dominação e a tóxica pedagogia do controle encorajam pais e outras pessoas a pensar que estão fazendo apenas o que é esperado deles quando violentam os filhos.

Segundo J. Konrad Stettbacher, "o anseio pela morte e o prazer em matar são causados por uma hostilidade à vida instilada desde a infância".[40] Vítimas de violência infantil, tanto física quanto psicológica, muitas vezes apresentam comportamentos autodestrutivos, incluindo tentativas de suicídio, automutilação, autoinanição (anorexia) e alimentação compulsiva e purgação (bulimia). Muitos voltam a raiva para os outros, batendo nas esposas ou nos filhos, ou atacando a vida e a propriedade de estranhos. Outros apontam a hostilidade para alvos "socialmente aceitáveis", como os pobres, os homossexuais ou as mães solteiras. Alice Miller apontou que uma violência infantil severa moldou a personalidade do genocida Adolf Hitler e do sádico ditador romano Nicolae Ceausescu.[41] É provável que seus ávidos seguidores também tenham sofrido algum tipo de abuso na infância, dado que a tóxica pedagogia do controle era (e é) amplamente difundida em famílias e escolas na Europa (e na América).

Para transformar o ciclo de violência, precisamos avançar em diversos níveis ao mesmo tempo: devemos mudar a nós mesmos e às nossas relações próximas, especialmente com nossos filhos; devemos transformar os valores mais arraigados de nossa cultura; e devemos reconstruir nossas instituições sociais. Conforme iniciamos o trabalho de transformação moral, é preciso também reconhecer os limites de todo pensamento e tomada de decisão humanas; somos finitos e nossa perspectiva sempre será incompleta. Vivemos em um mundo que inclui morte e doença, terremotos e enchentes, dentre suas condições de vida. Fomos moldados pelas nossas famílias e pelos sistemas e instituições simbólicos de nossa cultura. Carregamos em nós a violência do passado e talvez nunca nos libertemos completamente dela. Existem muitas situações na vida que não podem ser modificadas pelo trabalho pesado, individual ou comunal, pelo menos não da maneira ou no tempo que gostaríamos.

Saber das limitações da nossa inteligência e vontade moral causa uma profunda sobriedade, mas também pode ser libertador. À medida que compreendemos todas as forças que nos moldaram enquanto indivíduos e sociedades, podemos parar de exigir perfeição de nós mesmos e dos outros. Se reconhecemos o esforço tremendo necessário para mudar a nós mesmos e às estruturas sociais que moldam nossa vida, podemos começar a dar mais valor para cada pequeno passo que indivíduos, grupos, comunidades e sociedades dão na criação de um mundo em que os poderes do amor e da vida sejam vivenciados de modo mais completo.

Todos nós sobrevivemos sustentando o peso da violência em nosso passado pessoal e coletivo, mas também vivenciamos o poder do amor inteligente que é a base de todo ser na teia da vida. Isso pode se tornar a base para a moralidade e para a transformação moral. Ninguém é perfeito, nem se pode esperar isso. Enquanto a humanidade trabalha para curar a teia da vida, o que se espera é que ela retribua o amor e o sustento que lhe foi dado e que tente contribuir um pouquinho mais para a vida de todas as pessoas e de todos os seres do que contribuíram aqueles que vieram antes de nós. Se valorizarmos nosso sentimento de conexão profunda, se amarmos a vida por nossa conta e por meio de outrem, e se tivermos a coragem de tomar atitudes com base no que sabemos, então talvez, apenas talvez, possamos construir um futuro melhor para nós, para nossos filhos, e para os outros filhos da terra.

CAPÍTULO 8

ETHOS E ÉTICA

Vivemos em uma época em que a humanidade desenvolveu meios de destruir a si mesma e à maioria das outras espécies com que divide o planeta. A guerra não tem fim. O abismo entre ricos e pobres só aumenta. Mães e filhos ao redor do mundo vivem na pobreza e na violência. Os rios e riachos, o mar e a terra, o ar que respiramos, tudo está sendo envenenado e poluído. Florestas estão sendo destruídas. O resultado desse caminho será um mundo radicalmente menos bonito, menos diverso, menos cheio de vida do que é agora. O desafio moral do nosso tempo é saber se os humanos conseguirão encontrar uma maneira de viver em maior harmonia uns com os outros e com todos os seres na teia da vida. A religião da Deusa oferece um *mythos* e um *ethos* que nos inspiram a ter esperança de que podemos criar um mundo diferente.

Mythos e *ethos*

Um *mythos* é um sistema de símbolos e rituais compartilhado culturalmente que define o que é real e o que tem valor. Um *ethos* é um modo de vida expresso nas atividades cotidianas, nos costumes, nas instituições sociais e na sensibilidade moral de uma cultura. Um *mythos* apoia um *ethos*, dizendo que certos modos de viver e de agir são corretos porque nos colocam em contato com o que é real e valioso. Da mesma forma, a vivência de um *ethos* reforça a noção de que o *mythos* ao qual ele está conectado é verdadeiro.

Os valores arraigados e o modo de vida de uma cultura, seu *mythos* e seu *ethos*, são interdependentes, como o antropólogo Clifford Geertz nos ensinou a ver.[1]

Um *mythos* é mais do que um sistema racional de valores: os símbolos falam tanto com a mente consciente quanto com a inconsciente, unindo a racionalidade com nosso mais profundo conhecimento não racional; rituais fortalecem o poder dos símbolos porque envolvem o corpo, a fonte de nossos mais intensos sentimentos. Os rituais e os símbolos desempenham papéis importantes na vida humana porque, como escreveu Zsuzsanna Budapest, "o que não é celebrado, o que não é ritualizado, passa despercebido, e a longo prazo [...] perderá o valor".[2]

Em culturas que estão passando por transformações sociais, novos valores e novos modos de viver são possibilitados e validados por meio de mudanças no *mythos*. Da mesma forma, novos modos de viver e novos valores legitimam um novo *mythos*. Hoje, com os valores e modos de vida patriarcais sendo desafiados, a autoridade do Deus do patriarcado está sendo questionada, e um novo *ethos* vem surgindo. Porém, antes de considerarmos o *ethos* da religião da Deusa, é importante ter um entendimento nítido do *ethos* que molda as sociedades modernas.

Mythos e *ethos* das culturas de dominação

Enraizadas no *ethos* do guerreiro, as sociedades modernas foram descritas como "culturas de dominação" pela historiadora cultural Riane Eisler.[3] O *ethos* das culturas de dominação afirma que o poder vem do controle. Dominadores são ensinados a controlar as mulheres, a natureza, as crianças, os animais, outros homens, o próprio corpo assim como sentimentos e sensações. O *ethos* da dominação renega ou menospreza a corporificação humana, as relações e a interdependência. No *ethos* das culturas de dominação, a finitude, a vulnerabilidade e a limitação são chamadas de "fraquezas".

O *ethos* da dominação é generizado. Espera-se que os homens dominem e controlem as mulheres. No papel do "sexo frágil", mulheres têm permissão para expressar sentimentos de dependência e de vulnerabilidade, são ensinadas a cultivar conexões eróticas em suas esferas, e às vezes convencidas a aceitar violências como algo normal. Embora as mulheres tenham sido vítimas do *ethos* da dominação, muitas agem como dominadoras em relações com crianças ou pessoas de outras raças, nações ou etnias definidas como inferiores ou subordinadas.

Os valores das culturas de dominação são legitimados por meio do *mythos* ou dos símbolos, histórias e rituais. Quando os valores das sociedades guerreiras patriarcais estavam se estabelecendo, o poder das Deusas ancestrais foi negado e novos Deuses foram entronizados. "Nosso senso de dependência e de unidade com as ordens e processos naturais"[4] foi despedaçado quando os novos Deuses proclamaram seu poder por meio do extermínio de grandes forças do mundo natural. Deusas e mulheres foram estupradas pelos Deuses, e mitos tornaram a violência um modo aceitável de "relacionamento" entre os sexos. Os novos Deuses lideraram exércitos à batalha, legitimando guerras de conquista e dominação.

O contínuo ritual de encenação dos mitos do patriarcado serve para nos convencer de sua veracidade. Na religião, na educação e nas artes, assim como na política e na economia, os valores das culturas dominadoras são constantemente reafirmados. O treinamento militar é um poderoso ritual de iniciação nas culturas de dominação; é o principal instrumento pelo qual sociedades dominadoras definem masculinidade e poder.[5] Desse modo, a força militar molda os valores fundamentais das nossas culturas.

No contexto altamente ritualizado da disciplina militar, soldados são proibidos de ter contato com mulheres, crianças e homens que não sejam guerreiros. Os exercícios de treinamento são pensados para causar exaustão física e mental, para que as "defesas" (sentimentos arraigados de conexão com outras pessoas e outros seres na teia da vida) sejam "quebradas" e o soldado se sujeite à "autoridade". Assim, o soldado está pronto para matar outras pessoas sob comando.

A cientista política feminista Judith Hicks Stiehm aponta que uma das características essenciais do ritual do treinamento militar é que ele seja realizado em homens jovens. Nesse sentido, é um rito clássico de iniciação.

> Perceba que [o treinamento militar] é majoritariamente aplicado a jovens de dezoito anos — os mais vulneráveis a questionamentos a respeito de sua masculinidade. Talvez um dos motivos para os homens não serem convocados

aos trinta anos, quando ainda são fisicamente fortes, mas já amadureceram o senso crítico, seja que homens mais velhos, que tendem a ser mais seguros de sua masculinidade, simplesmente não iriam.[6]

Como estão em uma idade vulnerável, os jovens não conseguem resistir com facilidade a serem moldados à imagem da dominação.

Qualquer soldado que questione ou recuse o "treinamento" militar é chamado de "fraco", de "maricas", de "menininha" ou de "mulherzinha", epítetos que indicam como o ódio à mulher está entranhado no *ethos* da dominação.

> O apelo à masculinidade faz parte do treinamento militar. Desde a conhecida frase "Esse é o meu rifle, essa é a minha arma [apontando para o pênis]; um é para matar, o outro é para diversão" até "Os fuzileiros navais precisam de bons rapazes", o orgulho da masculinidade faz parte do recrutamento e do treinamento. Quando uma instituição está tentando organizar e controlar grande número de rapazes indisciplinados [...] é útil poder dizer a eles que eles são, por natureza, melhores que metade da população.[7]

Diz-se que o exército transforma "meninos" em "homens". O que não se diz com tanta frequência é que a "masculinidade" significa a negação do eros de conexão e sua substituição pelo *ethos* de dominação, controle e violência. Os efeitos desse ritual de iniciação à masculinidade não desaparecem quando o soldado volta para casa e troca o uniforme e as armas por roupas civis.

O *ethos* de dominação continua a ser ritualizado e performado na vida cotidiana. É celebrado em feriados nacionais, quando chamamos as tropas militares para desfiles e relembramos aqueles que morreram lutando pelo país. A tristeza e a raiva de quem perdeu entes queridos na guerra são transformadas em patriotismo. O grito de "nunca mais" é reprimido e cria-se um clima em que aprendemos a igualar amor pelo país, honra e respeito pelos mortos, além de coragem e masculinidade, a uma disposição para matar. Essa associação é repetida sem parar em rituais de reencenação (e também em peças, filmes, livros e programas de televisão), até que começamos a acreditar que é verdadeira.

Ter prestado o serviço militar, e preferivelmente com "heroísmo" ("sucesso" em matar "o inimigo"), é considerado uma das qualificações mais importantes no governo de uma nação. É por isso que as mulheres, no geral, tiveram pouco sucesso em adentrar os níveis mais altos de liderança e governo nacionais. Uma abordagem histórica sugere que a própria ideia de Estado-Nação (como algo distinto de uma comunidade, grupo étnico ou povo) está ligada à guerra e à dominação. As "nações" com "fronteiras nacionais" passaram a existir quando grupos de guerreiros derrotaram populações locais e instalaram seus líderes militares como reis e "protetores" da terra e do povo que haviam conquistado.[8]

O *ethos* militar também permeou muitas outras instituições culturais. Pais e professores que reforçam a tóxica pedagogia do controle e esperam ser obedecidos de maneira inquestionável agem como oficiais do exército. Surpreende o fato de que, para alguns de nós, as lembranças de casa e da escola pareçam as de um acampamento militar? Os rituais de iniciação em muitas profissões, especialmente na medicina, mas também no direito e em pós-graduações, exigem que os estudantes se submetam à autoridade de seus superiores e, com frequência, induzem a uma exaustão física e mental semelhante à do campo de treinamento como técnica de controle. A preparação para competir em modalidades esportivas muitas vezes se assemelha a um campo de treinamento. Filmes, programas de televisão e músicas glorificam a competição e a violência. Dominação e controle estão consagrados nas estruturas de poder hierárquicas e autoritárias em todas as instituições sociais, incluindo negócios, leis, política, medicina, educação, artes, mídia e religião. Mulheres e outras pessoas que buscam adentrar essas instituições percebem que devem adotar a postura do dominador para subir na hierarquia. Nesses e em outros rituais da vida cotidiana, nós reencenamos as lições do treinamento "básico".

Desde o começo, as forças militares causaram grande destruição à vida. Além da devastação óbvia de povos e de outros seres nas guerras, o crescimento militar também esgota os recursos da sociedade. As árvores que foram derrubadas para zarpar para Troia contribuíram para o desmatamento das ilhas gregas. O tempo e o dinheiro gastos atualmente em todos os aspectos militares, incluindo as despesas com o exército e o custo de conserto dos danos causados pela guerra, consomem boa parte da produção mundial. E se toda essa energia e todo esse dinheiro fossem voltados para o sustento da vida?

Os símbolos e os rituais do judaísmo e do cristianismo são por vezes vistos como opostos ao *ethos* da dominação, mas as imagens de Deus nas tradições cristã e judaica frequentemente o abraçam. Vários grupos religiosos exigem que seus adeptos se submetam a uma autoridade "superior" que afirmam ser o emissário de Deus na Terra. Em vez de fornecerem uma força compensatória consistente para o *ethos* da dominação, o cristianismo e o judaísmo muitas vezes o reforçam.

Embora o *ethos* da dominação estruture os valores mais profundos da nossa cultura, isso não significa que não experimentamos amor e alegria. Se não experimentássemos amor e bondade, não sobreviveríamos. A romancista Anne Tyler escreve: "Embora isso seja mesmo bem... comovente, não é? O modo como a maioria dos seres humanos tenta. Como eles tentam ser tão responsáveis quanto conseguem".[9] Concordo com Tyler que, em nossa vida privada, a maioria de nós de fato tenta. Fazemos o melhor, dadas as nossas limitações. Com atos diários de bondade, com amor inteligente corporificado, sustentamos a teia da vida.

Rejeição a alternativas à dominação

Uma das mentiras mais perniciosas das culturas de dominação é a declaração de superioridade. O dominadores retratam as culturas ancestrais da Deusa e todas as sociedades pré-conquista, como as nativo-americanas ou os povos africanos e australianos tribais, como "primitivas", "bárbaras" ou "sanguinárias". Com essa mentira, justificam a própria brutalidade e a conquista sangrenta de outros povos em nome da civilização e do progresso. Além disso, tornam quase impossível para as pessoas dentro das culturas de dominação imaginar alternativas ao próprio modo de vida "superior", "avançado" e "civilizado". Conforme desmascaramos a mentira da superioridade na qual se baseiam as culturas de dominação, nos permitimos começar a imaginar a criação de uma ordem social diferente.

Embora seja possível aprender com as sociedades pré-patriarcado e com outras sociedades tribais e clânicas mais recentes, não podemos recriá-las. O mundo em que vivemos tem uma população bem mais numerosa e uma complexidade tecnológica muito maior do que o mundo daquelas sociedades tribais e clânicas. Reduzir a população mundial é um objetivo desejável, mas de longo prazo. E embora uma avaliação séria do verdadeiro custo da tecnologia pudesse nos levar a fazer mudanças radicais em nossa relação e nossa dependência dela, é improvável que a maioria das pessoas abra mão de toda tecnologia moderna. Devemos, portanto, imaginar e criar meios de viver em harmonia com outras pessoas e com a teia da vida em uma situação material muito diferente da enfrentada pelos povos antigos e pelos povos tribais e clânicos mais recentes. Além disso, precisamos confrontar o peso do passado, os séculos de violência a outros povos e ao meio ambiente. Ainda assim, saber que houve um tempo em que os seres humanos viviam em paz uns com os outros e com a teia da vida abre a possibilidade de fazermos isso de novo.

Mythos e *ethos* na religião da Deusa

A religião da Deusa, como todas as religiões, é um *mythos*, um sistema de símbolos e rituais, que molda um *ethos*, fornecendo um senso do que é real e estabelecendo padrões de ação. A compreensão de que todos os seres na teia da vida estão profundamente conectados é a sua principal visão moral. A professora nativo-americana Dhyani Ywahoo expressa esse conceito: "A sabedoria de nossos ancestrais, não importa de onde tenham vindo, aponta basicamente para uma verdade: tudo tem relação com você. Os nativo-americanos dizem 'todas as minhas relações', admitindo [...] a conexão com tudo que está vivo".[10] Essa visão é a antítese da ilusão dos dominadores de que eles são superiores a outros seres e a outros povos.

Aqueles que cresceram em culturas de dominação devem reaprender a valorizar a experiência de conexão. Os rituais e símbolos da religião da Deusa fornecem esse vínculo, trazendo vivências e sentimentos profundos à consciência, para que possam moldar nossa vida; ajudar a expandir e a aprofundar a compreensão de nossa interdependência para incluir todos os seres e todos os povos; nos unir e formar comunidades nas quais a preocupação com a terra e as pessoas seja corporificada.[11]

Os símbolos e os rituais da religião da Deusa celebram nossa conexão com os ciclos da Lua e as estações do Sol e nossa participação nos mistérios de nascimento, morte e renovação. Eles nos encorajam a apreciar a diversidade e a diferença: escuridão e luz, primavera e inverno, todos os povos e todos os seres são sagrados. Os símbolos da Deusa honram o corpo d'Ela e também o nosso corpo, convidando-nos a abraçar uma vida corporificada e a cuidar do corpo terrestre. Eles reafirmam a sacralidade da terra em sua particularidade concreta, chamando o solo em que pisamos de sagrado. As imagens da Deusa ressacralizam o corpo feminino, permitindo que mulheres se orgulhem de seu eu feminino, encorajando os homens a tratarem mulheres e crianças com respeito e a admitirem a própria conexão com a força vital. Esse é o *ethos*, o senso do que é real e valioso, criado pelo *mythos* da religião da Deusa.

A ética baseia-se em um *ethos*, no modo de vida de uma cultura, que por sua vez é moldado por um *mythos*. Decisões individuais, como o que fazer quando uma criança faz birra ou comprar ou não um carro, são importantes. Mas igualmente cruciais são as decisões que tomamos enquanto sociedade a respeito do apoio que damos a quem nutre vidas ou a respeito de um transporte público acessível. Isso significa que devemos sempre pensar no contexto mais amplo, no *mythos* e no *ethos*, no qual as decisões são tomadas. O contexto amplo em que a ética da religião da Deusa está surgindo é moldado pelo *mythos* e pelo *ethos* da dominação. Nossas escolhas éticas, portanto, se dão "em uma teia partida".[12] Somos filhos da violência e isso limita a capacidade de agir conforme nossa escolha.

Uma das nossas tarefas é criar um novo *mythos* e um novo *ethos* que possam nos ajudar a resistir aos valores das culturas de dominação. Por meio de símbolos e rituais, nomeamos nossos valores e reforçamos nosso compromisso, criando alternativas às imagens apresentadas tanto na educação superior quanto nos meios de comunicação de massa. Uma mudança de consciência não vai modificar de uma hora para outra as estruturas sociais, como acreditam alguns filósofos da Nova Era, mas também não vamos conseguir modificar as estruturas sociais se continuarmos a celebrar um *mythos* que apoia o *ethos* e as estruturas de dominação.

Mesmo se conseguirmos criar um novo *mythos* e um novo *ethos*, nossa capacidade de raciocínio moral ainda estará enraizada em nosso corpo. Não podemos fingir ter conhecimento universal, apenas expressar nossa opinião enquanto tentamos olhar pelo ponto de vista mais amplo possível. Como decisões morais são tomadas em um mundo que está em constante mudança e onde não se pode harmonizar todos os interesses, é raro que tenhamos que escolher entre certo e errado. Na maioria das vezes, precisamos escolher a melhor opção possível dada a situação, sabendo que algum mal pode advir disso. Ações morais sempre acontecem no contexto da "ambiguidade" da vida.[13] A religião da Deusa não pode nos fornecer uma nova versão dos Dez Mandamentos ou princípios éticos universais.

Mesmo assim, devemos nos perguntar se a religião da Deusa pode nos oferecer alguma orientação conforme tentamos viver seus preceitos no nosso mundo. Na minha vivência, descobri nove *critérios* que podem ajudar a traduzir o *mythos* da religião da Deusa em um *ethos*, um jeito ético de levar a vida.[14] Um critério é diferente de um princípio ou um mandamento; como uma bela pedrinha na areia da praia, um critério é descoberto observando-se ao concreto. Ele não deriva de uma fonte alheia a nós, e sim é de dentro da teia da vida. Pode-se consultar um critério para orientação, mas ele não nos diz precisamente o que fazer em alguma situação concreta. Um critério existe em meio a vários. Diretrizes éticas nunca podem ser reduzidas a uma lista perfeita e completa, elas são relativas às situações em que vivemos. Novos critérios podem ser acrescentados conforme forem descobertos, e os que ficarem obsoletos podem ser descartados.

Os critérios que encontrei podem ser aplicados a indivíduos, a comunidades e a sociedades. Esses nove critérios da ética da religião da Deusa são:

- Dar sustento à vida.
- Viver com amor e beleza.
- Confiar na sabedoria que vem por meio do corpo.
- Ser honesto sobre conflitos, dor e sofrimento.
- Tomar apenas o necessário.
- Pensar nas consequências de suas ações por sete gerações.
- Abordar a tomada de vidas com muita restrição.
- Praticar grande generosidade.
- Consertar a teia.

Dar sustento à vida é manifestar o poder da Deusa como nutridora. Honrar, respeitar e apoiar mães e crianças. Reconhecer que todas as pessoas e todos os seres estão conectados na teia da vida. Corporificar o amor inteligente que é a base do ser. Existem várias maneiras de dar sustento à vida: cuidar de crianças; cultivar um jardim; curar os doentes; criar um lar para pacientes terminais; ajudar mulheres a recuperarem a autoestima; falar a verdade sobre violência; reflorestar áreas desmatadas; trabalhar para dar fim à guerra. Nosso mundo seria muito diferente se o critério de todas as nossas ações fosse dar sustento à vida. E se nos perguntássemos toda noite: como minhas ações de hoje deram sustento à vida? A parteira e curandeira Ariska Razak aponta as implicações radicais de colocar o sustento em primeiro lugar: "Se começarmos a cuidar dos jovens com amor e expandirmos isso a um cuidado social para todos e a uma preocupação pessoal para com o planeta, teremos um mundo diferente".[15] Uma ética baseada no sustento da vida tem muito em comum com a "ética do cuidado" descrita pela psicóloga Carol Gilligan como um modo feminino de pensamento ético.[16] Acredito que, se os homens se envolvessem mais no sustento da vida em todos os seus aspectos, nós reconheceríamos a ética do cuidado como um modo humano de comportamento moral.

Viver com amor e beleza é apreciar a diversidade infinita de todos os seres no mundo natural, incluindo nós mesmos e outros humanos, e sentir que todo mundo quer ser amado. Essa compreensão nos foi transmitida em cantos do povo Navajo e nas palavras de Martin Buber, Susan Griffin e Alice Walker. Quando vivemos com amor e beleza, nos abrimos ao mundo e a todas as nossas relações. Ficamos perplexos com a beleza, e nossos corações se enchem e transbordam de amor. Uma canção de Libby Rodrick dá uma ideia da perda que sofremos quando as pessoas ao nosso redor não vivem com amor e beleza:

>Como alguém poderia lhe dizer
>Que você é menos do que linda?
>Como alguém poderia lhe dizer
>Que você é menos do que completa?
>Como alguém poderia não notar
>Que seu amor é milagroso?
>Como você está profundamente ligada à minha alma.[17]

A melodia dessa canção é quase uma cantiga de ninar. Quando a ouvimos, sentimos como poderíamos nos curar se aprendêssemos a viver com amor e beleza.

Confiar no conhecimento que vem por meio do corpo significa levar a sério o fato de que nós somos nosso corpo e de que as sensações e sentimentos são guardiões da vida. Vivenciar a alegria e a dor que nos vêm através do corpo. Permitir que o poder do erótico nos leve a questionar a negação do prazer e da satisfação que é inerente ao *ethos* da dominação. Tomar a terra como base e reconhecer nossa interdependência na teia da vida. Confiar na experiência do corpo também significa não nos submetermos a autoridade alguma — a nenhum sábio, guru, líder espiritual, tradição espiritual, político, conselheira, a ninguém. O *ethos* da dominação nos encorajou a depositar a nossa fé em autoridades externas, e isso gerou grandes dores e sofrimentos. Uma oração chamada "A carga da Deusa" contraria essa norma, lembrando-nos de que "se o que vós procurardes, vós não achardes dentro de vós mesmos, então nunca encontrarão fora".[18] Não confiar em autoridades não significa que não possamos aprender com os outros; aprender com aqueles que vieram antes de nós faz parte da vida interdependente, mas não devemos aceitar nada sem questionar. Tudo deve ser testado em nossa própria experiência.

Ser honesto sobre conflitos, dor e sofrimento significa não idealizar a vida, não negar a realidade de nossa vida pessoal e social. Para muitos de nós, traumas de infância e de outros tipos foram intensificados porque não tivemos a chance de entrar em conflito nem permissão para sentir nossas dores. A negação também é um fenômeno social. Os norte-americanos só podem seguir afirmando que vivem na "melhor sociedade do mundo" se negarem a violência e a destruição ecológica que acontece ao redor. Muitas pessoas na Alemanha de Hitler negavam a realidade das câmaras de gás. A negação só é possível quando separamos a mente do corpo. Quando confiamos no conhecimento que vem por meio do corpo, sentimos nossa própria dor e alegria e a dor e a alegria dos outros e do corpo terrestre.

Tomar apenas o necessário e pensar nas consequências de suas ações por sete gerações são critérios que vêm dos povos nativo-americanos.[19] O primeiro admite que conflitos — tirar a vida de outros seres — são inerentes à vida humana e, por isso, encoraja a restrição. O segundo reafirma a interconexão e nos pede para considerar não apenas as nossas necessidades, mas as de todas as nossas relações, por sete gerações, à medida que tomamos e devolvemos ao círculo da vida. Sete gerações é um tempo bem longo; a imaginação humana quase não consegue ir tão longe. Ninguém está pedindo que tentemos alcançar modelos impossíveis de perfeição, mas que consideremos as consequências de nossas ações em uma escala compreensível.

Abordar a tomada de vidas com muita restrição está implícito em tirar da natureza apenas o que precisamos. Coloquei como um critério separado porque aqueles que vivem em países industrializados tiram muito mais do que realmente precisam, sem pensar nas vidas que são perdidas. E porque, como indivíduos, comunidades e sociedades, estamos muito acostumados a recorrer à violência e à guerra para resolver conflitos pessoais, étnicos e nacionais.

O "espírito de grande generosidade" defendido por Dhyani Ywahoo é um guia importante conforme trabalhamos para transformar nossa cultura e sociedade. De acordo com Ywahoo, a generosidade começa conosco. Se quisermos adquirir o poder para agir, precisamos reconhecer que nenhum de nós é capaz de assumir todo o peso do mundo. Quando admitimos nossas forças e perdoamos nossas limitações, podemos começar a tratar os outros com generosidade. Ywahoo nos pede para sempre "falar o melhor um do outro e ver o melhor em tudo". Ela acrescenta que "ter essa prática nestes tempos requer uma disciplina extenuante".[20] Devemos ser sinceros sobre o mal que as sociedades dominadoras causam a nós, a outras pessoas e à teia da vida. No entanto, é necessária uma grande disciplina para compreender o mal que pessoas brancas causaram a nativo-americanos e a outros povos não brancos sem concluir que pessoas brancas são más e que a cultura branca não tem valor algum. Ou reconhecer o mal do sexismo sem concluir que todos os homens e tudo que eles já fizeram é ruim. Ou tomar ciência dos papéis do cristianismo e do judaísmo na supressão da religião da Deusa e do *ethos* da interdependência sem passar a acreditar que essas religiões não possuem qualquer valor moral positivo. Ou ver a ameaça que os conflitos nacionais representam à raça humana e à teia da vida sem declarar que todos os líderes políticos são malignos. Embora grandes males tenham sido cometidos, poucos povos ou grupos não têm qualidade alguma. Quando polarizamos as situações, dificultamos que nossos "adversários" mudem e começamos a nos enxergar, de forma irrealista, como "inteiramente bons".

O último critério, consertar a teia, nos lembra de que vivemos em um mundo no qual vínculos de relacionamentos e comunidade estão corrompidos pela violência. Derivado do mandamento judaico de "consertar o mundo",[21] ele nos convida a transformar nossas relações pessoais, nossas instituições sociais e culturais e nossa relação com o mundo natural. Nos dias de hoje, os nutridores da vida devem trabalhar para estabelecer maior harmonia, justiça e paz para todos os seres na Terra.

Esses nove critérios definem o *ethos* da religião da Deusa, fornecendo uma estrutura para as decisões morais, mas não um modelo de ação. Ainda existem decisões difíceis que precisamos tomar como indivíduos, comunidades e sociedades. Os critérios da religião da Deusa podem ser incorporados em diferentes estilos de vida e escolhas éticas; eles não dizem se certos indivíduos ou grupos têm ou não razão em apelar para a força para se defender, tampouco indicam se "precisamos" comer carne ou se "precisamos" de saneamento ou de eletricidade. No entanto, fica evidente que não existe justificativa para o uso da violência como método comum para defender interesses pessoais, nacionais, ou outros; para tomar o que é necessário ao próximo; ou para esgotar os recursos da Terra. Nossas necessidades devem sempre ser avaliadas em relação às necessidades de outras pessoas e de outros seres, para a sobrevivência contínua. Não é possível viver em perfeita harmonia com todos os seres na teia da vida, não podemos viver sem tirar a vida de outras criaturas, nem conseguimos conviver com outros humanos sem algum grau de conflito. Nossas escolhas são sempre pautadas entre causar níveis relativos de cura ou prejuízo a outras pessoas e à teia da vida.

No entanto, uma vez que admitimos a possibilidade e o valor de uma vida vivida com reverência e respeito às outras pessoas e pela vida em todas as suas diversas formas, torna-se dolorosamente óbvio como as sociedades modernas se desviaram dessa visão. Mesmo que não seja fácil decidir com exatidão o que significa "tomar apenas o necessário" nas sociedades tecnológicas modernas, é certo que em sociedades dominadoras nós fomos ensinados que é nosso direito tomar mais do que realmente precisamos, desconsiderando a necessidade de outras pessoas e criaturas. O comportamento violento de indivíduos, grupos e nações está cobrando um preço alto sobre corpos humanos, sobre o corpo político e o corpo terrestre. Podemos discordar das estratégias e prioridades de mudança, mas, se valorizamos o *ethos* da interdependência, então concordamos que nós, que vivemos em sociedades dominadoras, devemos fazer mudanças radicais em nosso modo de vida.

Mudando os padrões de dominação

A mudança começa no nosso dia a dia. Ações individuais são importantes, ainda mais quando entendemos que cada atitude tem o poder de influenciar a teia da vida por sete gerações. Nossas ações não afetam apenas outras pessoas e criaturas cujas vidas tocamos, mas também entram na memória coletiva de nossas comunidades e talvez influenciem na cura ou no dano por mais tempo do que podemos imaginar.

Como indivíduos, podemos começar a valorizar o erótico em nossas vidas. Podemos criar tempo e espaço para comungar com a natureza e com outras pessoas, para permitir que a força vital flua através de nós, para experimentar a alegria da vida corporificada. Podemos prestar mais atenção aos nossos sentimentos de modo que aprendamos a distinguir alegria verdadeira de prazeres vazios. Podemos encarar nossas relações com as outras pessoas e com as plantas, os animais e as diversas criaturas não como um lazer, relegado aos finais de semana, mas como a essência da vida. Podemos acabar com a violência que está entranhada nas nossas relações mais pessoais, para que cada criança e adulto conheça o poder do amor inteligente corporificado que nos conecta uns aos outros e a todos os seres na teia da vida. Podemos avaliar como nossas ações influenciam a nossa qualidade de vida e a de outros no nosso tempo e durante sete gerações.

Conforme promovemos pequenas mudanças em nossas vidas pessoais, reconhecemos que as sociedades modernas são profundamente estruturadas para negar o poder do amor inteligente corporificado. Se temos que trabalhar em um emprego de que não gostamos por quarenta, cinquenta ou mesmo sessenta horas ou mais por semana e chegamos em casa cansados, ou se vivemos na pobreza e nossos filhos passam fome, como podemos encontrar tempo e espaço para aproveitar a vida? E ainda pensar em como nossas ações afetarão todos os seres na teia da vida por sete gerações?

Cada mudança que fazemos em nossa vida acaba nos induzindo a confrontar as estruturas da sociedade dominadora. Por exemplo, uma mulher pode começar a pensar em como sofreu violência na própria família e jurar não reproduzir com os filhos dela esses comportamentos que aprendeu com os pais. Ela busca ajuda para transformar a dor que carrega. Ela trata os filhos com mais carinho e respeito. Porém, conforme o filho cresce, ela fica sabendo que outras crianças o chamam de maricas se ele não aprender a se defender. Ela começa a entender que a mudança não pode acontecer apenas a nível pessoal, porque todos somos afetados pela cultura. Ainda assim, conversa com o filho sobre os valores expressos pelos outros meninos, tenta ajudá-lo a resistir à ideia de que deve se tornar violento para se tornar homem.

Para mudar o ambiente que molda a vida de seu filho, ela se esforça para modificar o currículo escolar, apoia candidatos que defendem soluções não violentas para os conflitos internacionais e participa de manifestações pacíficas. Porém, se paga impostos, seu dinheiro será usado para apoiar as forças armadas e a corrida armamentista, que continua sendo o item de maior orçamento na maioria das nações. E seus filhos e filhas podem ser convocados para o exército.

Um homem que entende que racismo é errado pode decidir não reproduzi-lo ao se relacionar com pessoas não brancas na vida pessoal e profissional. Suas ações podem colaborar para que um homem negro ou latino consiga um emprego que, de outra forma, teria ido para um homem branco menos qualificado. Porém ele logo percebe que muitos não partilham de sua conscientização e enxergam pessoas não brancas pelo viés racista que permeia nossa cultura. Se ele desafiar as visões de seus superiores com muita firmeza, pode acabar perdendo o emprego. Ele começa a se dar conta de que não é possível superar o racismo em seu local de trabalho enquanto as estruturas racistas ditarem que pessoas não brancas tenham menos acesso à educação superior, que ganhem menos, e que muitas crianças não brancas sejam criadas na pobreza. E se ele também não reconhecer que o sexismo que molda seu relacionamento com a esposa, com as filhas e com as colegas de trabalho de todas as raças é tão errado quanto o racismo, então ainda estará longe de erradicar o *ethos* da dominação de sua vida.

Uma mulher que percebe como a poluição do meio ambiente prejudica a qualidade de vida dela, de outras pessoas e de outros seres pode separar seu lixo e levá-lo para a reciclagem, mas só se existir um centro de reciclagem e se esse centro funcionar nas horas em que ela não está no trabalho. Conforme o processo de reciclagem consome seu tempo, ela se pergunta por que esse trabalho, como todos os "trabalhos domésticos", é considerado uma tarefa da mulher. Ela conclui que reciclar seria muito mais fácil, e se tornaria uma prática mais difundida, se mais cidades implantassem nas calçadas lixeiras específicas para vidro, papel, metal, plástico e outros refugos. A mulher questiona os métodos de descarte do lixo que não é reciclado e começa a ficar irritada com o fato de que as empresas continuem a fabricar produtos feitos para serem jogados fora em vez de reaproveitados, e que os embrulhem em embalagens que não são biodegradáveis. Ela se pergunta se realmente precisa de todas as coisas que compra, reavaliando as próprias prioridades e aos poucos perdendo o desejo por objetos dos quais não tem real necessidade. Ela reconhece que é preciso prestar atenção à publicidade que desperta essa sensação de necessidade por coisas supérfluas, e se torna crítica ao capitalismo.

O *ethos* que nos estimula a consumir mais e mais a cada ano deve ser questionado. Percebi que, para mim, abrir mão do consumismo é ao mesmo tempo mais fácil e mais difícil do que imaginei. Quando morava nos Estados Unidos, eu era uma compradora típica, enchendo uma casa grande com móveis e comprando roupas para trabalhar e passear. Meu trabalho muitas vezes me deixava frustrada, e quando eu estava cansada e esgotada e não tinha nada de bom na televisão, eu ia para o shopping comprar alguma coisa, na esperança de me sentir melhor. Quando me mudei para uma vila na Grécia, não tinha muito dinheiro para gastar. Além disso, havia poucas lojas por perto. Eu não tinha televisão para me dizer que eu precisava de mais coisas. Ninguém ali possuía muitos bens materiais. Descobri que a beleza da natureza e do meu lar me eram importantes. Comecei a passar mais tempo com as pessoas. E percebi que conseguia levar uma vida feliz com muito menos do que achava possível. Porém, quando me mudei para Atenas e comprei uma televisão, peguei-me voltando aos velhos hábitos consumistas, embora de forma menos compulsiva. Não é tão difícil viver com menos, mas requer grande disciplina fazer isso quando a vida urbana nos aliena da nossa conexão com a natureza e com outras pessoas, e quando somos constantemente bombardeados pela publicidade.

Minhas vivências como professora universitária me obrigaram a confrontar as dificuldades de promover mudança em sistemas estabelecidos. Como aprendi com professores que mudaram a minha vida, sempre tentei usar o modelo do pensamento corporificado em minhas aulas. Isso às vezes levava a conflitos com estudantes e com outros colegas que seguiam o modelo do pensamento objetivo. A universidade exigia que eu desse aulas para turmas enormes nas quais era impossível dar atenção individual a cada aluno. Esperava-se que eu fizesse avaliações objetivas, de uma hora de duração, que testassem o conhecimento dos fatos, mas não a integração deles. Quando apliquei uma prova com questões dissertativas, recebi uma ligação do reitor, que relatou que alguns dos meus alunos tinham reclamado que "não entendiam o que eu queria deles". Certa vez o reitor me ligou para dizer que outro professor se irritara porque meus alunos deixaram as cadeiras em círculo e ele perdia o "controle" da turma se as cadeiras não estivessem enfileiradas quando ele entrava na sala de aula.

Consegui fazer experimentos mais ousados durante o curso de verão do Aegean Women's Studies' Institute. Além de lermos literatura feminina e livros sobre as Deusas, meus alunos e eu compartilhamos histórias pessoais de dor e alegria, de crescimento e de transformação.[22] Muitos de nós ficamos bem mexidos pela experiência e alguns tiveram a vida transformada. Eu sentia mais prazer em lecionar. Ao voltar para meu posto de professora em uma grande universidade grega, comprometi-me a imbuir minhas aulas de uma aura semelhante. Embora, de certa forma, eu tenha sido bem-sucedida, no fim acabei me frustrando com as estruturas institucionais nas quais trabalhava. Além disso, minhas aulas provocavam reflexões pessoais sobre o *ethos* de dominação, que acabavam por preencher meu expediente com histórias sobre incesto, violência sexual e violência física. Eu não estava pronta para lidar com o estresse de ouvir tantos estudantes me contando tantas histórias dolorosas, e, por fim, minha própria saúde foi prejudicada.

Trabalhar para mudar estruturas institucionais que muitas vezes me eram hostis acabou me exaurindo. Cansada, estressada e diagnosticada com um câncer em estágio inicial, senti que precisava mudar de vida. Quando vejo muitas amigas desenvolvendo doenças relacionadas ao estresse do trabalho, pergunto-me se elas também estão sofrendo por trabalhar por muito tempo arduamente de maneiras equivocadas. Carol Lee Sanchez explica como isso se dá:

> Muitas ativistas mantêm uma atitude negativa, um foco contínuo em tudo que está errado, que é nocivo e doloroso para si mesmas, para os seres e para o meio ambiente. Depois de um tempo, as ativistas sofrem *burnout*, anseiam por um mundo diferente e desistem porque percebem, com razão, que estão "desequilibradas".

Sanchez admite que isso aconteceu com ela e diz que jurou "focar na beleza e nos aspectos positivos da minha vida enquanto, ao mesmo tempo, aceito minha responsabilidade humana de *fazer* alguma coisa — encontrar outro caminho".[23] Tais decisões às vezes são vistas como "desculpas" ou "desistência", mas essa interpretação está equivocada. Sanchez segue trabalhando para mudar o mundo, mas de uma maneira mais embasada.

Se confiamos no poder do erótico, então devemos ouvir nosso corpo quando ele nos diz que algo está errado. Se não amamos a vida por nossa conta e por meio de outrem, nosso ativismo não está enraizado em sua fonte. Apesar dos padrões de dominação, o mundo ainda é um lugar belo, e podemos experimentar a alegria de viver. Ter amor pela vida é a fonte do nosso desejo de transformar as estruturas de dominação e também o que nos sustenta enquanto trabalhamos para isso.

Cada uma dessas histórias nos mostra que, mesmo que a mudança possa começar no nível pessoal, não criará raízes a menos que a gente transforme todas as instituições culturais, inclusive a educação, a política, a lei, a medicina, a comunicação, as artes, a mídia, a economia e a religião. Por vezes somos levados a sentir que apenas as ações políticas explícitas podem realmente causar uma mudança social, mas uma vez que entendemos que o *ethos* da dominação afeta cada aspecto da vida, enxergamos que existem muitas maneiras de trabalhar pela mudança.

Construindo uma comunidade

Quando nossas ações individuais nos fazem confrontar estruturas que parecem imutáveis, começamos a entender a importância de construir uma comunidade. Ações que têm raízes em relacionamentos e em comunidades de fato fazem diferença e podem afetar o círculo da vida por sete gerações. Comunidades, que podem ser formadas por um pequeno grupo de pessoas ou por grupos bem maiores, oferecem o apoio necessário quando tentamos fazer mudanças em nossas vidas pessoais e sociais, principalmente mudanças que nos colocam em conflito com amigos, familiares ou colegas de trabalho. Comunidades são lugares onde podemos compartilhar valores e imaginar um mundo diferente. Comunidades nos permitem trabalhar juntos para mudar as estruturas.[24]

Refletindo sobre sua experiência como uma nativo-americana vivendo em uma cidade dos Estados Unidos, Carol Lee Sanchez sugere que, para construir comunidades que reverenciam a vida, é preciso reconhecer a conexão dessas comunidades com determinada área e validar as diferentes histórias que reuniram aquele grupo.[25] Mesmo que comunidades sejam reunidas por ideias e interesses em comum, é normal que se desfaçam quando surgem divergências. É preciso entender desde o começo que, em algum momento, diferenças surgirão dentre um grupo de pessoas. Se a diferença é reafirmada positivamente como um aspecto da diversidade que enriquece o todo, então pode-se desenvolver estruturas que honrem e resolvam os conflitos.[26] É importante que integrantes dos grupos não acabem enredados em disputas teóricas que os impeçam de agir juntos rumo aos objetivos que de fato têm em comum.[27] Qualquer pessoa que tente construir uma comunidade vai descobrir que, para isso, é necessário tempo e espaço, mas elas valem o esforço, pois nenhuma ação isolada pode transformar o *ethos* da dominação no *ethos* de interdependência.

A minha experiência demonstra a importância da comunidade no esforço pela mudança social. Quando comecei minha pós-graduação em Teologia, em Yale, eu era a única mulher da turma. Minhas tentativas de desafiar o *ethos* da dominação ao chamar atenção para a visão Eu-Tu, de Martin Buber, e a visão de Deus como a base do ser, de Paul Tillich, foram menosprezadas, tomadas como sinais de que eu ainda não tinha aprendido a pensar com clareza. Eu duvidei de mim mesma e das minhas habilidades. No ano seguinte, quando Judith Plaskow entrou na universidade, nos encaramos com cautela, talvez nos perguntando se havia de fato espaço para mais de uma mulher "excepcional" naquela turma.

Quando enfim nos conhecemos e paramos para conversar de verdade, todas as barreiras desmoronaram. Descobrimos que compartilhávamos interesses e perspectivas e, juntas, fomos a reuniões do grupo feminista de Yale e tivemos nossas vivências nomeadas e validadas por outras mulheres. Junto a outras mulheres, protestamos em frente ao clube exclusivamente masculino patrocinado pela universidade e fizemos lobby pela admissão de mulheres na graduação. Na nossa "comunidade" de duas pessoas, apoiamos uma à outra e encontramos forças para desafiar mais efetivamente as estruturas de dominação do campo da teologia. Mais tarde, organizamos outro protesto a respeito de como as mulheres eram tratadas no Programa de Estudos Religiosos dominado por homens. Juntamo-nos a mulheres de outras áreas da universidade para fazer com que o Departamento de Saúde, Educação e Bem-Estar investigasse Yale por discriminação de gênero. Depois ajudamos a criar o grupo de mulheres na Academia Americana de Religião, a organização profissional da nossa área. A seção Mulheres e Religião foi estabelecida e os estudos femininos ganharam algum espaço no campo. Também ajudamos a fundar o New York Feminist Scholars in Religion, um pequeno grupo que ainda se reunia mais de vinte anos depois de sua criação. Juntas, editamos *Womanspirit Rising* e *Weaving the Visions*, que levaram nossas pesquisas para um público maior. Judith fundou o *Journal of Feminist Studies in Religion* com Elisabeth Schüssler Fiorenza, e eu fiz parte do conselho. Nosso trabalho rendeu frutos, como a criação de comunidades que não compartilhávamos: para Judith, a B'not Esh, uma comunidade de espiritualidade feminista judaica; e, para mim, o Rising Moon, um grupo de espiritualidade feminina na Califórnia, e o Minoan Sisterhood, formado por participantes de peregrinações da Deusa a Creta.[28]

Além de fazer pequenas mudanças em nosso grande mundo, Judith e eu construímos uma amizade que tem, literalmente, dado sustento à vida uma da outra e com outras mulheres que compartilham do nosso trabalho. Compartilhamos refeições e vinho. Rimos e choramos juntas. Ajudamos ou testemunhamos grandes transições na vida uma da outra: casamentos, nascimentos, publicações de livros, divórcios, cerimônias de compromisso, mudanças de estado e de país. Nós nos apoiamos ao longo dos anos. Quando começamos a confessar as verdades que vêm do nosso âmago, descobrimos que existem outras pessoas capazes de "ouvir o que a outra tem a dizer e compartilhar as próprias histórias".[29]

A construção de comunidade que eu e Judith fizemos não surgiu de nenhum senso externo de obrigação ou dever. Na verdade, surgiu "do poder do erótico", da satisfação que experimentamos a partir do nosso trabalho e da nossa amizade. Formamos comunidades porque precisávamos desse apoio para o nosso ânimo e nosso esforço, não pelo desejo de fazer o bem ou ajudar aos outros. Compreendíamos intuitivamente (e desenvolvemos teorias para apoiarem esse entendimento) que somos de fato interdependentes de outras pessoas.

Mas seria mentira dizer que nunca entramos em conflito, que não houve discordância dentro das comunidades femininas maiores em que se baseia nosso trabalho. Quando deixei o cristianismo e fui para a religião da Deusa, eu me perguntei por que Judith e outras pessoas não me acompanharam nessa transição. Judith muitas vezes achava que eu estava jogando o trigo fora com o joio. Eu a acusei de se agarrar a uma religião patriarcal, e ela argumentou que não havia princípio de justiça na religião da Deusa. Às vezes, esses conflitos eram muito dolorosos, e também eram reproduzidos nas organizações que ajudamos a formar. Houve longos períodos em que fiquei paralisada por um renovado senso de isolamento. Conflitos surgiram em todas as áreas do movimento de mulheres. Acusações de antissemitismo, antipaganismo, racismo, classismo e homofobia foram acrescentadas à mistura.

Quando esses conflitos surgiram, nenhuma de nós tinha teorias que pudessem explicá-los. Atordoadas pela descoberta de semelhanças e de comunhão onde antes nos sentíamos sozinhas, pensamos que as mulheres compartilhassem não apenas experiências, mas os mesmos ideais. Enxergávamos a diferença como uma ameaça ao relacionamento, um rompimento da comunidade. De alguma forma, perseveramos em nossa amizade e em nosso trabalho. Dessas dificuldades surgiram teorias que forneceram compreensões positivas de diversidade e de diferença e reconheceram o conflito como parte das relações e das comunidades.[30] Nem todos os danos que as mulheres infligiram umas às outras foram curados, mas nós e o movimento de mulheres como um todo estamos enraizados em uma fundação de entendimento mais realista e frutífera.

Desespero, esperança e orações

Eu sei que fiz mudanças importantes em minha vida e nas comunidades das quais faço parte, mas quando penso em toda a teia de violência e dominação em que estamos imersos, muitas vezes me sinto atordoada, desesperançosa e impotente. Há tanta gente em sofrimento que meu trabalho não consegue alcançar. Enquanto a destruição do meio ambiente avança, eu me pergunto quanto tempo ainda temos antes que a vida como a conhecemos não seja mais possível. Parece que nada do que faço basta para mudar as estruturas que persistem e persistem, não importa o quanto eu trabalhe para modificá-las. Sinto-me ainda mais desesperada quando reconheço, como às vezes sou obrigada a fazer, que as estruturas de opressão não estão apenas no mundo ao redor, mas também dentro de mim.

Por mais que eu acredite na possibilidade de os seres humanos viverem em paz, harmonia e justiça uns com os outros e com todos os seres na teia da vida, também admito o enorme poder da força e da violência, a fragilidade do bem. Uma vez iniciado um ciclo de violência, é muito difícil rompê-lo. Quando a dominação é corroborada por forças violentas, é muito difícil encontrar outra opção. E, no entanto, Martin Luther King e Mahatma Gandhi e seus seguidores promoveram grandes transformações em suas sociedades por meio da força da resistência pacífica. Embora muitas coisas permaneçam inalteradas, o movimento feminista mundial causou profundas mudanças na vida das mulheres. A teia da vida continua a ser destruída a um ritmo impressionante, mas as questões ambientais estão sendo discutidas ao redor do mundo neste exato momento. A necessidade é uma professora e tanto. E quem pode dizer quando a balança vai mudar?

Se nos concentrarmos com a beleza ao nosso redor, se amarmos a vida por nossa conta e por meio de outrem, se confiarmos na sabedoria que vem por meio do corpo, encontraremos forças para continuar o trabalho de transformação pessoal, cultural e social. Se falarmos o melhor de nós mesmos e dos outros, mas ainda formos sinceros sobre todo o mal já causado, talvez possamos enxergar que é do nosso interesse cuidar da sobrevivência da teia da vida. Então poderemos recomeçar a criar comunidades e sociedades que vivam em maior harmonia e justiça com outros povos, com todas as nossas relações, e com o corpo terreno.

Que a Deusa una Sua força à nossa força.
Que a Terra em infinita beleza e diversidade sobreviva.
Bendita seja.

EPÍLOGO

O QUE SE PERDEU?

Como a maior parte do que escrevi neste livro vem da experiência de mulheres, gostaria de terminá-lo com uma história que oferece uma abertura aos homens. Daniel Cohen escreve:

> Homens que foram influenciados pelo feminismo veem o quanto a força masculina, inclusive a deles, foi usada de maneiras abusivas e opressivas. Muitas vezes reagimos negando nossa força por completo. Talvez isso seja um passo necessário para a maioria de nós, mas acaba sendo prejudicial. Necessário é compreender como podemos usar a força (e o conhecimento e outros aspectos de nosso ser) de maneiras não opressivas, que não sirvam apenas à humanidade, mas que vão além e ajam em serviço da Terra e de suas criaturas. Minhas histórias são, em parte, sobre formas de fazer isso.[1]

Na sua releitura da história de Ifigênia, Cohen sugere que novas imagens da força masculina só serão criadas depois que o homem enfrentar as mentiras contadas ao longo da história e reconhecer o que foi feito em nome dessas mentiras. A verdadeira história começa onde termina a de Cohen, quando homens que encararam o monstro que outros homens criaram voltam-se para dentro e contam o que encontram lá, no escuro.

Ifigênia: uma releitura
por Daniel Cohen

Esta é a história da primeira morte na Guerra de Troia.

O exército grego estava reunido em Áulis. Homens tinham vindo de muitas cidades e ilhas. Alguns ali sonhavam com glória, outros com ouro. Outros estavam ali apenas porque o comandante havia exigido sua presença, e lealdade ou medo os levara a comparecer.

A frota esperava e os soldados estavam prontos para embarcar, mas já fazia semanas que o vento vinha soprando na direção errada e os homens estavam ficando inquietos com aquela longa espera. Começavam a pensar na colheita — imaginavam que já teriam vencido a guerra quando chegasse a época da colheita, mas agora ela estava tão próxima que muitos se preparavam para voltar para casa, e alguns já tinham partido.

Agamenon, o líder do exército grego, temia que a conquista e a glória que buscava lhe escapassem se os ventos continuassem contrários, por isso consultou uma vidente em Calcas. Depois de muito pensar, a vidente respondeu: "A Deusa Ártemis lhe manda um aviso. Se quiser vencer a guerra contra Troia, deve matar sua filha".

Então Agamenon mandou buscar sua filha Ifigênia, mentindo para ela e para a esposa que tinha planejado casá-la com o herói Aquiles. Quando a menina chegou, um altar para Ártemis tinha sido construído, e ali a moça foi amarrada. Sua mãe, Clitemnestra, implorou a Agamenon pela vida da filha, mas ele não lhe deu ouvidos. Agamenon ergueu a faca sacrificial, mas, enquanto a baixava, uma névoa desceu. Quando a névoa se dissipou, Ifigênia tinha desaparecido e um cervo jazia sacrificado no altar. Pouco depois, o vento mudou e o exército zarpou para Troia, mas o resto deste conto não faz parte da nossa história.

Então você sabe quem foi a primeira a morrer na guerra dos gregos contra Troia. "Não", você responde. "Eu pensei que seria Ifigênia, mas, como ela sumiu, não faço ideia de quem seja." Você realmente não faz ideia? Então vou lhe dar uma pista.

Quando essa história é contada hoje em dia, os homens ficam horrorizados com a sede de sangue da antiga deusa, Ártemis, que mandou Agamenon sacrificar a filha. Esses mesmos homens falam com aprovação sobre o deus de Abraão e Isaque, que mandou Abraão sacrificar o próprio filho apenas para provar que ele temia seu deus e obedeceria.² Eles não percebem que Ártemis não exigiu sacrifício algum, apenas deu um aviso a Agamenon de que seus atos teriam consequências.

Agamenon, porém, só pensava no que chamava de glória e fama — ele não se importava que o preço fosse a morte de muitas filhas e mães, filhos e pais. Mesmo quando a Deusa tentou fazê-lo enxergar esse custo perguntando se ele estaria disposto a matar a própria filha, Agamenon estava tão cego por suas ambições que isso não pareceu afetá-lo… Ele permaneceu surdo aos apelos da esposa e da filha, sem se importar com o que o sacrifício da menina causaria à sua família ou a ele, sem se importar com o que a guerra causaria a outros. Ele se considerava um grande homem, e pensava que um grande homem deveria focar apenas na própria fama e ignorar os outros, pensava que a compaixão fosse apenas para as mulheres e não lhe conviesse.

Agora você percebe quem foi a primeira a morrer? Decerto as mulheres que [ouvem] essa história já sabem a resposta. Para você, homem, que ainda não sabe, eu vou dar mais uma pista. Olhe para dentro de si mesmo — para dentro do seu coração. Vê quem está lá, quase em sono eterno, um sono que durou séculos, um sono do qual só você pode despertá-la? Agora você sabe a resposta para a minha pergunta? Você sabe? Sabe?³

NOTAS

Prefácio: O renascimento da Deusa

1. Marija Gimbutas, *The Language of the Goddess*. São Francisco: Harper and Row, 1989. p. 318.
2. É difícil saber o número exato de pessoas que já foram profundamente influenciadas pelo símbolo emergente da Deusa. O movimento da Deusa não é institucionalizado e não existe lista de participantes. Os rituais podem ser privados ou em grupo, espontâneos ou planejados. Algumas pessoas nunca participaram de rituais e, mesmo assim, sentem que o símbolo da Deusa as ajuda a compreender o sentido da vida. Os símbolos e rituais do movimento têm sido amplamente disseminados em livros e revistas. Para a alegria de alguns e o desdém de outros, livros sobre a Deusa têm estado entre os títulos mais vendidos do mercado de estudos femininos há duas décadas. A estimativa "centenas de milhares" não é nada alta se contarmos com todos que foram profundamente tocados pelas imagens e a literatura da Deusa.
3. Uso "nós" neste livro em uma tentativa de evocar a comunidade que é a base da visão que descrevo. Às vezes o "nós" inclui todos os seres na teia da vida, às vezes apenas humanos, às vezes as pessoas influenciadas pelos valores da cultura ocidental, às vezes mulheres e homens, às vezes mulheres, às vezes feministas, às vezes aqueles que compartilham da minha visão da Deusa. O significado deve ficar evidente pelo contexto. Espero que os leitores considerem meu uso do *nós* como um convite, não uma exclusão. Espero que todos que leiam este livro queiram fazer parte do mais inclusivo *nós* que nomeia nossa profunda conexão e interdependência com todos os seres na teia da vida.
4. As aspas aqui e em outros trechos muitas vezes marcam palavras e modos de pensar encontrados na filosofia e na teologia tradicionais que são desafiados neste livro.
5. No prefácio, escrevo *tea-logia* e seus derivados com hífen para chamar atenção à novidade de seu significado. Nos demais capítulos, omito o hífen. A palavra

tealogia pode ter sido cunhada por Naomi Goldenberg em *Changing of the Gods: Feminism and the End of Traditional Religions*. Boston: Beacon Press, 1979. p. 96.

6. O influente livro *A dança cósmica das feiticeiras*, de Starhawk, tem como subtítulo *A Rebirth of the Ancient Religion of the Great Goddess* [O renascimento da consciência espiritual feminista e da religião da grande Deusa]. Recentemente, acadêmicas que não fazem parte do movimento começaram a concordar. Ver *Living in the Lap of the Goddess: The Feminist Spirituality Movement in America*, de Cynthia Eller (Boston: Beacon Press, 1995, p. 39); e *Priestess, Mother, Sacred Sister: Religions Dominated by Women*, de Susan Starr Sered (Nova York: Oxford University Press, 1994). O livro de Eller é um estudo fenomenológico da espiritualidade feminista feito por uma pessoa simpatética, mas de fora do movimento. O de Starr Sered é um fascinante estudo comparativo antropológico de religiões em várias culturas que são criadas e lideradas por mulheres.

7. Ver o *American Heritage Dictionary*, 3ª ed. Boston: Houghton Mifflin, 1992. pp. 1525, 2111, 2121.

8. Jane Ellen Harrison, *Prolegomena to the Study of Greek Religion* [1903]. Londres: Merlin Press, 1962. p. VII. Harrison considerava as obras de Hesíodo e Homero teológicas, pois estas apresentavam visões inteiramente formadas (em vez de experiências em processo) dos Deuses e Deusas.

9. *Belief and Unbelief: A Philosophy of Self-Knowledge*, de Michael Novak (Nova York: New American Library, 1965), influenciou fortemente minha compreensão do que a teologia poderia e deveria ser.

10. Carol P. Christ, *Odyssey with the Goddess: A Spiritual Quest in Crete*. Nova York: Continuum, 1995. Ver também meu livro anterior, *Laughter of Aphrodite: Reflections on a Journey to the Goddess*. São Francisco: Harper and Row, 1987.

Capítulo 1: À procura Dela

1. Carol P. Christ, *Laughter of Aphrodite: Reflections on a Journey to the Goddess*. São Francisco: Harper and Row, 1987. p. 21.

2. Ver Starhawk, "Witchcraft and Women's Culture", em Carol P. Christ e Judith Plaskow, orgs., *Womanspirit Rising: A Feminist Reader in Religion*. São Francisco: Harper & Row, 1979. p. 263.

3. A expressão "to hear into speech" [em tradução livre, "ouvir o que a outra tem a dizer e compartilhar as próprias histórias"] foi cunhada por Nelle Morton para expressar a ideia de que mulheres ganharam a capacidade de falar porque outras mulheres estavam presentes para ouvir e validar suas palavras. Ver *The Journey Is Home*, de Nelle Morton. Boston: Beacon Press, 1985. pp. 17-18.

4. Ver M. Esther Harding, *Women's Mysteries: Ancient and Modern* [1935]. Nova York: G.P. Putnam's Sons, 1971; Jane Ellen Harrison, *Prolegomena to the Study of Greek Religion* [1903]. Londres: Merlin Press, 1962; G. Rachel Levy, *Religious*

Conceptions of the Stone Age And Their Influence on European Thought [1948]. Nova York: Harper & Row, 1963; e Helen Diner [Eckstein-Diener, Bertha], *Mothers and Amazons: The First Feminine History of Culture* [1932], organizado e traduzido por John Philip Ludin. Nova York: Anchor Books, 1973. Ver revista *WomanSpirit*, publicada quinzenalmente por Jean Mountaingrove e Ruth Mountaingrove por dez anos, de 1974 a 1984; Z. Budapest, *The Holy Book of Womens Mysteries*. Oakland: Wingbow, 1989 [publicado originalmente como *The Feminist Book of Lights and Shadows*], organizado por Helen Beardwoman. Los Angeles: Susan B. Anthony Coven #1, 1975; Hallie Austen Iglehart, *Womanspirit: A Guide to Womens Wisdom*. São Francisco, Harper & Row, 1983, e seus artigos na revista *WomanSpirit* sob o nome Hallie Mountain Wing; Merlin Stone, *Quando Deus era mulher*. São Paulo: Goya, 2022; Elizabeth Gould Davis, *The First Sex*. Nova York: G.P. Putnam's Sons, 1971; Marija Gimbutas, *The Gods and Goddesses of Old Europe, 7000-3500 BC: Myths, Legends, and Cult Images*. Berkeley: University of California Press, 1974 [republicado em 1982 com o título original da autora: *The Goddesses and Gods of Old Europe*]; Charlene Spretnak, *Lost Goddesses of Early Greece: A Collection of Pre-Hellenic Myths* [1978]. Boston: Beacon Press, 1984; e Starhawk, *A dança cósmica das feiticeiras*. São Paulo: Pensamento, 2021. Z. Budapest afirma ser a fundadora do movimento da Deusa contemporâneo, mas em *Living in the Lap of the Goddess: The Feminist Spirituality Movement in America*. Boston: Beacon Press, 1995, Cynthia Eller conclui que "embora Z. Budapest tenha sido uma figura pioneira no movimento feminista do neopaganismo, ela não estava sozinha" (p. 58).

5. Um cântico que aprendi com Z. Budapest.
6. Para a expressão "filha dissidente", ver Sue Monk Kidd, *The Dance of the Dissident Daughter: A Woman's Journey from Christian Tradition to the Sacred Feminine*. São Francisco: HarperSanFrancisco, 1996.
7. Ver Christ, *Laughter of Aphrodite*, pp. 183-205.
8. O falecimento da minha mãe e meu processo de compreensão do insight que recebi são descritos de forma mais detalhada em *Odyssey with the Goddess: A Spiritual Quest in Crete*. Nova York: Continuum, 1995, especialmente nas pp. 18- 26.
9. *Living in the Lap of the Goddess*, de Eller, fornece uma visão geral interessante do movimento da Deusa, seus participantes, sua origem, suas práticas e suas crenças.
10. Downing identifica esse velho como Martin Buber, que foi tema de sua dissertação. Carta datada de 15 de agosto de 1995.
11. Christine Downing, *The Goddess: Mythological Images of the Feminine*. Nova York: Crossroad, 1981, p. 3.
12. Luisah Teish, *Jambalaya*. São Francisco: Harper and Row, 1985. p. 40.
13. Ibid., p. 39.

14. Ibid., pp. 40-41. A ideia de dar ouvidos "à minha cabeça" reflete a compreensão afro-vodu de que o Deus ou Deusa em particular que governa, guia ou influencia sua vida "fica na sua cabeça" e se comunica através de uma abertura no crânio. Isso não significa que Teish foi instruída a confiar exclusivamente nos poderes do pensamento "racional", que os europeus localizam na cabeça.
15. Ibid., p. 40.
16. Ibid., pp. 39-41.
17. Nelle Morton, *The Journey Is Home*. Boston: Beacon Press, 1985. p. 157.
18. Lynn Gottlieb, *She Who Dwells Within: A Feminist Vision of a Renewed Judaism*. São Francisco: HarperSanFrancisco, 1995. p. 16.
19. Ibid., p. 17.
20. Jess Hayden, carta datada de 14 de maio de 1996.
21. Jess Hayden, conversa no bairro de Plaka, Atenas, no começo de 1996; e carta datada de 14 de maio de 1996.
22. Caz Love, *Ariadne's Thread* 4 (1996): 4.
23. Ralph Metzner, *The Well of Remembrance: Rediscovering the Earth Wisdom of Northern European Myths*. Boston: Shambhala, 1994. p. 13.
24. Ibid., p. 12.
25. Ibid.
26. Downing, *The Goddess*, p. 4. O trocadilho de Downing é inspirado no poema "Transcedental Etude", de Adrienne Rich.
27. Anne L. Barstow, "The Prehistoric Goddess" em Carl Olson, ed., *The Book of the Goddess*. Nova York: Crossroad, 1983. p. 8.
28. Anne L. Barstow, "The Uses of Archaeology for Women's History: James Mellaart's Work on the Neolithic Goddess at Çatalhüyük", *Feminist Studies* 4/3 (1978): 16.
29. Adrienne Rich, *Of Woman Born: Motherhood as Experience and Institution* [1976]. Nova York: WW. Norton, 1986. pp. 93-94.
30. Marija Gimbutas, *The Language of the Goddess*. São Francisco: Harper and Row, 1989. p. 321.
31. As descrições dessas imagens são baseadas no entendimento da "linguagem da Deusa", conforme interpretada por Marija Gimbutas, e na minha própria intuição de seus significados. Os nomes e títulos no final da descrição são, em alguns casos, derivados de Gimbutas, e em outros são produtos da minha imaginação.
32. Ver Carol P. Christ, "Why Women Need the Goddess", em Christ e Plaskow, *Womanspirit Rising*, pp. 273-87.
33. Alice Walker, *A cor púrpura* [1983]. Rio de Janeiro: José Olympio, 2009.
34. Marcia Falk, "Notes on Composing New Blessings", em Judith Plaskow e Carol P. Christ, orgs., *Weaving the Visions: New Patterns in Feminist Spirituality*. São Francisco: Harper and Row, 1989. p. 132.

35. Judith Plaskow, *Standing Again at Sinai: Judaism from a Feminist Perspective*. São Francisco: Harper and Row, 1990. pp. 128-34. Ver também Carol P. Christ, "Yahweh as Holy Warrior", em *Laughter of Aphrodite*, pp. 73-81.
36. Êxodo 15:3-4.
37. Essa é uma imagem comum nos profetas. Ver, por exemplo, Oseias 8, Jeremias 5, Isaías 24, entre outros.
38. Timothy Ware, *The Orthodox Church*. Londres: Penguin, 1991. pp. 24-25.
39. Ibid., pp. 67-69.
40. Robert N. Bellah, "Civil Religion in America", em *The Religious Situation: 1968*. Boston: Beacon Press, 1968. pp. 331-55.
41. Esse tipo de pensamento é proeminente no novo cristianismo fundamentalista. Muitos de seus adeptos acham que o mundo será destruído em uma batalha final que terá início no Oriente Médio. Alguns dos judeus mais ortodoxos resistem ao estabelecimento do Estado de Israel, que dizem que deve ser estabelecido por Deus. Para a conexão entre pensamento apocalíptico e a fundação da América, ver Catherine Keller, "The Breast, the Apocalypse, and the Colonial Journey" no *Journal of Feminist Studies in Religion* 10/1 (Primavera de 1994), 53-72.
42. Ver, por exemplo, "Selections from *The Inclusive Language Lectionary*", em Plaskow e Christ, orgs., *Weaving the Visions*, pp. 163-69. Os volumes completos foram publicados pela Division of Education and Ministry of the National Council of Churches, nos Estados Unidos.
43. Para uma análise de vários argumentos, ver Christ, *Laughter of Aphrodite*, pp. 135-59.
44. Judith Plaskow, "The Right Question Is Theological", em Susannah Heschel, org., *On Being a Jewish Feminist*. Nova York: Schocken Books, 1983. p. 230.
45. Starhawk, *Truth or Dare: Encounters with Power, Authority, and Mystery*. São Francisco: Harper and Row, 1987. p. 21.
46. Ntozake Shange, *for colored girls who have considered suicide/when the rainbow is enuf*. Nova York: Macmillan, 1976. p. 63.
47. Essas palavras foram tiradas da definição de religião de Clifford Geertz, que será discutida no próximo capítulo.
48. Charlene Spretnak, *States of Grace: The Recovery of Meaning in the Postmodern Age*. São Francisco: HarperSanFrancisco, 1991. p. 108.
49. Patricia Allott Silbert, carta datada de 19 de fevereiro de 1995, reimpressa em *Ariadne's Thread* 2 (1995), p. 2.
50. Alice Walker, *In Search of Our Mother's Gardens*. Nova York: Harcourt, Brace, Jovanovich, 1983. p. 241.
51. Rachel Bagby, "Daughters of Growing Things", em Irene Diamond e Gloria Fernan Orenstein, orgs., *Reweaving the Web of Life: The Emergence of Ecofeminism*. São Francisco: Sierra Club Books, 1990. pp. 231-48.

52. Starhawk, "Ritual as Bonding", em Plaskow e Christ, orgs., *Weaving the Visions*, pp. 329-35, cânticos nas pp. 330, 331, 332, citação na 334. Publicado originalmente em Starhawk, *Dreaming the Dark: Magic, Sex, and Politics*. Boston: Beacon Press, 1982.
53. A questão do uso de tradições nativas por não nativos é discutida no capítulo 2.
54. Carol P. Christ, *Odyssey with the Goddess: A Spiritual Quest in Crete*. Nova York: Continuum, 1995. pp. 118-19.
55. Starhawk, "Witchcraft and Women's Culture", em Christ e Plaskow, orgs., *Womanspirit Rising*, pp. 278-79.
56. Rituais voltados para as fases da Lua e a mudança das estações têm sido praticados por culturas tradicionais ao redor do mundo. O movimento da Deusa inicialmente se inspirou e adaptou as práticas do movimento contemporâneo neopagão ou de bruxaria. Ver Eller, *Living in the Lap of the Goddess*, pp. 49-61.
57. Budapest, *The Holy Book of Womens Mysteries*; e Starhawk, *A dança cósmica das feiticeiras*. Ver também Noreen Penny, ed., *Women's Rites: An Alternative to Patriarchal Religion*. Waikuku: Nova Zelândia, autopublicado, 1994, que traduz os rituais sazonais para aqueles que vivem no hemisfério sul.

Capítulo 2: A tealogia começa na experiência

1. Ver Evelyn Fox Keller, *Reflections on Gender and Science*. New Haven: Yale University Press, 1985.
2. Carol Gilligan, *In a Different Voice: Psychological Theory and Women's Development*. Cambridge: Harvard University Press, 1982.
3. Alfred North Whitehead, *Science and the Modern World*. Nova York: Free Press, 1925. p. 48.
4. Mary Daly, *Beyond God the Father*. Boston: Beacon Press, 1973. pp. 11-12.
5. Ver Thomas S. Kuhn, *The Structure of Scientific Revolutions*. Chicago: University of Chicago Press, 1962.
6. As ideias a seguir têm influência de Michael Novak, *Belief and Unbelief*. Nova York: New American Library, 1965; Martin Buber, *I and Thou*, trad. Walcer Kaufman. Nova York: Charles Scribners' Sons, 1970; e Audre Lorde, *Sister Outsider*. Trumansburg: Crossing Press, 1984. Ver também Carol P. Christ, "Embodied Thinking: Reflections on Feminist Theological Method", *Journal of Feminist Studies in Religion* 5/1 (1989): 7-15.
7. Ver Capítulo 1.
8. Repare no uso da voz pessoal em *The Goddess: Mythological Images of the Feminine*. Nova York: Crossroad, 1981, de Christine Downing, e em *Mama Lola: A Vodou Priestess in Brooklyn*, de Karen McCarthy Brown, Berkeley: University of California Press, 1991, entre outros.
9. Esse argumento também é defendido em Rita Gross, *Feminism and Religion: An Introduction*. Boston: Beacon Press, 1996. p. 51.

10. Carol P. Christ, *Laughter of Aphrodite: Reflections on a Journey to the Goddess*. São Francisco: Harper and Row, 1987.
11. Ver Capítulo 1.
12. Audre Lorde, *Sister Outsider*. "Uses of the Erotic: The Erotic as Power", em Judith Plaskow e Carol P. Christ, orgs., *Weaving the Visions: New Patterns in Feminist Spirituality*. São Francisco: Harper and Row, 1989. p. 208; a frase de Lorde é "conhecimento mais profundo e não racional".
13. "A base do ser", uma metáfora para o poder divino encontrada na obra do teólogo protestante Paul Tillich, é especialmente adequada em uma tealogia da Deusa. A metáfora da base do ser sugere que o poder divino não está "acima", "fora" ou "além" do ciclo da vida e da morte, mas "por baixo" ou "dentro" de todas as coisas, como seu apoio ou fundação.
14. Starhawk, *A dança cósmica das feiticeiras*; e Zsuzsanna E. Budapest, *The Holy Book of Womens Mysteries*, Parte 1, org. Helen Beardwoman. Los Angeles: Susan B. Anthony Coven #1, 1979.
15. Não é minha intenção que essa declaração seja lida como uma crítica genérica ao significado que a feitiçaria e a divinação têm na vida de outras pessoas.
16. Ver Vincent Scully, *The Earth, the Temple, and the Gods: Greek Sacred Architecture*, ed. rev. New Haven: Yale University Press, 1979.
17. Carol Lee Sanchez, "New World Tribal Communities", em Judith Plaskow e Carol P. Christ, orgs., *Weaving the Visions: New Patterns in Feminist Spirituality*. São Francisco: Harper and Row, 1989. p. 346.
18. Ver Robert N. Bellah, "Civil Religion in America", em *The Religious Situation, 1968*. Boston: Beacon Press, 1968. pp. 331-55.
19. Carol Lee Sanchez, "Animal, Vegetable, and Mineral", em Carol J. Adams, org., *Ecofeminism and the Sacred*. Nova York: Continuum, 1993. pp. 222-24.
20. Enquanto escrevia *Laughter of Aphrodite*, abandonei a Igreja tanto por causa do antijudaísmo quanto pelo sexismo.
21. Ver Judith Plaskow, "Christian Feminism and Anti-Judaism", *Cross Currents* 28 (1978): 306-9; e Annette Daum, "Blaming Jews for the Death of the Goddess", *Lilith* 7 (1980), pp. 12-13.
22. Ver Clifford Geertz, "A religião como sistema cultural" em *A interpretação das culturas* [1973]. Rio de Janeiro: LTC, 2022. Ver também "Ethos, Visão do mundo e a Análise dos Símbolos Sagrados", do mesmo autor, no mesmo volume.
23. Gordon D. Kaufman, *Theology for a Nuclear Age*. Filadélfia: Westminster Press, 1985. p. 28.
24. Gordon D. Kaufman, *In Face of Mystery: A Constructive Theology*. Cambridge: Harvard University Press, 1995. p. xi.
25. Paul Tillich, *Dinâmica da Fé* [1957]. Rio de Janeiro: Editora Sinodal, 1985.

Capítulo 3: A história da Deusa

1. Merlin Stone, *Quando Deus era mulher* [1976]. São Paulo: Goya, 2022. p. 1. O livro de Stone contém algumas imprecisões que foram questionadas e corrigidas por outros estudiosos; de todo modo, seu livro trouxe a história da Deusa à consciência contemporânea em um momento crítico.
2. Três livros que sintetizam a pesquisa feita após a publicação de *Quando Deus era mulher* são: *The Myth of the Goddess: Evolution of an Image*, de Anne Barig e Jules Cashford, Londres: Viking Arkana, 1991, que é o mais longo e detalhado; *Sanctuaries of the Goddess: The Sacred Landscapes and Objects*, de Peg Streep, Boston: Little, Brown, 1994; e *The Once and Future Goddess*, de Elinor Gadon, São Francisco: Harper and Row, 1989.
3. Ver "On Its Own Two Feet", *Time* (28 de agosto de 1995): 40-42. Descobertas feitas em 1995 por Meave Leakey e Alan Walker indicam que hominoides aprenderam a andar eretos cerca de 4 milhões de anos atrás. "Lucy" viveu há cerca de 3,5 milhões de anos.
4. Ver C. C. Lamberg-Karlovsky, "Introduction", em *Hunters, Farmers, and Civilizations: Old World Archaeology: Readings*, da revista *Scientific American*, São Francisco: W.H. Freeman, 1979, p. 5. Ver também Mircea Eliade, *História das crenças e das ideias religiosas: Volume 1: Da Idade da Pedra aos mistérios de Elêusis*, Rio de Janeiro: Zahar, 2010, pp. 8-13.
5. Eliade, *History*, vol. 1, pp. 9-10. Enterro em posição fetal sugere um retorno à Mãe.
6. Ibid., cap. 1.
7. G. Rachel Levy, *Religious Conceptions of the Stone Age*. Nova York: Harper and Row, 1963. Publicado anteriormente como *The Gate of Horn*. Londres: Faber and Faber, 1948.
8. Ver André Leroi-Courhan, "The Evolution of Paleolithic Art", em *Hunters, Fanners, and Civilizations*, p. 39.
9. Bogdan Rutkowski, *The Cult Places of the Aegean*. New Haven: Yale University Press, 1986. cap. 4.
10. O ídolo ortodoxo com frequência retrata o nascimento de Jesus em uma caverna, e não em um estábulo, como imagina a tradição ocidental.
11. Susan Griffin, *Woman and Nature: The Roaring Inside Her*. Nova York: Harper and Row, 1978. pp. 159-60. Ver também Carol P. Christ, *Odyssey with the Goddess: A Spiritual Quest in Crete*, pp. 45-47.
12. Ver Sally R. Binford e Lewis R. Binford, "Stone Tools and Human Behavior" em *Hunters, Farmers, and Civilizations*, p. 20.
13. Ver Francis Dahlberg, *Woman the Gatherer*. New Haven: Yale University Press, 1981.
14. Adrienne Rich, *Of Woman Born: Motherhood as Experience and Institution* [1976]. Nova York: W.W. Norton, 1986. p. 94.

15. Ver Lamberg-Karlovsky, "Introduction" (a "Neolithic Villagers and Farmers"), em *Hunters, Farmers, and Civilizations*, pp. 85-90. Avanços paralelos e aparentemente não relacionados aconteceram nas Américas e na Ásia.
16. Ruby Rohrlich-Leavitt, "Women in Transition: Crete and Sumer", em Renate Bridenthal e Claudia Koontz, orgs., *Becoming Visible*. Boston: Houghton Mifflin, 1977. p. 38. Ver Eliade, *History*, vol. 1, p. 40. Para uma discussão das contribuições das mulheres para o desenvolvimento da agricultura, ver também Margaret Ehrenberg, *Women in Prehistory*. Norman: University of Oklahoma Press, 1989. cap. 3; e Patty Jo Watson e Mary C. Kennedy, "The Development of Horticulture in the Eastern Woodlands of North America: Women's Role", em Joan M. Gero e Margaret W. Conkey, orgs., *Engendering Archaeology: Women and Prehistory*. Cambridge: Blackwell, 1991. pp. 255-75.
17. Ver Ehrenberg, *Women in Prehistory*, pp. 82-83.
18. Elizabeth Wayland Barber, *Women's Work: The First 20,000 Years: Women, Cloth, and Society in Early Times*. Nova York: W.W. Norton, 1994.
19. Rita P. Wright, "Women's Labor and Pottery Production in Prehistory", em Gero and Conkey, orgs., *Engendering Archaeology*, pp. 194-223.
20. Ver Ehrenberg, *Women in Prehistory*, pp. 99-107. As teorias dela são discutidas de forma mais detalhada neste capítulo.
21. Ehrenberg, p. 79.
22. Em *Engendering Archaeology*, Watson e Kennedy defendem que os homens caçadores foram vistos como ativos, enquanto as mulheres coletoras foram vistas como passivas. Eles argumentam que essa interpretação (equivocada) levou a uma desvalorização da contribuição ativa das mulheres para a descoberta da agricultura.
23. Marija Gimbutas, *The Language of the Goddess*. São Francisco: Harper and Row, 1989. p. 321.
24. Marija Gimbutas, "Women and Culture in Goddess-Oriented Old Europe", em Judith Plaskow e Carol P. Christ, orgs., *Weaving the Visions: New Patterns in Feminist Spirituality*. São Francisco: Harper and Row, 1989. p. 63.
25. Gimbutas, *Language*, p. XXI.
26. Marija Gimbutas, *The Civilization of the Goddess*. São Francisco: Harper and Row, 1991. p. 222.
27. Esses termos, que representam o decifrar da "linguagem da Deusa", são tirados do índice em Gimbutas, *Language*.
28. Miriam Robbins Dexter faz essa afirmação em *Whence the Goddess: A Source Book*. Nova York: Teachers College Press, 1990. cap. 1.
29. Ver Gimbutas, *Civilization*, pp. 331-41, 352, 357-401.
30. Ver Gimbutas, *Civilization*, cap. 9, esp. pp. 324, 331, 334, 342-49; citação da p. 349.

31. James Mellaart, "A Neolithic City in Turkey", em *Hunters, Farmers, and Civilizations*, p. 131. Ver também, do autor, *Çatal Hüyük*. Nova York: McGraw-Hill, 1967, e *Earliest Civilizations of the Near East*. Nova York: McGraw-Hill, 1965.
32. Mellaart, "Neolithic City", p. 130.
33. Anne L. Barstow, em "The Uses of Archaeology for Women's History: James Mellaart's Work on the Neolithic Goddess at Çatal Hüyük", *Feminist Studies* 4/3 (1978): pp. 7-18, foi uma das primeiras feministas a chamar atenção para o trabalho de Mellaart; seu ensaio foi publicado de forma um pouco diferente como "The Prehistoric Goddess", em Carl Olson, org., *The Book of the Goddess*. Nova York: Crossroad, 1983. pp. 5-28. Um grande trecho é dedicado a Çatalhüyük em Baring e Cashford, *Myth of the Godess*, pp. 82-93; e um capítulo em Gadon, *Once and Future Goddess*, pp. 25-37.
34. Ver a crítica a Gimbutas feita em Brian Fagan, "A Sexist View of Prehistory", *Archaeology* 45/2 (março-abril de 1992): 14-18, onde ele cita um estudo da sociedade pré-hispânica Sausa, dos Andes.
35. Ver Eleftherios Pavlides e Jana Hesser, "Women's Roles and House Form and Decoration in Eressos, Greece", em Jill Dubisch, org., *Gender and Power in Rural Greece*. Princeton: Princeton University Press, 1986. pp. 68-96.
36. Ver Ernestine Friedl, "The Position of Women: Appearance and Reality", em Dubisch, org., *Gender and Power in Rural Greece*, pp. 42-52.
37. Peggy Reeves Sanday, *Female Power and Male Dominance: On the Origins of Sexual Inequality*. Cambridge: Cambridge University Press, 1981. p. xv.
38. Ibid., p. 5.
39. Ver *Myth, Religion, and Mother Right: Selected Writings of J. J. Bachofen* [1954], org. Rudolf Marx, trad. Ralph Manheim. Princeton: Princeton University Press, 1967.
40. Ver Ruby Rohrlich, "State Formation and the Subjugation of Women", *Feminist Studies* 6/1 (1980): 78-102.
41. Daniel McCall, "Mother Earth: The Great Goddess of West Africa", em James J. Preston, org., *Mother Worship: Theme and Variations*. Chapel Hill: University of North Carolina Press, 1982. pp. 306, 308. McCall comenta a relevância da Teoria de Durkheim de que a religião reflete a sociedade.
42. Rita Cross, *Feminism and Religion*. Boston: Beacon Press, 1996. pp. 188-89.
43. Ver Gimbutas, *Civilization*, cap. 10; e Ehrenberg, *Women in Prehistory*, pp. 99-107. Para uma avaliação crítica, embora não completamente insensível, de diversas versões desse argumento, ver Gross, *Feminism and Religion*, cap. 5. Gross também usa Ehrenberg e Sanday para ampliar e corrigir versões mais simples e menos precisas do argumento sobre culturas matrísticas pacíficas no Neolítico.
44. Ehrenberg, *Women in Prehistory*, pp. 99-107.
45. Ibid., p. 105.
46. Eliade, *History*, vol. 1, p. 187.

47. L. Luca Cavalli-Sforza, citado em Louise Levathes, "A Geneticist Maps Ancient Migrations", *New York Times*, 27 de julho de 1993: B1, B6. Ver também L. Luca Cavalli-Sforza, "Genetic Evidence Supporting Marija Gimbutas' Work on the Origin of Indo-European People", em Joan Marler, org., *From the Realm of the Ancestors: Essays in Honor of Marija Gimbutas*. Manchester: Knowledge, Ideas, and Trends, 1977; e *The Great Human Diasporas*. Nova York: Addison-Wesley, 1995, também do autor.
48. Robert DeMao, citado em Riane Eisler, *Sacred Pleasure*. São Francisco: Harper San Francisco, 1995. pp. 92-96.
49. Rohrlich, "State Formation and the Subjugation of Women".
50. Algumas pessoas acreditam que o uso de estupro como "ferramenta" de guerra começou nos anos 1990, na guerra na antiga Iugoslávia, mas o estupro como "despojo de guerra" está registrado na Bíblia e na *Ilíada*, e foi praticado em quase todas as guerras. A novidade na situação da antiga Iugoslávia é que a comunidade mundial, representada pelo Tribunal Internacional de Crimes de Guerra, em Haia, reconheceu o estupro como um crime de guerra.
51. Sanday, *Female Power and Male Dominance*, p. 89.
52. Jane Ellen Harrison, *Prolegomena to the Study of Greek Religion* [1903]. Londres: Merlin Press, 1962. p. 285. Tecnicamente, o comentário é apenas sobre Hesíodo.
53. A única versão completa do *Enuma Elish* é do antigo Império Assírio e foi encontrada em uma biblioteca do século 18, em Nínive. Outros fragmentos são datados de cerca de 1.000 AEC, mas estudiosos acreditam que o mito date de 1.200 AEC ou de antes. Ver Tikva Frymer-Kensky, "Enuma Elish", em *The Encyclopedia of Religion*, vol. 5. Nova York: Macmillan, 1987. pp. 124-26; N. K. Sandars, *Poems of Heaven and Hell from Ancient Mesopotamia*. Baltimore: Penguin Books, 1971; e Barbara C. Sproul, org., *Primal Myths: Creating the World*. São Francisco: Harper and Row, 1979. Como vejo o patriarcado como uma ideologia em evolução, hesito em afirmar que uma versão mais recente de seus textos reflita as antigas fontes.
54. Sandars, *Poems of Heaven and Hell*, p. 83. Sandars descreve Tiamat como "a Velha Bruxa, a primeira mãe" (p. 83 e outras). A linguista Miriam Robbins Dexter me informa de que uma tradução mais precisa é "Mãe Hubur, formadora de todas as coisas". Ela aponta que "alguns tradutores homens ocidentais têm uma visão mais negativa de Tiamat do que os babilônios tinham" (em comunicação pessoal).
55. Sandars, *Poems of Heaven and Hell*, pp. 90-91.
56. Paul Roche, trad., *The Orestes Plays of Aeschylus*. Nova York: New American Library, 1962. p. 159. Vale apontar que Ésquilo reescreve a história da sucessão das divindades em Delfos imaginando uma tomada pacífica.
57. Pierre Chantraine, *Dictionnaire Etymologique de la Langue Greque*. Paris: Editions Klincksieck, 1966-1970. p. 261.
58. Ioanna K. Konstantinou, *Delphi: The Oracle and Its Role in the Political and Social Life of the Ancient Greeks*. Atenas: Hannibal, sem data. pp. 28-29.

59. A tradução utilizada pela autora foi de Thelma Sargent, "To Pythian Apollo" em *The Homeric Hymns*. Nova York: W.W. Norton, 1973. Na edição brasileira, optou-se pela tradução de Luiz Alberto Machado Cabral em *O hino homérico a Apolo*. São Paulo: Ateliê Editorial, 2004. [N. E.]
60. Ibid.
61. Ver Konstantinou, *Delphi*, p. 29.
62. Ver R.M. Frazer, trad., *The Poems of Hesiod*. Norman: University of Oklahoma Press, 1983. pp. 83-85; ver também Robert Graves, *The Greek Myths*, vol. 1. Baltimore: Penguin, 1955. pp. 44-47; e Maria S. Brouscaris, *The Monuments of the Acropolis*. Atenas: General Direction of Antiquities and Restoration, 1978. pp. 62-63; o friso da derrota das amazonas está na métopa ocidental, o que significa que era avistada de imediato na entrada da acrópole; a derrota das amazonas é um tema comum em artes de templos gregos.
63. A tradução utilizada pela autora foi de Paul Roche, "The Eumenides". Na edição brasileira, optou-se pela tradução de Márcio da Gama Kury, *Oréstia: Agamêmnon, Coéforas, Eumênides*. Rio de Janeiro: Zahar, 1991. [N. E.]
64. Ibid.
65. Ver Martha Lee Osborne, ed., *Woman in Western Thought*. Nova York: Random House, 1979. p. 46, citação da *Metafísica*, de Aristóteles.
66. Ver Walter Burkert, *Greek Religion*, trad. John Raffan. Cambridge: Harvard University Press, 1985. pp. 131-35.
67. *The Poems of Hesiod*, "Theogony", pp. 34-37; "Theogony", pp. 64-67, e "Works and Days", pp. 97- 100 (Pandora).
68. O mito do assassinato da Deusa é aludido em Salmos 74:13-14, Isaías 27:1, Salmos 89:9-10 e Jó 26:12-13.
69. Ver Raphael Patai e Robert Craves, *Hebrew Myths: The Book of Genesis*. Nova York: McGraw-Hill, 1964. pp. 21-28; ver também Cyrus H. Cordon, *Ugaritic Manual*. Roma: Pontificum Institutum Biblicum, 1955. p. 332.
70. Stone, *Quando Deus era mulher*, cap. 10. Ver também J. A. Phillips, *Eve: The History of an Idea*. São Francisco: Harper and Row, 1984. Para uma leitura alternativa, ver Phyllis Trible, "Eve and Adam: Genesis 2-3 Reread", em Carol P. Christ e Judith Plaskow, orgs., *Womanspirit Rising*. São Francisco: Harper and Row, 1979. pp. 74-83. A leitura de Trible, mesmo tendo coerência interna, não me convenceu porque não menciona que a cobra, a mulher nua e a árvore sagrada são símbolos bem conhecidos da religião da Deusa, e porque não oferece motivos para seu uso na história bíblica.
71. Ver Friedrich Heinrich Wilhelm Cesenius, org., *Hebrew and Chaldee Lexicon to the Old Testament Scriptures* [1846], trad. S.P. Tragelles. Grand Rapids, MI: Eerdmans, 1949. p. 264. O título "mãe de todos os viventes" é encontrado em Gênesis 3:20.
72. Ver Phillips, *Eve*, pp. 29-30.
73. Ver Elisabeth Schüssler Fiorenza, *In Memory of Her: A Feminist Reconstruction of Christian Origins*. Nova York: Crossroad, 1983. pp. 234-35.

74. Existem diferentes versões da natureza do pecado original, sendo as duas mais comuns "desobediência à Palavra de Deus" e "concupiscência", ou desejo sexual. Não importa como o pecado seja descrito, geralmente fica implícita a natureza menos racional ou mais carnal de Eva.
75. Phillips, *Eve*, p. 76, citando Tertuliano, "On the Apparel of Women" em *The Ante-Nicene Fathers*, vol. 4. Grand Rapids: Eerdmans, 1948. p. 14.
76. Citado em Marina Warner, *Alone of All Her Sex: The Myth and Cult of the Virgin Mary*. Nova York: Alfred A. Knopf, 1976. pp. 59-60, de Justino Mártir, *A Dialogue with Trypho*.
77. O título do livro de Warner, *Alone of All Her Sex*, vem de um poema de Célio Sedúlio, ver p. XVII.
78. Ver Zella Bardsley, "The Many Pieces of Spirituality", em *Woman's Way: The Path of Empowerment* 2/3 (Inverno de 1994-1995): 11.
79. Naomi R. Goldenberg, "A Theory of Gender as a Central Hermeneutic in the Psychoanalysis of Religion", em Jacob van Belzen, org., *Hermeneutic Approaches to the Psychology of Religion*. Amsterdã: Rodopi, 1996.
80. Gimbutas, *Language*, pp. 318-20.
81. A tradução utilizada pela autora foi de Thelma Sargent, "To Aphrodite", em *The Homeric Hymns*. Na edição brasileira, optou-se pela tradução de Flávia R. Marquetti, *Hinos homéricos*. São Paulo: Editora Unesp, 2022. [N. E.]
82. A tradução utilizada peça autora foi de Mary Barnard, *Sappho: A New Translation*. Berkeley: University of California Press, 1958. #42. Na edição brasileira, optou-se por uma tradução livre. [N. E.]
83. Idem para a versão da autora, #37. Na edição brasileira, tradução de Giuliana Ragusa, *Fragmentos de uma deusa: a representação de Afrodite na lírica de Safo*. Campinas: Editora Unicamp, 2005. [N. E.]
84. Ibid., #37.
85. Ibid., #38.
86. Costis Davaras, *Guide to Cretan Antiquities*, 3ª ed. Atenas: Eptalofos, 1976. pp. 124-25.
87. Gloria Anzaldua, "Entering into the Serpent", em Plaskow e Christ, *Weaving the Visions*, p. 77. Ver também Preston, org., *Mother Worship*, pp. 5-50, artigos "The Virgin of Guadalupe and the Female Self-Image", de Ena Campbell, e "The Tonantsi Cult of the Eastern Nahua", de Alan R. Sandstrom.
88. Mary Condren, *The Serpent and the Goddess: Women, Religion, and Power in Celtic Ireland*. São Francisco: Harper and Row, 1989. pp. 66-67.

Capítulo 4: Resistência à história da Deusa

1. Moses Finley, "Archaeology and History", *Daedalus* 100 (1971): 168-86, citado em Sarah B. Pomeroy, *Goddesses, Whores, Wives, and Slaves*. Nova York: Schocken, 1975. p. 14.

2. Walter Burkert, *Greek Religion*. Cambridge: Harvard University Press, 1985. pp. 11-12.
3. As mais proeminentes críticas feministas à hipótese da Deusa e ao trabalho de Marija Gimbutas são Margaret Conkey e Ruth Tringham, "Archaeology and the Goddess: Exploring the Contours of Feminist Archaeology", em A. Stewart e D. Stanton, orgs., *Feminisms in the Academy: Rethinking the Disciplines*. Ann Arbor: University of Michigan Press, 1995. pp. 199-247; e Lynn Meskell, "Goddesses, Gimbutas and 'New Age' Archaeology", *Antiquity* 69 (1995): 74-86. Para outra visão, ver Carol P. Christ e Naomi Goldenberg, orgs., *The Legacy of the Goddess: The Work of Marija Gimbutas*, uma coleção de ensaios em *Journal of Feminist Studies in Religion* 12/2 (Outono de 1996). Ver também Joan Marler, org., *From the Realm of the Ancestors: An Anthology in Honor of Marija Gimbutas*. Manchester: Knowledge, Ideas, and Trends, 1997.
4. Sarah B. Pomeroy, *Goddesses, Whores, Wives, and Slaves*, p. 15.
5. Esses são os termos usados no primeiro parágrafo do ensaio de Meskell, "Goddesses, Gimbutas and 'New Age' Archaeology".
6. Ver Elisabeth Schüssler Fiorenza, *In Memory of Her: Feminist Theological Reconstruction of Christian Origins*. Nova York: Crossroad, 1983, especialmente o capítulo 2.
7. Burkert, *Greek Religion*, p. 10.
8. Ibid., pp. 14-15.
9. Ver Marija Gimbutas, *The Language of the Goddess*. São Francisco: Harper and Row, 1989. p. XV.
10. Ver Naomi Goldenberg, "Marija Gimbutas and the King's Archaeologist", *Journal of Feminist Studies in Religion* 12/2 (Outono de 1996), pp. 67-72, que relembra uma conferência acadêmica onde os argumentos do "arqueólogo do rei" sobre as atividades de sacerdotes pré-históricos foram muito mais bem-aceitos do que os argumentos de Gimbutas sobre as Deusas pré-históricas.
11. Margaret Miles, *Image as Insight*. Boston: Beacon Press, 1985.
12. Jane Ellen Harrison, *Prolegomena to the Study of Greek Religion* [1903]. Londres: Merlin Press, 1962. p. 285.
13. Burkert, *Greek Religion*, p. 4.
14. A história completa é contada em *Works and Days*. Ver *The Poems of Hesiod*, ed. R.M. Frazer. Norman: University of Oklahoma Press, 1983. pp. 97-100 (linhas 47-105).
15. Harrison, *Prolegomena*, pp. 276-85.
16. Samuel Noah Kramer, *History Begins at Sumer*. Nova York: Doubleday, 1958.
17. Ver *The Epic of Gilgamesh*, trad. N.K. Sandars. Baltimore: Penguin, 1964. pp. 83-85.
18. Merlin Stone, "9978: Repairing the Time Warp and Other Related Realities", *Heresies* 5 (setembro de 1978): 124-26.
19. Ver Anne L. Barstow, "The Uses of Archaeology for Women's History: James Mellaart's Work on the Neolithic Goddess at Çatal Hüyük", *Feminist Studies* 4/3

(outubro de 1978): 10; e Merlin Stone, *Quando Deus era mulher*, pp. XVII-XXIV, para citações e argumentos sobre o preconceito acadêmico contra as Deusas.
20. Ruby Rohrlich, "State Formation in Sumer and the Subjugation of Women", *Feminist Studies* 6/1 (1980): 91-92.
21. A exposição foi inaugurada em março de 1996 e durou um ano. O livro que a acompanhava, *Neolithic Culture in Greece*. Atenas: Nicholas P. Goulandris Foundation/ Museum of Cycladic Art, 1996, foi organizado por George A. Papathanassopoulos, que coordenou a exposição também.
22. A palavra grega *ánthropos* significa "ser humano", não "homem". Mas a palavra em si é de gênero masculino, pelo artigo e pela desinência. Recentemente, ouvi feministas gregas propondo que o artigo feminino fosse usado com a desinência masculina da palavra para criar uma palavra verdadeiramente bigênero para "ser humano": *i ánthropos*.
23. Papathanassopoulos, ed., *Neolithic Culture in Greece*, figs. 30-33, 37-39, nas pp. 96-99, 136-38.
24. Christina Marangou, "Figurines and Models", em Papathanassopoulous, *Neolithic Culture in Greece*, p. 146. Também foi uma mulher que traduziu esses ensaios do grego para o inglês!
25. Esta seção é um resumo de uma versão mais longa publicada como "Mircea Eliade and the Feminist Paradigm Shift in Religious Studies", *Journal of Feminist Studies in Religion* 7/2 (Outono de 1991): 75-94.
26. Mircea Eliade, *A History of Religious ideas*, vol. 1, trad. Willard R. Trask. Chicago: University of Chicago Press, 1978; vol. 2 (1982). (Tradução brasileira de Roberto Cortes Lacerda.)
27. Ibid., vol. 1, p. 20.
28. Ibid., p. 40.
29. Ibid., p. 187.
30. Ibid., p. 188.
31. Ibid., p. 189.
32. Ibid., p. 250.
33. Ibid., p. XIII.
34. Ibid., p. XIV.
35. Ibid., p. 4.
36. Ibid., p. 6.
37. Ibid., p. 21.
38. Ver, por exemplo, vol. 2, p. 404, onde Eliade escreve: "Na linguagem da teologia, pode-se dizer que, integradas ao cenário cristão, várias tradições arcaicas ganham sua 'redenção'".
39. Ibid., p. 41.
40. Ibid., p. 40-44. A associação de árvores sagradas com o simbolismo feminino e das Deusas é difundido em períodos posteriores no Oriente Próximo e no

Mediterrâneo (por exemplo, em anéis de sinete cretenses, na associação de Inanna com a tamareira, na adoração de Asherah na forma da árvore sagrada [mastro]), e provavelmente está por trás da história de Eva em Gênesis 2-3. Para matrilocação e o enterro de ossos femininos nas casas, ver Barstow, "Uses of Archaeology for Women's History," pp. 7-18; e James Mellaart, *Çatal Hüyük*. Nova York: McGraw-Hill, 1967. Para templos que seguem imagens do corpo da Deusa, ver Marija Gimbutas, *Language*.

41. Eliade, *History*, vol. 1, p. 45.
42. Ibid., pp. 45, 47, 49, 50.
43. Ibid., p. 53.
44. Ibid., p. 36.
45. Ibid., p. 271.
46. Ibid., p. 268.
47. *Prolegomena*, de Jane Ellen Harrison, se utiliza de pinturas em vasos para construir uma imagem bem diferente da de Hesíodo a respeito da religião e das Deusas gregas. Na palestra apresentada em 1989 no encontro da American Academy of Religion, Ursula King argumentou que o trabalho de estudiosas no campo da religião tem sido sistematicamente excluído do cânone acadêmico; Harrison foi um de seus exemplos.
48. Vincent Scully, *The Earth, the Temple, and the Gods: Greek Sacred Architecture*, ed. rev. New Haven: Yale University Press, 1979, começa com uma discussão da importância da paisagem na arquitetura sagrada grega, então parte para uma consideração da Deusa nos templos minoicos e indo-europeus micênicos, prosseguindo com capítulos sobre Hera, Deméter, Ártemis e Afrodite, e, por fim, Apolo, Zeus, Poseidon e Atena.
49. Eliade, *History*, vol. 1, p. 250.
50. Ibid., pp. 253, 254.
51. Ibid., p. 250.
52. Ibid., p. 262, o destaque é do texto original.
53. Ibid., p. 274.
54. Para síntese, avaliação positiva e crítica das ideias de Jung e de como elas afetam a religião e os estudos femininos, ver Naomi R. Goldenberg, *Changing of the Gods: Feminism and the End of Traditional Religions*. Boston: Beacon Press, 1979. pp. 46-71.
55. Essas visões são racistas e sexistas; há uma discussão mais abrangente sobre luz e trevas no capítulo 5.
56. Erich Neumann, *The Great Mother: An Analysis of an Archetype* [1955], trad. Ralph Manheim. Princeton: Princeton University Press, 1963.
57. Erich Neumann, *The Origins and History of Consciousness* [1949], prefácio de C.C. Jung, trad. R.F.C. Hull. Princeton, NJ: Princeton University Press, 1971.

58. Ver Joseph Campbell, *The Hero with a Thousand Faces* [1949]. Princeton: Princeton University Press, 1972; *The Masks of God*, 3 vols. Princeton: Princeton University Press, 1959, 1961, 1964; e *The Hero's Journey: Joseph Campbell on His Life and Work*, org. Phil Cousineau. São Francisco: HarperSanFrancisco, 1990.
59. Campbell, *The Hero with a Thousand Faces*, citado em *The Hero's Journey*, p. 78. (Tradução brasileira de Adail Ubijara Sobral.)
60. Campbell, *The Hero's Journey*, p. 92.
61. Ver Joseph Campbell, *Masks of God*, prefácio a *The Language of the Goddess*, pp. XIII-XIV.
62. Robert Graves, *The White Goddess: A Historical Grammar of Poetic Myth*, ed. rev. Nova York: Farrar, Straus, and Giroux, 1966. pp. 9-10. Ver, também do autor, *The Greek Myths*, 2 vols. Baltimore: Penguin, 1955, 1960; e, com Raphael Patai, *Hebrew Myths: The Book of Genesis*. Nova York: McGraw-Hill, 1966.
63. Ver Martin Seymour-Smith, *Robert Graves: His Life and Work*. Londres: Hutchinson, 1982; Miranda Seymour, *Robert Graves: Life on the Edge*. Nova York: Henry Holt and Co., 1995; e a biografia em três volumes por Richard Perceval Craves. Londres: Weidenfeld and Nicolson, 1986, 1990 e 1996.

Capítulo 5: O significado da Deusa

1. Christine Downing, *The Goddess*. Nova York: Continuum, 1981. p. 139; tradução de Charles Boer. (Tradução brasileira de Wilson A. Ribeiro.)
2. Esse verso foi tirado do poema "Trascendental Etude", de Adrienne Rich, no livro *Dream of a Common Language: Poems, 1974-1977*. Nova York: W.W. Norton, 1978. p. 77.
3. Esse cântico foi ensinado às mulheres por Lorraine Tartasky, durante uma peregrinação a Creta, na primavera de 1996.
4. Já se argumentou (principalmente entre os cristãos) que há uma conexão entre "paganismo" e fascismo nacional. Ainda que os fascistas invocassem a metáfora de "sangue e terra" e de deuses e deusas na causa da pureza étnica e do nacionalismo, isso é obviamente uma compreensão errônea da conexão da Deusa com a terra.
5. Sallie McFague, *The Body of God: An Ecological Theology*. Minneapolis: Fortress Press, 1993. p. 19.
6. Ibid., p. 16.
7. É inútil procurar em *The Body of God* reflexões sobre o corpo de Deus ser feminino, o que é estranho, dado que em sua obra anterior, *Models of God: Theology for an Ecological, Nuclear Age*. Filadélfia: Fortress Press, 1987, McFague propôs a metáfora de Deus como Mãe. Só posso concluir que McFague percebeu a ameaça que a imagem da terra como o corpo de Deus Mãe apresenta ao tradicional público do cristianismo que ela espera que se torne adepto de sua pauta ecológica, e por isso escolhe não mencionar "Ela".

8. Quem chamou minha atenção para essas questões foi o teólogo John Cobb.
9. Marija Gimbutas, *The Language of the Goddess*. São Francisco: Harper and Row, 1989. p. 141.
10. Ver Paula Gunn Allen, *The Sacred Hoop: Recovering the Feminine in American Indian Traditions*. Boston: Beacon Press, 1986. p. 29.
11. Para uma discussão de alguns dos assuntos envolvidos no debate do suposto essencialismo, ver Carolyn Merchant, ed., *Ecology: Key Concepts in Critical Theory*. Atlantic Highlands: Humanities Press, 1994. pp. 12-13; e o ensaio de Elizabeth Carlassare presente no mesmo livro, "Essentialism in Ecofeminist Debate", pp. 220-34. Carlassare aponta que várias pensadoras feministas que são menosprezadas por causa do "essencialismo" não se autodefinem dessa maneira, e conclui que o termo tem sido usado "no interesse de privilegiar a posição de ecofeministas socialistas" (p. 228).
12. Zsuzsanna E. Budapest, "Self-Blessing Ritual", em Carol P. Christ e Judith Plaskow, eds., *Womanspirit Rising: A Feminist Reader in Religion*. São Francisco: Harper and Row, 1979. p. 271.
13. Esse ponto é discutido com mais profundidade no capítulo 7.
14. Citado em Elizabeth Wayland Barber, *Womens Work: The First 20,000 Years: Women, Cloth and Society in Early Times*. Nova York: W.W. Norton, 1994. p. 29.
15. Ver Peggy Reeves Sanday, *Female Power and Male Dominance*. Cambridge: Cambridge University Press, 1981; Margaret Ehrenberg, *Women in Prehistory*. Norman: University of Oklahoma Press, 1989; e Gunn Allen, *Sacred Hoop*.
16. Ver capítulo 1.
17. Matthew Fox, *Original Blessing: A Primer in Creation Spirituality*. Santa Fé: Bear, 1993. p. 309.
18. William Anderson, com fotografias de Clive Hicks, *Green Man: The Archetype of Our Oneness with the Earth*. São Francisco: HarperCollins, 1990, mas note o espectro do dualismo na ênfase em discurso e logos.
19. Ver Starhawk, cap. 6.
20. William G. Doty, *Myths of Masculinity*. Nova York: Continuum, 1993; e Jan Henning e Daniel Cohen, *Hawk and the Bard Reborn: Revisions and Renewals of Old Tales*. Londres: Wood and Water, 1988.
21. Robert Bly, *Iron John*. Reading, MA: Addison-Wesley, 1990.
22. Ariska Razak, "Toward a Womanist Analysis of Birth", em Irene Diamond e Gloria Fernan Orenstein, eds., *Reweaving the World: The Emergence of Ecofeminism*. São Francisco: Sierra Club Books, 1990. p. 172.
23. Delores Williams, "Sin, Nature, and Black Women's Bodies", em *Ecofeminism and the Sacred*, p. 28. Ver também Delores Williams, *Sisters in the Wilderness: The Challenge of Womanist God-Talk*. Maryknoll: Orbis Books, 1993.
24. Luisah Teish, *Jambalaya*. São Francisco: Harper and Row, 1985; e Gloria Anzaldua, *Borderlands/La Frontera: The New Mestiza*. São Francisco, Spinsters Aunt Lute, 1987.

25. Carol Lee Sanchez, "Animal, Vegetable, and Mineral", em *Ecofeminism and the Sacred*, org. Carol J. Adams. Nova York: Continuum, 1993. p. 209.
26. Martin Bernal, *Black Athena: The Afroasiatic Roots of Classical Civilization, vol. 1: The Fabrication of Ancient Greece 1785-1985*. New Brunswick: Rutgers University Press, 1987; vol. 2: *The Archaeological and Documentary Evidence*. New Brunswick: Rutgers University Press, 1991. As teorias de Bernal provocaram controvérsia acadêmica. Muitos criticaram detalhes e erros factuais em seus argumentos. O historiador Glen Bowersock comenta: "Os erros do sr. Bernal não devem ser considerados uma desculpa para ignorar a questão maior que foi levantada, principalmente as ideias modernas das origens da civilização ocidental, que vêm evoluindo ao longo dos últimos três séculos". Ver "Rescuing the Greeks", *New York Times Book Review*, 25 de fevereiro, 1996.
27. Ver Gimbutas, *Language*.
28. Miriam Robbins Dexter argumenta que a polarização de noite e dia, escuridão e luz, era menos extrema na Índia do que na Europa. Ver, de sua autoria, *Whence the Goddess: A Source Book*. Nova York: Teachers College Press, 1990. p. 38.
29. Emile Saillens, citado em Leonard W. Moss and Stephen C. Cappannari, "In Quest of the Black Virgin", em James J. Preston, ed., *Mother Worship: Theme and Variations*. Chapel Hill: University of North Carolina, 1982. p. 68.
30. Ver Carol P. Christ, *Odyssey with the Goddess: A Spiritual Quest in Crete*. Nova York: Continuum, 1995. pp. 45-47 e outras.
31. Ver Wolfgang Lederer, *The Fear of Woman*. Nova York: Greene and Stratton, 1968.
32. Ver, por exemplo, Nancy E. Auer Falk, "Feminine Sacrality", em *The Encyclopedia of Religion*. Nova York, Macmillan, 1987, vol. 5, pp. 302-12.
33. Essa visão era frequentemente emitida pelos estudantes do California Institute of Integral Studies, quando lecionei lá, em 1994.
34. Elinor Cadon, *The Once and Future Goddess: A Symbol for Our Time*. São Francisco: Harper and Row, 1989. p. 83.
35. Christine Downing, *Women's Mysteries: Toward a Poetics of Gender*. Nova York: Crossroad, 1992. pp. 147-78.
36. Em Dexter, *Whence the Goddess*, p. 19.
37. Ibid. É uma ironia histórica que esse seja um dos poucos poemas antigos dedicados à Deusa atribuído a uma mulher, a sacerdotisa Enheduanna.
38. Downing, *Women's Mysteries*, p. 176.
39. Nancy Falk, "Feminine Sacrality", p. 309.
40. Platão, *The Symposium*, trad. Walter Hamilton. Baltimore: Penguin, 1951. pp. 93-94. É uma ironia da história que essa visão, que foi interpretada de maneiras profundamente antifemininas, seja atribuída por Platão à "mulher de Mantineia, chamada Diotima" (p. 79), que Platão afirma tê-la ensinado a Sócrates. (Tradução brasileira de Leonel Vallandro.)

41. Platão, *Symposium*, p. 95.
42. Hallie Iglehart Austen, "The Heart of the Goddess", *Woman of Power* 15 (Outono/Inverno, 1990): 88.
43. Mara Lynn Keller, "Wholistic Philosophy from Feminist and Other Natural Resources", ensaio não publicado. Minha visão talvez se diferencie da de Keller por ser mais crítica do pensamento dualista.
44. Citado em Bill Moyers, *Healing and the Mind*. Nova York: Doubleday, 1993. p. 189; e em Marcia Lee Falk, *The Book of Blessings: New Jewish Prayers for Daily Life, the Sabbath, and the New Moon Festival*. São Francisco: HarperSanFrancisco, 1996. p. 6.
45. Van A. Harvey, *A Handbook of Theological Terms*. Nova York: Macmillan, 1964. pp. 127-28, 172-73, 235-36, 242-43.
46. Fox, *Original Blessing*.
47. Ver John B. Cobb, *God and the World*. Filadélfia: Westminster Press, 1969; e *Is It Too Late? A Theology of Ecology*. Beverly Hills: Bruce, 1972. Ver também Sheila Greeve Davaney, org., *Feminism and Process Thought*. Nova York: Edwin Mellen, 1981.
48. Martin Buber, *I and Thou*, trad. Walter Kaufmann. Nova York: Charles Scribner's Sons, 1970.
49. Ver Rosemary Radford Ruether, *New Woman/New Earth: Sexist Ideologies and Human Liberation*. Nova York: Seabury/Crossroad, 1975; e *Gaia and God: An Ecofeminist Theology of Earth Healing*. São Francisco: HarperSanFrancisco, 1992. Ver também Lynn Gottlieb, *She Who Dwells Within: A Feminist Vision of a Renewed Judaism*. São Francisco: HarperSanFrancisco, 1995.
50. Matthew Fox foi silenciado pela Igreja Católica por um ano e, por fim, deixou sua ordem e o sacerdócio católico. Muitos pensadores judeus consideram Martin Buber pouco judeu porque sua teologia não se baseia na observação da lei judaica. A conferência "RE-Imagining", realizada em Minneapolis, em 1993, como parte da Década Ecumênica em Solidariedade às Mulheres do Conselho Mundial de Igrejas, no qual Sofia (Sabedoria) foi invocada com imagens reminiscentes da Deusa, provocou muitas condenações dos tradicionalistas. O direito de Lynn Gottlieb de viver sua visão do judaísmo foi contestado.
51. Nelle Morton, "The Goddess as Metaphoric Image", em Judith Plaskow e Carol P. Christ, orgs., *Weaving the Visions: New Patterns in Feminist Spirituality*. São Francisco: Harper and Row, 1989. p. 111. Ver também *The Journey Is Home*. Boston: Beacon Press, 1985.
52. Morton, "Goddess as Metaphoric Image", p. 116.
53. Starhawk, "Power, Authority, and Mystery: Ecofeminism and Earth-based Spirituality", em Irene Diamond e Gloria Feman Orenstein, orgs., *Reweaving the World: The Emergence of Ecofeminism*. São Francisco, Sierra Club Books, 1990. p. 73.

54. Starhawk, *Dreaming the Dark*. Boston: Beacon Press, 1982. p. 74.
55. Às vezes sua posição parece mais panteísta; outras vezes, panenteísta.
56. A filosofia do processo é uma escola de pensamento associada a Alfred North Whitehead e a seus seguidores, dentre os quais o mais importante é Charles Hartshorne, cujo pensamento influenciou o meu. Estudiosos da teologia do processo notarão que, enquanto me baseio no que podem ser chamadas de noções básicas da teologia do processo, não aceito todas as teorias filosóficas de Whitehead e de Hartshorne, os maiores proponentes da filosofia e da teologia do processo. A explicação de Whitehead da experiência como uma série de eventos menores, por exemplo, me parece exageradamente atomista. Como uma introdução à visão do processo da Deusa, considero *The Divine Relativity*. New Haven: Yale University Press, 1982, de Charles Hartshorne, muito estimulante. Ver também Davaney, ed., *Feminism and Process Thought*; e as obras do teólogo cristão John Cobb e de suas estudiosas, Marjorie Suchocki e Catherine Keller, que desenvolveram a filosofia de Whitehead em direções feministas.
57. Ver J.E. Lovelock and L. Margulis, "Gaia and Geognosy", em M.B. Rambler, org., *Global Ecology: Towards a Science of the Biosphere*. Londres: Jones and Bartlett, 1984; e J.E. Lovelock, *Gaia: A New Look at Life on Earth*. Oxford: Oxford University Press, 1982.
58. As palavras *inteligente, consciente* e *viva* vêm de uma citação de Paula Gunn Allen descrevendo a terra, que é discutida no capítulo 6. A ideia de que Deus é um tipo de pessoa com quem mantemos uma relação é encontrada em Buber, *I and Thou*, especialmente na Parte Três, pp. 123-68.
59. A metáfora de Deus como "base do ser" é encontrada ao longo da obra do teólogo cristão Paul Tillich. Fiquei profundamente emocionada por sua metáfora, mas minha interpretação difere da de Tillich, pois me utilizo de uma ontologia de processo.
60. Ver capítulo 1; ver também Christ, *Odyssey with the Goddess*.
61. Alice Walker, *The Color Purple*. Nova York: Pocket Books, 1983. p. 178. (Tradução brasileira de Betúlia Machado, Maria José Silveira e Peg Bodelson.)
62. Ibid., pp. 178-79.
63. Ver Raphael Patai, *The Hebrew Goddess*. Nova York: KTAV, 1967.
64. Não menciono o Islã aqui porque a crítica ao Islã está além do escopo deste livro. Isso significa que acredito que o monoteísmo islâmico seja de gênero neutro.
65. Theodore M. Ludwig, "Monotheism", em Mircea Eliade, org., *The Encyclopedia of Religion*. Nova York: Collier Macmillan, 1987. pp. 68-69.
66. Paul Tillich, *The Dynamics of Faith*. Nova York: Harper and Row, 1957.
67. Karen McCarthy Brown, em conversa pessoal.
68. Ver Downing, *The Goddess*, pp. 22-29.
69. Falk, "Notes on Composing New Blessings", em *Weaving the Visions*, p. 128; ver também *Book of Blessings*, da mesma autora.

70. Ibid., p. 129.
71. Esse cântico é atribuído a Z. Budapest.
72. Ludwig, "Monotheism", p. 71.
73. Ibid.
74. Downing, *The Goddess*, p. 5.

Capítulo 6: A teia da vida

1. Martin Buber, *I and Thou*, pp. 58-59. (Tradução brasileira de Newton Aquiles von Zuber.)
2. Ibid., p. 60.
3. Ibid., p. 58.
4. Paula Gunn Allen, *The Sacred Hoop: Recovering the Feminine in American Indian Traditions*. Boston: Beacon Press, 1986. p. 119.
5. Susan Griffin, *Woman and Nature: The Roaring Inside Her*. Nova York: Harper and Row, 1978. p. 227.
6. Griffin faz referência à visão de Platão na caverna nas primeiras páginas de *Woman and Nature*, e interpreto essa passagem como uma refutação.
7. Griffin, *Woman and Nature*, p. 219.
8. Alix Kates Shulman, *Drinking the Rain: A Memoir*. Nova York: Farrar, Straus, Giroux, 1995. pp. 55-56.
9. Griffin, *Woman and Nature*, p. 219.
10. Ver "Songs from a Goddess Pilgrimage to Crete". Blacksburg: Ariadne Institute for the Study of Myth and Ritual, 1996; adaptei as palavras de "A Traditional Navajo Prayer", trad. Gladys A. Reichard, em Jane Hirshfield, ed., *Women in Praise of the Sacred: 43 Centuries of Spiritual Poetry by Women*. Nova York: HarperCollins, 1994. p. 201, e Jana Ruble fez a melodia. Ver também Lisa Theil, "On the Trail of Beauty", em Kate Marks, ed., *Circle of Song*. Amherst: Full Circle Press, 1995.
11. Carol P. Christ, *Diving Deep and Surfacing: Women Writers on Spiritual Quest* [1980] Boston: Beacon Press, 1995. Nesse livro, argumentei que mulheres podem ser particularmente inclinadas a esse tipo de experiência mística. Neste capítulo, eu me concentro em como essas experiências estão disponíveis a todos.
12. Gunn Allen, *Sacred Hoop*, p. 60.
13. Griffin, *Woman and Nature*, p. 219.
14. Elisabet Sahtouris, *Gaia: The Human Journey from Chaos to Cosmos*. Nova York: Pocket Books, 1989. p. 126.
15. Ibid., p. 90.
16. Ibid., p. 91.
17. Ibid., p. 90.
18. Griffin, *Woman and Nature*, p. 226.
19. Buber, *I and Thou*, p. 58.

20. *I and Thou* foi originalmente traduzido para o inglês por Ronald Gregor Smith, em 1937. Veja a nota para a tradução de Kaufmann de "Er leibt mir gegenüber" na p. 58 de seu livro; ver também p. 45.
21. Sahtouris, *Gaia*, p. 91.
22. Ver Êxodo 3:5: "porque o lugar em que tu estás é terra santa".
23. Carol Lee Sanchez, "New World Tribal Communities", em Judith Plaskow e Carol P. Christ, eds., *Weaving the Visions: New Patterns in Feminist Spirituality*. São Francisco: Harper and Row, 1989. p. 345.
24. Susan G. Worst, carta datada de 11 de maio, 1995.
25. Sanchez, "New World Tribal Communities", p. 345.
26. Ver capítulo 1.
27. Sanchez, "New World Tribal Communities", p. 355.
28. Gordon Kaufman, *The Theological Imagination: Constructing the Concept of God*. Filadélfia: Westminster Press, 1981. p. 226.
29. Ibid., p. 225. A obra recente do próprio Kaufman repudia a visão que ele descreve aqui. Ver, do autor, *In Face of Mystery: A Constructive Theology*. Cambridge: Harvard University Press, 1993.
30. Dorothy Dinnerstein, *The Mermaid and the Minotaur: Sexual Arrangements and Human Malaise*. Nova York: Harper and Row, 1976.
31. *Of a Like Mind*, Candlemas 9995 [1995], parte interna da capa. Não citei todas as afirmações, e as listei em ordem diferente da que aparece no original.
32. Mas a intervenção médica que prolongou o sofrimento na morte da minha avó foi errada.
33. Há pouca dúvida de que os rituais gregos de luto têm raízes pré-cristãs; ver Loring M. Danforth, *The Death Rituals of Rural Greece*. Princeton: Princeton University Press, 1982. Os rituais gregos de luto têm um aspecto patriarcal, com expectativas estritas para o luto das mulheres e dos homens, presumindo que o luto de uma mulher pelo marido durará o resto da vida.
34. Joanna Macy, *Despair and Personal Power in the Nuclear Age*. Filadélfia: New Society Publishers, 1993.
35. Está além do escopo deste livro especular sobre uma época em que o sol esfriará e o corpo de Gaia como o conhecemos deixará de existir. Mas, se o universo é o corpo da Deusa, mesmo então os processos de nascimento, morte e renovação continuarão.
36. Ruth M. Underhill, *Red Mans Religion: Beliefs and Practices of the Indians North of Mexico*. Chicago: University of Chicago Press, 1965. p. 116.
37. Talvez não, se formos enterrados em um caixão de metal envolto por concreto.
38. Embora minha visão seja diferente da dela, meus pensamentos nesta seção foram provocados pela leitura de Kathleen M. Sands, *Escape from Paradise: Evil and Tragedy in Feminist Theology*. Minneapolis: Fortress Press, 1994.

39. Ver, por exemplo, Sófocles, *Oedipus at Colonus,* trad. e org. David Greene e Richard Lattimore. *Greek Tragedies,* vol. 3. Chicago: University of Chicago Press, 1960. pp. 166- 67, linhas 1211-48.
40. Simone Weil, *The Iliad or the Poem of Force,* trad. Mary McCarthy. Wallingford, PA: Pendle Hill, 1956.
41. Ver a palestra de John Cobb na Ingersoll Lecture on Immortality da Harvard Divinity School, em 1987, publicada como "The Resurrection of the Soul", *Harvard Theological Review* 80/2 (1987): 213-27; Cobb escreve que "cada evento celular em nossos corpos segue vivendo em Deus, assim como cada experiência pessoal" (p. 227).
42. Ver Carol P. Christ, *Odyssey with the Goddess: A Spiritual Quest in Crete,* p. 22.
43. John Cobb, em "The Resurrection of the Soul", também imagina uma espécie condicional de vida após a morte. No entanto, a interpretação dele é diferente da minha.

Capítulo 7: A humanidade na teia da vida

1. Susan Griffin, *Woman and Nature: The Roaring Inside Her.* Nova York: Harper and Row, 1978. p. 226.
2. Para uma amostragem da literatura recente sobre inteligência animal, ver Jeffrey Moussaieff Masson e Susan McCarthy, *When Elephants Weep: The Emotional Lives of Animals.* Nova York: Delacorte Press, 1995; Stephen Hart, *The Language of Animals.* Nova York: Henry Holt, 1996; e Alexander F. Skutch, *The Minds of Birds.* College Station: Texas A & M University Press, 1996.
3. Frans de Waal, *Good Natured: The Origins of Right and Wrong in Humans and Other Animals.* Cambridge MA: Harvard University Press, 1996.
4. *Athens News,* 4 de maio, 1966: 4.
5. Martin Buber, *I and Thou,* p. 62.
6. Ibid., p. 78. Buber tem dificuldade com a linguagem nesse trecho, de-formando e re-formando a linguagem da filosofia na qual o eu tem sido compreendido.
7. J. Konrad Stettbacher, *Making Sense of Suffering: The Healing Confrontation with Your Own Past,* trad. Simon Worall. Nova York: Meridian, 1993. p. 89.
8. Karen McCarthy Brown, "Women's Leadership in Haitian Vodou", em Judith Plaskow e Carol P. Christ, orgs., *Weaving the Visions: New Patterns in Feminist Spirituality.* São Francisco: Harper and Row, 1989. p. 233.
9. Stettbacher, *Making Sense of Suffering,* p. 91.
10. Carol P. Christ, *Odyssey with the Goddess: A Spiritual Quest in Crete.*
11. Stettbacher, *Making Sense of Suffering,* p. 96.
12. A imensamente importante e influente obra de Alice Miller se baseia na admissão da própria autora sobre a fonte de seu sofrimento no fim da meia-idade, depois de duas psicanálises fracassadas e anos trabalhando como psicanalista.

Miller admite uma dívida com Stettbacher e escreveu a introdução da edição norte-americana de seu livro *Making Sense of Suffering*. Ver, da autora, *Breaking Down the Wall of Silence: The Liberating Experience of Facing Painful Truth*, trad. Simon Worrall (Nova York: Meridian, 1993); *Thou Shalt Not Be Aware: Society's Betrayal of the Child*, trad. Hildegarde Hannum e Hunter Hannum (Nova York: Meridian, 1986); e *For Your Own Good: Hidden Cruelty in Child-rearing and the Roots of Violence*, trad. Hildegarde Hannum e Hunter Hannum (Nova York: Noonday Press, 1990).

13. Kate Millett, *Sexual Politics*. Carden City: Doubleday, 1970. p. 155. (Tradução portuguesa de Alice Sampaio, Gisela da Conceição e Manuela Torres.)
14. Delores Williams, "Women's Oppression and Life-line Politics in Black Women's Religious Narratives", *Journal of Feminist Studies in Religion* 1 (Outono de 1985): esp. 60, 65-68.
15. Carol P. Christ, *Laughter of Aphrodite: Reflections on a Journey to the Goddess*, p. 204.
16. Configuração que já foi bastante modificada nos dias atuais. [N. E.]
17. Christ, *Odyssey*, pp. 105, 147.
18. Heinrich Kramer e James Sprenger, *The Malleus Maleficarum* [c. 1496], trad. Montague Summers. Nova York: Dover, 1971.
19. Barbara Ehrenreich e Deirdre English, *Witches, Nurses, and Midwives: A History of Women Healers*. Nova York: Feminist Press, 1973.
20. Ginette Paris, *Pagan Meditations: Aphrodite, Hestia, Artemis*. Dallas: Spring Publications, 1986. pp. 142-43.
21. Zsuzsanna E. Budapest, *The Grandmother of Time: A Women's Book of Celebrations, Spells and Sacred Objects for Every Month of the Year*. São Francisco: Harper and Row, 1989. pp. 127, 187-88.
22. Brown, "Women's Leadership", p. 233.
23. Essa frase é o título de um importante e popular livro feminista sobre saúde da mulher, *Our Bodies, Ourselves*, do Boston Women's Health Collective. Nova York: Simon and Schuster, 1973.
24. Beverly Harrison, "The Power of Anger in the Work of Love", em Plaskow e Christ, *Weaving the Visions*, p. 218.
25. Adrienne Rich, *Of Woman Born: Motherhood as Experience and Intuition* [1976]. Nova York: W.W. Norton, 1986. p. 40.
26. Stettbacher, *Making Sense of Suffering*, p. 111.
27. Audre Lorde, "Uses of the Erotic: The Erotic as Power", em *Weaving the Visions*, pp. 209, 210. (Tradução brasileira de Stephanie Borges.)
28. Ibid., p. 58.
29. Ver Peggy Reeves Sanday, *Female Power and Male Dominance: On the Origins of Sexual Inequality*. Cambridge: Cambridge University Press, 1981.
30. Rich, *Of Woman Born*, p. 40.

31. Arisika Razak, "Toward a Womanist Analysis of Birth", em Irene Diamond e Gloria Fernan Orenstein, eds., *Reweaving the World: The Emergence of Ecofeminism*. São Francisco: Sierra Club Books, 1990. pp. 165-72.
32. Em grego antigo, a palavra *ksénos* assumia a conotação de "amigo-convidado".
33. Nos Estados Unidos, muitos liberais sofrem de autoaversão e culpa por serem membros de grupos dominantes, enquanto conservadores reafirmam, na defensiva, valores "tradicionais" (dominadores).
34. Audre Lorde, "Uses of the Erotic", p. 212.
35. Historiadores ecológicos debatem esse assunto. Para alguns, a revolução agrícola marca o tempo em que os humanos começaram a destruir o meio ambiente. Outros escolhem datas posteriores. Aparentemente, outros animais têm a capacidade de destruir o meio ambiente em que vivem. É possível que os dinossauros ou outras espécies tenham se devorado até a extinção.
36. "Children of Violence" é o título da série de cinco romances sobre a vida de Martha Quest, que foi concebida durante a Primeira Guerra Mundial, alcançou a maioridade durante a Segunda e criou os filhos sob a nuvem do holocausto nuclear. A citação é de *Landlocked*. Nova York: New American Library, 1970. p. 195.
37. Essa é a visão do povo nativo da Ilha de Vancouver relatada na narrativa ficcionalizada de Anne Cameron, *Daughters of Copper Woman*. Vancouver, British Columbia: Press Gang Publishers, 1981. p. 121.
38. Lucia Chiavola Birnbaum, *Black Madonnas: Feminism, Religion, and Politics in Italy*. Boston: Northeastern University Press, 1993. p. 23.
39. Simone de Beauvoir, *The Ethics of Ambiguity*, trad. Bernard Frechtman. Nova York: Philosophical Library, 1948. pp. 135-36. (Tradução brasileira de Victor Gonçalves.)
40. Stettbacher, *Making Sense of Suffering*, p. 109.
41. Ver Miller, *Breaking Down the Wall of Silence*, pp. 81-113; e Miller, *For Your Own Good*, pp. 142-197.

Capítulo 8: *Ethos* e ética

1. Ver capítulo 1; e Clifford Geertz, "Religion as a Cultural System" e "Ethos, World View and the Analysis of Sacred Symbols", em Clifford Geertz, *The Interpretation of Cultures: Selected Essays*. Nova York: Basic Books, 1973. pp. 87-125 e 126-41.
2. Zsuzsanna E. Budapest, *The Grandmother of Time*. São Francisco: Harper and Row, 1989. p. XXI.
3. Ver Riane Eisler, *The Chalice and the Blade*. São Francisco: Harper and Row, 1987. Eisler propôs o termo *cultura de dominação* como uma descrição do que outros chamaram de "cultura patriarcal". Cultura de dominação tem a vantagem de deixar claro que homens também dominam outros homens em sociedades patriarcais.

4. Gordon Kaufman, *The Theological Imagination: Constructing the Concept of God*. Filadélfia: Westminster Press, 1981. p. 226.
5. Judith Hicks Stiehm, "Women, Men, and Military Service: Is Protection Necessarily a Racket?", em Ellen Boneparth, org., *Women, Power, and Politics*. Nova York: Pergamon, 1982. pp. 282-93.
6. Ibid., p. 289.
7. Ibid., p. 288.
8. Jonathan Schell, em *The Fate of the Earth*. Nova York: Avon, 1982, argumenta que a soberania nacional é incompatível com a paz mundial.
9. Anne Tyler, *The Accidental Tourist*. Nova York: Berkeley Publishing, 1986. p. 338. (Tradução brasileira de Adriana Lisboa.)
10. Dhyani Ywahoo, "Renewing the Sacred Hoop", em Judith Plaskow e Carol P. Christ, orgs., *Weaving the Visions: New Patterns in Feminist Spirituality*, p. 275.
11. Para descrições dos rituais da religião da Deusa, ver Starhawk, *The Spiral Dance*; e Budapest, *Grandmother of Time*. Ver também Carol P. Christ, *Laughter of Aphrodite: Reflections on a Journey to the Goddess*, especialmente o capítulo 11, e *Odyssey with the Goddess*. Ver também o capítulo 1 deste livro.
12. Catherine Keller, *From a Broken Web: Sexism, Separation, and Self*. Boston: Beacon Press, 1986.
13. Simone de Beauvoir, *The Ethics of Ambiguity* [1948], trad. Bernard Frechtman. Nova York: Citadel Press, 1970, discutido no capítulo 7.
14. A ideia de critérios morais foi tirada de Maurice Friedman, *Touchstones of Reality: Existential Trust and the Community of Peace*. Nova York: Dutton, 1972. Meus critérios são diferentes dos dele.
15. Ariska Razak, "Toward a Womanist Analysis of Birth", em Irene Diamond e Gloria Fernan Orenstein, eds., *Reweaving the World: The Emergence of Ecofeminism*. São Francisco: Sierra Club Books, 1990. p. 172.
16. Carol Gilligan, *In a Different Voice: Psychological Theory and Women's Development*. Cambridge: Harvard University Press, 1982.
17. Libby Roderick, canção "How Could Anyone Ever Tell You", de seu álbum entitulado *If You See a Dream* (Turtle Island Records).
18. Ver Starhawk, *Spiral Dance*, p. 91. "A Carga da Deusa" foi atribuída a Doreen Valiente; ver Cynthia Eller, *Living in the Lap of the Goddess: The Feminist Spirituality Movement in America*. Boston: Beacon Press, 1995. p. 51.
19. Ywahoo, "Renewing the Sacred Hoop", p. 276. Ver também Brooke Medicine Eagle, *Buffalo Woman Comes Singing: The Spirit Song of a Rainbow Medicine Woman*. Nova York: Ballantine, 1991.
20. Ibid., p. 275.
21. Judith Plaskow, *Standing Again at Sinai: Judaism from a Feminist Perspective*. São Francisco: Harper and Row, 1990. cap. 6, esp. pp. 218-20.

22. Esse método de ensino é descrito em maiores detalhes na introdução da segunda edição e no posfácio da edição mais recente do meu livro *Diving Deep and Surfacing*. Boston: Beacon Press, 1980, 1986, 1995.
23. Carol Lee Sanchez, "New World Tribal Communities", em Plaskow e Christ, *Weaving the Visions*, p. 347.
24. *Truth or Dare*. São Francisco: Harper and Row, 1987, de Starhawk, é uma importante fonte para a construção de comunidades; ver também Brooke Medicine Eagle, *Buffalo Woman Comes Singing*.
25. Sanchez, p. 346.
26. Ver Starhawk, *Truth or Dare*, esp. cap. 10.
27. Sharon Welch, "Ideology and Social Change", em Plaskow e Christ, *Weaving the Visions*, pp. 336-43.
28. Ver Plaskow, *Standing Again at Sinai*; Martha Acklesberg, "Spirituality, Community, and Politics: B'not Esh and the Feminist Reconstruction of Judaism", *Journal of Feminist Studies in Religion* 2 (Outono de 1986), 109-20; Christ, *Laughter of Aphrodite*, esp. pp. 202-3; e *Odyssey with the Goddess*. A newsletter *Ariadne's Thread* documenta o Minoan Sisterhood. Informações sobre as Peregrinações da Deusa para Creta, Jornada Espiritual Feminina em Lesbos e outros programas educacionais estão disponíveis no Ariadne Institute for the Study of Myth and Ritual, Ltd., 1306 Crestview Dr., Blacksburg, VA 24060 USA.
29. Essa frase é de Noelle Morton. Ver, da autora, *The Journey Is Home*. Boston: Beacon Press, 1985, pp. 17-18.
30. Os frutos das teorias geradas por esses conflitos estão refletidos neste livro.

Epílogo: O que se perdeu?
1. Jan Henning e Daniel Cohen, *Hawk and the Bard Reborn: Revisions and Renewals of Old Tales*. Londres: Wood and Water, 1988. p. 1.
2. O Deus de Abraão interveio para preveni-lo do sacrifício, como Ártemis fez na versão de Eurípedes da história.
3. No posfácio, Cohen afirma: "Existem muitas respostas para essa pergunta"; ver *Hawk and the Bard Reborn*, p. 89.

AGRADECIMENTOS

Este livro teve uma longa gestação. Foi iniciado no ano que passei como palestrante no programa de Mulheres e Religião na Harvard Divinity School. Ellen Boneparth, Judith Plaskow, Mara Lynn Keller, Christine Downing, Alexis Masters e Marie Cantlon fizeram várias críticas construtivas dos primeiros rascunhos que escrevi. Anos depois, Candace Chase pediu para publicar uma versão inicial do Capítulo 2 em *Metis*, sem querer despertando em mim a vontade de reescrever o manuscrito. Meu grupo de escrita, o Athens Circle, ajudou-me a desbloquear a energia e me estimulou a escrever com mais nitidez e beleza. As peregrinações da Deusa que liderei em Creta e as mulheres que participaram delas aprofundaram minha compreensão da Deusa. O povo grego contribuiu muito para que eu enraizasse a Deusa na terra.

Jana Ruble, Patrick Simpson e Marie Cantlon leram a nova versão enquanto eu a escrevia; Sue Camarados e Chris Lavdas leram logo que a terminei; Judith Plaskow, Miriam Robbins Dexter, Christine Downing, Marie Cantlon, John Cobb, Gordon Kaufman, Susan Worst, Mara Lynn Keller e Naomi Goldenberg ofereceram ótimas sugestões de mudanças. Minha editora na Addison Wesley Longman, Liz Maguire, que abordou o manuscrito "com interesse, mas cética, e se pegou seduzida e convencida", fez uma leitura sensível nas etapas finais de edição do texto. Agradeço a Susan Swan por me apresentar à minha agente, Kim Witherspoon, e a Kim Witherspoon por acreditar no meu trabalho. Por fim, um agradecimento especial a Chris Lavdas e a Daniel Cohen por me permitirem usar suas obras como prólogo e epílogo.

Carol P. Christ
Atenas, Grécia
21 de setembro de 1996

PERMISSÕES

Trechos dos capítulos 2 e 4 apareceram em formato diferente em "Toward a Paradigm Shift in the Academy and in Religious Studies" em *The Impact of Feminist Research in the Academy*, org. Christie Farnham. Bloomington: Indiana University Press, 1987. pp. 53-76.

A discussão do trabalho de Mircea Eliade, no capítulo 4, é um resumo de "Mircea Eliade and the Feminist Paradigm Shift", *Journal of Feminist Studies in Religion* 7/2 (1991): 75-94.

Alguns trechos de "Rethinking Theology and Nature", *Weaving the Visions: New Patterns in Feminist Spirituality*. São Francisco: Harper and Row, 1989. pp. 314-25, e de "Embodied Thinking: Reflections on Feminist Theological Method", do *Journal of Feminist Studies in Religion* 3/1 (1989): 7-15 apareceram neste livro.

Uma versão prévia do capítulo 2 apareceu como "Thealogy Begins in Experience" na *Metis* 1/1 (Primavera de 1996): 25-41.

Trechos de uma versão anterior dos capítulos 5 e 7 foram publicados na *Sage Woman* 35 (Outono de 1996): 54-56.

Permissão para usar "Evrynome: A Story of Creation" dada por Chris Lavdas.

Permissão para usar "Iphegenia", de *Hawk and the Bard Reborn*, de Jan Henning e Daniel Cohen, dada por Daniel Cohen.

ÍNDICE REMISSIVO

A

ABORTO, 188
ABUSO infantil, 174, 184, 206, 207
ABUSO sexual, 32, 174
ADÃO e Eva, 96, 169
AEGEAN Women's Studies' Institute, 225
AGRICULTURA, 81, 85, 87, 89, 104, 112, 176, 202
ALLEN, Paula Gunn, 154, 155, 158, 159, 199
AMERICAN Academy of Religion, 65
AMOR, 63
  inteligente corporificado, 145, 146, 147, 165, 181, 188
  matrix de, 23, 62, 145, 146, 175
ANTICONCEPCIONAL, 188
ANTIJUDAÍSMO, 72, 73
ANZALDUA, Gloria, 131
ATERRAMENTO, 66
AUSTEN, Hallie Iglehart, 135

B

B'NOT Esh, 228
BACHOFEN, J. J., 87
BAGBY, Rachel, 35
BAGBY, Rachel Edna Samiella Rebecca Jones, 35
BANQUETE, O, 135

BARSTOW, Anne, 27
BASE do ser, 63, 144, 146, 147, 181
BEAUVOIR, Simone de, 205
BÍBLIA hebraica, 68, 73, 96, 147
BÍBLIA, a, 19, 29, 71, 147
BIRNBAUM, Lucia Chiavola, 204
BROWN, Judith, 127
BROWN, Karen McCarthy, 148, 182, 189
BRUXARIA, 67
BUBER, Martin, 71, 139, 146, 153, 218
  relação Eu-Tu, 20, 21, 154, 161, 181, 227
BUDAPEST, Zsuzsanna, 21, 38, 67, 126, 210
BURKERT, Walter, 102, 104, 105, 107

C

CAÇADORES, 78, 80, 114, 115, 116, 119
CAMARADOS, Sue, 29
CAMPBELL, Joseph, 120, 121
CÂNTICOS, 35, 72, 124, 157, 158
CAOS, 54, 57, 97, 110, 111
CASA de bonecas, Uma, 185
ÇATALHÜYÜK, 27, 84, 85, 133, 172
CAVALLI-SFORZA, L. Luca, 90
CAVERNA de Trapeza, 33, 36
CAVERNAS, 36, 68, 78, 79, 100, 132, 156
CEAUSESCU, Nicolae, 207
CERÂMICA, 80, 81, 104, 112, 202

CERIMÔNIAS de compromisso, 187
CHRIST, Carol P.
    construção de comunidades, 228, 229
    histórico de, 64, 167, 169, 170, 183, 184, 192, 200
    jornada de, 44, 131, 132, 149, 150, 225, 226
COBB, John, 72
COHEN, Daniel, 233
COLETORES, 80, 104, 115
COMUNIDADE, 64, 65, 67, 197, 199, 200, 227, 229
    diversidade na, 200, 201
CONEXÃO, 63, 164, 165
    com o corpo, 190, 191, 192
    senso místico, 153, 154, 155, 157, 158
CONTROLE, ideia de, 166, 167, 168, 173, 174, 178, 206, 213
CORPO feminino, 116, 135, 187, 195
    sustento e o, 125, 127, 128
CORPO masculino, 128, 130
CORPO, o, 190, 191, 192, 219
    ver também corpo feminino; corpo masculino
CRIAÇÃO da realidade, 167
CRITÉRIOS, 217, 218, 219, 221
CUIDADO das crianças, 127, 130, 185, 186, 196
CULTURAS, 197, 198, 200
CULTURAS de dominação, 210, 211, 212, 214, 222

D

DALY, Mary, 56
DAR à Luz, 126, 127, 128, 187, 195
DAS Mutterrecht, 87
DAVIS, Elizabeth Gould, 21
DEMAO, Robert, 91
DESASTRES e doenças, 172, 173

DESCONSTRUCIONISMO, 57
DEUS, 19, 26, 39, 61
    imagem de, 20, 24, 29, 30, 31, 75, 138
    natureza de, 110, 137, 138, 142
    tempo, texto e, 107, 108, 110, 111
    visões tradicionais de, 70, 71, 73, 74
DEUSA
    hipótese da, 103, 104, 112, 114, 122
    imagens da, 31
    natureza da, 21, 115, 116, 118, 119, 120, 121, 122, 123, 139, 140, 141, 143, 145
    o assassinato da, 92, 93, 94, 95, 96, 98, 110
    religião da, 215, 216, 217, 219, 220, 221
    sobrevivência da antiga, 97, 99, 100
    vs. tempo, texto e deus, 108, 109, 110, 111
DEUSA *branca, A*, 121
DEUSA Guerreira, 133, 134
DIFERENCIAÇÃO sexual, 195, 196, 197
DINER, Helen, 21
DIVERSIDADE, 200, 201
DIVINDADE, 15
    ver também Deus; Deusa
DIVING *Deep and Surfacing*, 158
DOMINAÇÃO, 92, 100, 214, 215, 219, 225, 227
    mudando padrões de, 222, 223, 224, 225, 226
    poder masculino *vs.* feminino, 85, 86
DOWNING, Christine, 149, 150, 151
DUALISMO, hierárquico, 134, 135, 136, 137

E

EHRENBERG, Margaret, 89
EISLER, Riane, 210
ELIADE, Mircea, 90, 135
    análise da obra, 113, 114, 115, 116, 117, 118, 120
ENCYCLOPEDIA of Religion, 113

ENUMA Elish, 92, 93, 94, 108

EPISTEMOLOGIA, 16

EPOPEIA de Gilgamésh, 108

ERA Paleolítica, 77, 78, 79, 80, 108, 110, 113, 114, 115
  pré-, 104, 105
  registros escritos da, 106, 107
  religião da, 113, 114, 115, 117, 118, 119
  resistência à, 101, 102, 103, 105

ERÓTICO, poder do, 193, 194, 226, 229

ESCURIDÃO, 131, 132, 133

ESPAÇO Sagrado, 33, 36

ESPERANÇA, 230

ETHOS, 74, 75, 209, 210
  das culturas de dominação, 210, 211, 212, 214
  na religião da Deusa, 215, 216, 218, 219, 220, 222

ÉTICA, 54, 75, 203, 204

EURÍNOME — *Uma história de criação*, 11, 12

EVA, 29, 73, 96, 97, 169

EXPERIÊNCIA, 60, 62, 63, 64

EXPERIÊNCIA de "vidas passadas", 178

F

FALK, Marcia, 30, 72, 149, 150

FEMINISTAS, 55, 56, 58, 80, 103, 148, 168, 184, 185
  cuidados infantis, 126, 127

FILOSOFIA holística, 136, 137

FINITUDE, 165, 166, 168, 172, 174, 175, 176

FINLEY, Moses, 101

FIORENZA, Elisabeth Schüssler, 72, 102, 103, 113, 228

FOX, Matthew, 139

G

GANDHI, Mahatma, 230

GEERTZ, Clifford, 74, 210

GILLIGAN, Carol, 54, 218

GIMBUTAS, Marija, 21, 105, 121, 122, 153
  Velha Europa, 82, 83, 84, 88, 90, 98, 112, 125

GOLDENBERG, Naomi, 63, 98

GOTTLIEB, Lynn, 25, 139

GRANDE mãe, A, 120

GRAVES, Robert, 120, 121

GRÉCIA, 82, 85, 86, 163, 172, 190
  o assassinato da deusa na, 93, 94, 95
  religião na, 65, 66, 68, 69, 117, 118

GRIFFIN, Susan, 79, 155, 156, 159, 161, 199, 218

GUERRA, 30, 56, 85, 87, 88, 203
  ascensão da, 89, 90, 91
  ver também dominação; violência

GUERREIROS, 92, 117
  ver também culturas de dominação; indo-europeus; guerra

H

HARDING, M. Esther, 21

HARRISON, Beverly, 72, 191

HARRISON, Jane Ellen, 16, 21, 92, 106, 118

HAYDEN, Jess, 25

HERÓI de mil faces, O, 121

HESÍODO, 95, 99, 106, 118

HILDEGARDA de Bingen, 62

HINOS homéricos, 93, 107, 123, 124

HISTÓRIA, 37, 55, 68, 69
  Çatalhüyük, 28, 84, 85, 133, 172
  negação da, 112, 113, 114, 115, 117, 118, 119
  poder feminino *vs.* dominação masculina, 85, 87
  período neolítico, 80, 82
  Velha Europa, 82, 83, 84

HISTÓRIA *começa na Suméria, A*, 108
HISTÓRIA *das crenças e das ideias religiosas*, 113
HISTÓRIA *das origens da consciência*, 120
HISTORIOGRAFIA, 15
HITLER, Adolf, 206, 207, 219
HOMEM branco e velho, 29, 31, 73
HOMENS *vs.* mulheres, 195, 196, 197
HOMERO, 56, 95, 99, 117, 176
HUMANISMO, 138

I

IBSEN, Henrik, 185
IDEALISTAS, 60
ÍDOLOS, 66, 79
IFIGÊNIA, uma releitura, 234, 235
ILÍADA, A, 176
IMAGENS, 31, 106, 111, 116, 136, 149, 150
    da masculinidade, 129, 130
    de Deus, 138, 147
    transformadoras, 29, 30, 31, 33
IMANÊNCIA, 137, 138, 140, 141, 142
IMPÉRIO romano, 30, 108
INDO-EUROPEUS, 87, 89, 90, 113, 114, 117, 121, 131
INTERPRETAÇÃO, 60, 61, 71, 101, 102, 103
INVOCAÇÃO, 34, 99, 150
ISLÃ, 147

J

JARDINAGEM, 34, 35, 58, 81
JOANA D'Arc, 62
JORNADA, 79
JORNADA do herói, A, 121
JOURNAL of Feminist Studies in Religion, 228
JUDAÍSMO, 25, 30, 33, 38, 138, 148, 150, 214, 221
    visão de Deus no, 71, 72, 73

JUDEUS ver judaísmo
JUNG, Carl, 120, 121

K

KAUFMAN, Gordon, 72, 74, 165
KELLER, Mara, 136
KING, Martin Luther, 230
KRAMER, Samuel Noah, 108

L

LAUGHTER of Aphrodite, 60
LERO-COURHAN, André, 78
LESSING, Doris, 203
LEVANTAR energia, 66
LAVDAS, Chris, 11
LEVY, G. Rachel, 21, 78
LINGUAGEM, 31, 60, 83, 137, 198
LINHAGEM materna, 36, 116
LOGOS, 15
LORDE, Audre, 62, 137, 193, 201
LOVE, Caz, 25
LOVELOCK, James, 143, 159
LUGAR, sentido de, 163
LUTO, 170, 174
LUZ e escuridão, 130, 132, 133

M

MACY, Joanna, 171
MAGIA, 65, 67, 78
MARGULIS, Lynn, 159
MARIA, Mãe de Deus, 33, 67, 78, 86, 97, 99, 100, 107, 163
MÁRTIR, Justino, 97
MÁSCARAS de Deus, As, 121

MASCULINIDADE, 130, 211, 212
MATERIALISTAS, 60
MARTELO *das feiticeiras, O*, 188
MATRIARCADO, 84, 87
MATRIFOCAL, 87, 89, 90
MATRILINEAR, 84, 87
MATRILOCALIDADE, 85, 87, 116
MATRÍSTICO, 88
MCCALL, Daniel, 88
MCFAGUE, Sallie, 124, 125
MEDO, 54, 110, 201
MELLAART, James, 84, 85, 88
MENTE inconsciente, 120, 121, 122
MÉTODO, 16
METZNER, Ralph, 26
MILES, Margaret, 106
MILLER, Alice, 184, 207
MILLET, Kate, 185
MINOAN Sisterhood, 228
MISTICISMO, 61, 63, 158
MITOLOGIA, 82, 100, 117
MITOS, 54, 92
   do assassinato da Deusa, 92, 93, 94, 95, 97, 98, 111
   patriarcais, 73, 97, 100, 211
MODELO "de duas culturas", 89, 90
MONOTEÍSMO, 147, 148, 149, 150, 165
MORALIDADE, 204, 205, 206, 207, 208
MORTE, 131, 133, 134, 165, 169, 170, 171
   vida após a, 176, 177, 178
MORTON, Nelle, 24, 139, 140, 141
MOUNTAIN Wing, Hallie, 21
MOUNTAINGROVE, Jean, 21
MOUNTAINGROVE, Ruth, 21
MOVIMENTO feminista, 21, 61, 65, 127, 228, 229, 230
MUDANÇA, 222, 223, 224, 225, 226

MULHERES, 20, 27, 64, 65, 80, 88, 90, 96, 97, 103
   negação da contribuição, 111, 113
   vs. homens, 195, 196, 197
MYTHOS, 74, 75, 209, 210
   da religião da Deusa, 215, 216, 218, 219, 220, 221
   das culturas de dominação, 210, 211, 213, 214
   ethos da objetividade, 53, 55, 56

N

NATIVO-AMERICANOS, 35, 203, 214, 219, 220
   natureza e os, 36, 66, 70, 155, 156, 158, 215
NATUREZA, 69, 70, 86, 136, 139, 141, 164, 201
   diversidade na, 160, 162
   sacralidade da, 70, 123
   seres humanos como parte da, 179, 180
NAVAJOS, 157, 158
NAZISTAS, 55, 72
NEGAÇÃO, 219
NEUMANN, Erich, 120, 122
NOMEAR, o poder de, 128
NOVA Era, 166, 168, 178, 189, 216

O

OBJETIVIDADE
   ethos da, 53, 54, 55, 56, 60, 225
ODYSSEY with the Goddess, 17
ORIENTAÇÃO sexual, 197
ORÉSTIA, 94-95

P

PAGANISMO, 25, 68, 73
PAN-EN-TEÍSMO, 141, 142, 143, 144
PANTEÍSMO, 137, 138, 140, 141

PANTOCRATOR, 30
PAPÉIS de gênero, 86, 128
PARIS, Ginette, 188
PÁSCOA, 38, 70, 72, 163, 172
PATRIARCADO, 31, 56, 66, 73, 87, 107, 108, 133
    a mentira do, 95, 98
    ascensão do, 89, 90, 92
    mitos do, 69, 98, 100, 211
    na Grécia, 85, 86
PATRILINEAR, 85, 89, 194
PENSAMENTO corporificado, 17, 57, 58, 60, 136, 225
PENSAMENTO dualista, 38, 97, 132, 140, 141, 158, 165, 167, 172, 191, 194, 204
PERDA, 174, 175, 176
PEREGRINAÇÕES, 36, 66
PERÍODO Neolítico, 80, 82, 108, 112, 113, 121, 202
    mulheres no, 88, 89
    religião, 27, 33, 36, 102, 110, 116
    ver também Çatalhüyük
PERT, Candace, 137, 142
PLASKOW, Judith, 31, 63, 72, 227
PLATÃO, 54, 135, 138, 156
PODER, 34, 63, 85
    da Deusa, 141, 142, 144, 145
    feminino, 13, 29, 30, 31, 85, 86, 150
POLITEÍSMO *vs.* monoteísmo, 147, 148, 150, 151
POLÍTICA sexual, 185
POMEROY, Sarah B., 102
PRECONCEITOS, 68, 69, 74, 135
PREOCUPAÇÕES ambientais, 35, 75, 160, 167, 224, 231
PROSTITUIÇÃO, 110
PÚRPURA, A cor, 145

R

RACISMO, 131, 134, 185, 223
RAIVA, expressões de, 133, 190
RAZAK, Ariska, 130, 218
REENCARNAÇÃO, 178
REGISTROS escritos, 104, 106, 107
RELACIONAMENTOS, 221
    conflitos e sofrimento nos, 189, 190
    independência nos, 184, 185, 186, 187
    interdependência e, 181, 182
    prejudiciais, 183, 184
RELIGIÃO, 15, 16, 70, 74, 103
    história da, 113, 114, 115, 116, 117, 119, 120
    tradicional, 107, 108, 110, 111, 112
    ver também tipos específicos
RICH, Adrienne, 28, 191, 195
RISING Moon (Lua Crescente), 22, 67, 228
RITUAIS, 21, 67, 74, 77, 78, 110, 170, 171, 212
    de compromisso, 187
    tipos de, 33, 34, 35, 36, 37, 39
RODRICK, Libby, 218
ROHRLICH, Ruby, 81
RUETHER, Rosemary Radford, 139

S

SACRIFÍCIO de sangue, 110, 172
SAFO, 56, 99, 107
SAHTOURIS, Elisabet, 159, 160, 162
SAILLENS, Emile, 132
SANCHEZ, Carol Lee, 66, 70, 131, 163, 164, 226
SANDAY, Peggy Reeves, 86, 91
SCULLY, Vincent, 118
SERES humanos, 200, 201
    como natureza, 179, 180
    relacionais e interdependentes, 181, 182, 183

SEXUALIDADE, 27, 61, 110, 194
SHANGE, Ntozake, 32
SHULMAN, Alix Kates, 156
SILBERT, Patricia Allott, 34
SIMBOLISMO, 61, 74, 75, 77, 78, 116, 131
   na Velha Europa, 83, 84
SOCIEDADES, 197, 198, 200
SPRETNAK, Charlene, 21, 34, 36, 163
STARHAWK, 21, 32, 35, 37, 38, 67, 129, 140, 141
STETTBACHER, J. Konrad, 181, 182, 191, 206
STIEHM, Judith Hicks, 211
STONE, Merlin, 21, 77, 96, 109
SUPOSIÇÕES, 14, 15, 55, 57, 60, 109
SUSTENTO, 125, 126, 127, 187, 189, 217

T

TEA, 15
TEALOGIA, 15, 16, 17, 59, 63, 68, 137, 162, 201
TECELAGEM, 80, 81, 90, 103, 112, 202
TECNOLOGIA, 201, 203
TEIA da vida, 63, 69, 143, 179, 201, 202, 230
   conexão com a, 153, 154, 155, 157, 158
   cura da, 207, 208
   desastres e doenças, 173, 174
   diversidade na natureza, 160, 162
   finitude e morte, 166, 168, 169, 170, 171
   inteligência da terra, 158, 160
   perda e tragédia, 174, 175, 176
   senso de pertencimento, 163, 164
   tomada de vida, 171, 173, 189, 196
   vida após a morte, 176, 177, 178
   ver também seres humanos
TEISH, Luisah, 24, 131
TEÍSMO, 138, 140, 141

TEMPO, 107, 108, 109, 111
TEOGONIA, 106
TEOLOGIA, 16, 17, 20, 59, 71, 169
TEOLOGIA do processo, 139, 141, 142, 143
TEORIA antropológica, 74, 81, 88, 109, 178, 179, 180, 181
TEORIA da evolução, 90
TEORIA de Gaia, 143, 159
TEORIA hermenêutica, 57
TEORIAS androcêntricas, 107, 112, 114, 115, 116, 117, 118, 119
TERESA d'Ávila, 62
TERRA, 154, 155, 157, 158, 159, 160
   como corpo, 123, 124, 125, 162, 171
TEXTOS, 103, 106, 107, 108, 109, 111
TILLICH, Paul, 72, 75, 153, 227
TRABALHOS e os dias, Os, 106
TRADIÇÃO acadêmica, 59, 111
   crítica à, 55, 56, 81, 102, 103
   ver também Eliade, Mircea
TRADIÇÃO católica romana, 29, 30, 33, 70, 97
   doutrina da, 38, 62, 73, 138
TRADIÇÃO cristã, 13, 27, 33, 38, 83, 205, 220
   amor na, 144, 145, 189
   Deus na, 30, 31, 70, 71, 72, 74, 150, 214
   doutrina da, 73, 96, 124, 138, 147, 169, 177, 195
   história da, 68, 102, 103, 106
TRADIÇÃO cristã ortodoxa, 30, 33, 79, 97
TRADIÇÃO militar, 30, 211, 212
   ver também guerra
TRADIÇÃO protestante, 30, 37, 70, 73
TRAGÉDIA, 174, 175, 176
TRANSCENDÊNCIA, 137, 138, 139, 141, 142
TRANSFORMAÇÃO, 29, 30, 31, 32, 33

U

UNDERHILL, Ruth M., 171
UNIVERSIDADE Yale, 227
UNIVERSO, 124, 125
ÚTERO, 78, 79, 97, 117, 131

V

VELHA Europa, 82, 83, 84, 90, 98, 126, 132, 133, 134
   vs. sociedade grega, 86
VIDA
  após a morte, 176, 177, 178
  laços de, 183
  sustento da, 126, 127, 187, 188
  tomada de, 171, 189, 220
  ver também natureza; teia da vida
VIESES, 59, 102, 119
VIOLÊNCIA, 203, 206, 207, 220, 222, 230
VIRGENS Negras, 132
VISÃO antiessencialista, 126, 128
VISÃO de mundo, 15, 53, 70, 83, 111, 175

W

WALKER, Alice, 29, 35, 58, 145, 157, 218
WARNER, Marina, 97
WEAVING the Visions, 228
WHITEHEAD, Alfred North, 55
WICCA, 67
WIESEL, Elie, 71
WILLIAMS, Delores, 72, 131, 185
WOMAN and Nature, 155
WOMANSPIRIT Rising, 228

Y

YWAHOO, Dhyani, 215, 220

SOBRE A AUTORA

Carol P. Christ foi uma historiadora, teóloga e professora feminista, além de membro de longa data da American Academy of Religion (AAR). Seu trabalho foi considerado fundamental tanto na projeção quanto na elevação da proeminência do movimento da Deusa nos Estados Unidos e no mundo. O ativismo de Christ ajudou a fundar o estudo de Mulheres e Religião na academia. Nascida na Califórnia, morou na Grécia, concorreu às eleições pelo Partido Verde grego e trabalhou por décadas na proteção dos pântanos em Lesbos. Liderava as Peregrinações da Deusa na Grécia toda primavera e outono. Conquistou seu Ph.D. em Estudos Religiosos por Yale. Seus livros anteriores incluem *Diving Deep and Surfacing*, *Laughter of Aphrodite*, *Womanspirit Rising* (coautoria) e *Weaving the Visions* (coautoria).

TIPOGRAFIA	Freight Pro [TEXTO]
	Nagel VF e Freight Pro [ENTRETÍTULOS]
PAPEL	Pólen Natural 70 g/m² [MIOLO]
	Couché 150 g/m² [CAPA]
	Offset 150 g/m² [GUARDA]
IMPRESSÃO	Ipsis Gráfica [JUNHO DE 2024]